国际中文教育专业规划教材

汉语语法与语法教学

徐晶凝 编著

北京大学出版社
PEKING UNIVERSIYT PRESS

图书在版编目（CIP）数据

汉语语法与语法教学 / 徐晶凝编著. —北京：北京大学出版社，2023.10
国际中文教育专业规划教材
ISBN 978-7-301-33314-3

Ⅰ.①汉… Ⅱ.①徐… Ⅲ.①汉语–语法–对外汉语教学–教材 Ⅳ.① H195.4

中国版本图书馆 CIP 数据核字(2022) 第 165756 号

书　　　名	汉语语法与语法教学 HANYU YUFA YU YUFA JIAOXUE
著作责任者	徐晶凝　编著
责 任 编 辑	崔　蕊
标 准 书 号	ISBN 978-7-301-33314-3
出 版 发 行	北京大学出版社
地　　　址	北京市海淀区成府路 205 号　100871
网　　　址	http://www.pup.cn　新浪微博：@ 北京大学出版社
电 子 邮 箱	zpup@ pup.cn
电　　　话	邮购部 010-62752015　发行部 010-62750672　编辑部 010-62754144
印 刷 者	河北滦县鑫华书刊印刷厂
经 销 者	新华书店 787 毫米 ×1092 毫米　16 开本　20.5 印张　420 千字 2023 年 10 月第 1 版　2023 年 10 月第 1 次印刷
定　　　价	98.00 元（含数字课程）

未经许可，不得以任何方式复制或抄袭本书之部分或全部内容。
版权所有，侵权必究
举报电话：010-62752024　电子邮箱：fd@pup.cn
图书如有印装质量问题，请与出版部联系，电话：010-62756370

前言

本书探讨汉语作为第二语言或外语(简称"汉语二语")的语法教学问题,分上下两编:上编讨论语法教学理论与方法,下编构建汉语教学语法知识框架。

与已有同类教材相比,本书在如下几个方面进行了一些创新性探索:

上编力求将语法教学方法与习得研究成果相结合。一个优秀的二语语法教师,除了能够准确把握语言使用的规律,还要能够充分了解学习者及其学习过程,这样才能有针对性地设计出科学合理的教学方案。因此,本书在讲解语法教学方法时,会把这些方法背后的理论依据,特别是习得研究的一些假设交代清楚。本书所追求的目标是,力求从二语教学学科理论的角度进行总结论述,避免限于教学经验的总结。希望每一位读者在看完本教材后,都能够具备主动从理论上反思教学实践的意识与能力。

下编力求结合教学实践,在广泛阅读研究文献的基础上,构建汉语二语教学语法的知识框架。本书下编的内容与《现代汉语》等教材中的语法部分完全不同,我希望这些知识能为汉语二语教师理解汉语语法规律、解答学习者的偏误原因提供最直接的帮助。此外,本书的思考题也大多是基于已有研究文献而设计的,书后所附参考答案中一并将参考文献信息做了说明。读者若有兴趣进一步深入阅读这些文献,那是再好不过的事情。

除了下编所涉及的教学语法知识,本书也在其他各章节尽可能引用真实案例进行论证。这些案例的选取,主要遵循"学习难点"的原则,既呈现学习者的常见偏误,也对这些语言点的有关知识进行简要说明。全书力求尽量全面地涵盖汉语二语学习者最易出现偏误的语言点。有些语言点是用思考题的方式加以呈现的,有些语言点则分散在不同章节(特别是语气助词、介词、时体助词、形容词)。

2017年北京大学出版社出版了我编著的《汉语语法教程:从知识到能力》一书,作为一本面向学习者的语法选修课教程,该书主要将我关于语法教学的思考体现为具体的教学层面的操作。本书则可以看作是对汉语二语语法及其教学的理论总结,因此,本书引用了教程里的一些例子,我的意图是将两本书合起来,提供一个更为全面的汉语二语语法教学的蓝图。

坦率地讲,要完成这样一部教材的编写,实非易事。从浩如烟海的文献中查找到可以用于解决汉语二语语法教学问题的研究结论,不啻披沙拣金。即便有20余年语法研究与教学的积累,追根溯源阅读文献的工作也是极为繁重的。因此,挂漏在所难免,舛误也不敢保证全无。但倘若能为学界提供一些思考问题的不同视角,激发读者进一步研究的热情,于愿已足。书中所引文献我皆尽力明确标明出处,若有遗漏,实非故意。

感谢北京大学出版社邀请我参与这套丛书的编写工作,让我得以沉下心将平素的一些思考进行系统梳理。通过五年多的大量阅读,我对汉语语法以及二语习得研究有了更全面的把握,也对汉语二语教学是一门科学有了更深刻的理解。希望未来要走上汉语二语教学岗位或者正在这个岗位上的读者朋友,一直秉持敬畏之心看待这个学科,并为她的健康成长贡献力量。

最后,我要感谢女儿郑涵颖帮忙为本书绘制插图。感谢责任编辑崔蕊细心专业的编校工作,她指出本书不少论述不够严谨之处。

热忱期待读者朋友的反馈意见。

徐晶凝

2022年4月24日

目录 Contents

上编：语法教学方法

第一章 语法教学是否有必要? 3
    第一节　教学法流派的争议焦点 5
    第二节　避免学习者的语法归纳错误 8
    第三节　依教学情境而定 13
        一、成年学习者与未成年学习者 13
        二、教学课时够与不够 14
        三、不同课型与教学目标 16
    第四节　汉语二语教学界的观点 20

第二章 语法教学教什么? 25
    第一节　如何选取语法教学点? 27
        一、基于对比分析 28
        二、遵循习得顺序 30
    第二节　形式、意义、语境 33
        一、语法结构实例分析 33
        二、不同语法项目难点各有侧重 37
    第三节　语法知识要不要教? 41
        一、语法知识的不同层面 42
        二、语法知识的系统化 44
        三、面向本科生的语法教学 46
    第四节　不同阶段的语法教学重点 47
        一、初级阶段语法教学的难点与重点 47
        二、中级阶段语法教学的难点与重点 49
        三、高级阶段语法教学的难点与重点 52

| 第三章 | 语法教学怎么教？ | 57 |

第一节　隐性教学与显性教学 59
　　一、隐性教学 60
　　二、显性教学 62
　　三、语法术语能不能用？ 68
　　四、如何处理形式和意义的关系？ 70
第二节　吸引学习者注意 72
第三节　引导学习者自己发现语法规律 78
第四节　条分缕析逐步讲解 80
第五节　格式化呈现 83
第六节　丰富的输入与有效的输出 85
　　一、丰富的输入 86
　　二、有效的输出 87
第七节　语法纠错怎么纠？ 89
　　一、关于纠错反馈的争论 89
　　二、口头纠错反馈 90
　　三、书面纠错反馈 92
　　四、纠错的时机 94
第八节　语法练习怎么设计？ 96
　　一、语法练习的类型 96
　　二、语法活动的设计原则 99
　　三、分组活动的类型 105
第九节　语法教学与其他教学内容之间的关系 107

| 第四章 | 做一名有效教师 | 115 |

第一节　语法教学的总要求 117
第二节　了解学习者的语法信念 118
第三节　加强语法研究素养 119
　　一、跟踪了解语法研究的相关成果 120
　　二、培养利用语料库进行研究的能力 122
　　三、具备必要的语言类型学知识 126
　　四、适当了解二语习得研究的成果 128

下编：教学语法知识

第一章 理论语法与教学语法的接口 …………………………………………………… **137**

第二章 与体词有关的教学语法知识 …………………………………………………… **145**
　第一节　与名词有关的教学语法知识 ………………………………… 147
　　一、名词的有定/无定 ………………………………………………… 147
　　二、有定/无定与已知信息/未知信息 ……………………………… 152
　　三、汉语里为什么有那么多量词？ ………………………………… 154
　　四、名词的数 ………………………………………………………… 160
　　五、特殊的名词小类 ………………………………………………… 161
　第二节　与代词有关的教学语法知识 ………………………………… 164
　　一、指示代词 ………………………………………………………… 164
　　二、人称代词 ………………………………………………………… 170
　　三、疑问代词 ………………………………………………………… 178

第三章 与谓词有关的教学语法知识 …………………………………………………… **183**
　第一节　与动词有关的教学语法知识 ………………………………… 185
　　一、单音节动词与双音节动词 ……………………………………… 185
　　二、动词（组）的情状体 …………………………………………… 187
　　三、自主动词与非自主动词 ………………………………………… 196
　　四、位移动词 ………………………………………………………… 197
　　五、其他动词语义小类 ……………………………………………… 198
　　六、行为与结果 ……………………………………………………… 201
　　七、双宾句与动词 …………………………………………………… 203
　　八、动词重叠 ………………………………………………………… 204
　　九、情态助动词 ……………………………………………………… 206
　第二节　与形容词有关的教学语法知识 ……………………………… 208
　　一、形容词的重叠 …………………………………………………… 209
　　二、形容词与程度副词的组配 ……………………………………… 210
　　三、形容词做定语 …………………………………………………… 215
　　四、形容词做谓语 …………………………………………………… 217
　　五、形容词的音节与句法 …………………………………………… 218

第四章　与虚词有关的教学语法知识 ·· **221**

　第一节　与副词有关的教学语法知识 ·· 223
　　一、副词的个性强 ·· 223
　　二、副词为什么难学？ ·· 224
　　三、副词的语义指向 ·· 227
　第二节　与连词有关的教学语法知识 ·· 228
　　一、英汉连词的主要差异 ·· 229
　　二、连词使用的语篇条件 ·· 234
　　三、连词的话语标记用法 ·· 245

第五章　与句子有关的教学语法知识 ·· **251**

　第一节　制约语序安排的因素 ·· 253
　　一、可别度高的成分居前 ·· 254
　　二、自然焦点居后 ·· 256
　　三、其他 ·· 261
　　四、小结 ·· 264
　第二节　语句与交际场景间的关联 ·· 266
　　一、时体情态范畴 ·· 266
　　二、时体范畴 ·· 267
　　三、语气助词 ·· 273
　第三节　流水句 ·· 275

参考答案 ·· **282**

参考文献 ·· **298**

上编　语法教学方法

第一章

语法教学是否有必要?

第二语言教学或外语教学①（以下统称"二语教学"），需不需要进行语法教学？如果需要，语法教学应该怎么进行？在整个教学体系中，语法教学占据什么样的地位？这些话题曾经都是颇有争议的。对于从事二语教学工作的人来说，教学实践中究竟该如何处理这些问题，似乎也没有放之四海而皆准的标准答案，需要联系具体的教学内容、教学目标、教学时间、教学对象等诸多要素进行教学决策。无论这些问题的答案是什么，"语法教学"是一个回避不了的话题却是确定无疑的。

第一节 教学法流派的争议焦点

在二语教学的发展历程中，几大主要语言教学法流派的产生与更替，是一个值得重视的现象。那么，语法翻译法（grammar-translation method）、直接法（direct method）、听说法（audiolingualism）、交际语言教学法（communicative language teaching，CLT，简称"交际法"）等教学法流派之间主要的争议焦点究竟是什么？

我们先来简单地了解一下不同教学法流派所倡导的语言教学方法。

表1.1 不同教学法流派所倡导的语言教学方法

教学法	出现时间	核心理念	教学操作
语法翻译法	18世纪晚期	强调语法规则的准确性和明晰性。强调读写，强调语言分析能力。	教师用学习者的母语详细讲解分析语法规则，比较学习者母语与目的语的语法异同；做句子和篇章的翻译练习；记忆词汇项目。忽视口语能力培养。
直接法	19世纪末20世纪初	模仿母语自然学习的方式，将意义直接与目的语关联起来，鼓励学习者运用语言进行交际。强调口语，把听说作为主要的技能。	教师用目的语带出语言结构，引导学习者发掘规则；基于对话或故事用目的语进行问答练习；教师用肢体动作或实物、图片介绍具体词汇，抽象概念则借由故事或相关概念来介绍。禁止使用学习者母语，不做翻译练习。

---

① 外语教学，通常指在本族语环境中教授非本族语，如在英国教英语母语者学习汉语；第二语言教学则指在目的语环境中教授目的语，如在中国教英语母语者学习汉语。二者的主要区别是后者可以大量接触说目的语的人。

（续表）

教学法	出现时间	核心理念	教学操作
听说法	第二次世界大战时期	语言学习本质上是习惯养成的结果，通过操练学习语言。强调口语，把听说作为主要的技能。	用目的语进行教学，注重发音，但允许教师使用极少量的学生母语。学习者记忆对话内容，教师从对话中选择特定句型，反复对学习者进行操练，引导学习者对语法规则进行归纳理解；主要的操练方法有重复、替换、重述、词形变化、完成句子、句子扩展、改写句子、合并句子等。
交际法	20世纪70年代	强调运用语言进行有意义的交际。强调口语表达的流利性而非语法的准确性。培养交际能力。	教师要提供尽可能真实的学习任务，让学习者通过意义协商或分享信息的过程促进彼此之间的互动。常用的教学活动有两类[①]：（1）功能性交际活动，如比较图片找出异同、按照时间顺序排列图片、两人一组拼图、利用共享信息解决问题等；（2）社交互动活动，如对话、角色扮演、小品表演、即兴演说、辩论等。

不难看出，这几大教学法流派实际上主要就是围绕着"语法要不要教以及怎么教"这个问题在做文章。"语法教学"在二语教学中的地位，可谓是一波三折，大致表现为三种状态：

在语法翻译法和听说法中，语法教学在二语教学中占据着"不可或缺"甚至是"唯我独尊"的重要地位。Long and Robinson（1998）称之为"语法点聚焦（focus on forms）"式教学，即无论是教材编写还是课堂教学，都是围绕着一个个语法结构进行的。

在直接法和交际法中，语法教学受到挑战。直接法不重视明晰的语法教学，交际法则把语法变成了"可有可无"的东西。语法教学观点的这种转变，主要受Halliday和Hymes观点的影响，即语言习得是对语言功能的掌握，而词汇、结构等只是功能的实现形式；学习者仅仅具备语言学能力（linguistic competence，学习者对词汇、结构等的掌握）并不等于具备了交际能力。在二语习得研究领域，Krashen（1981）提出了"学得（learning）"与"习得（acquisition）"的区分，认为有意识学到的知识无法转变为能力，语言能力可通过自然接触大量语料来习得，而无法通过正式学习来获得。因此，交际法强调的是语言的运用和意义表达，而不再是语法规则。这种教学理念发展到极致，就产生了"浸入式教学项目（immersion program）"，认为学习者仅仅通过运用第二语言来学习历史、数学等课程就可以掌握第二语言，而不必将第二语言明确地作为教学的核心。

---

① 见Littlewood（1981）。

不过，这一极端观念并没有持续多久，语法教学便再次被二语教学研究者和教师重视起来。事实上，交际法盛行时期，作为意念-功能大纲（notional-functional syllabus）项目的主要参与者，Wilkins虽然倡导并敦促语言教师根据功能（说话人使用语言所实现的言语行为）安排教学单元，也有如下论述：

> 一种语言的语法系统的习得仍然是语言学习中的一个极为重要的因素。……语法知识的不足往往会对交际能力的发展造成严重的障碍。同语法大纲一样，意念大纲必须力求做到使语法系统能顺利地为学习者吸收消化，我们并不孤立地表达语言的功能。（Wilkins，1976：66）

的确，交际法，尤其是"浸入式教学项目"的教学实践发现，这种教学理念培养出来的学习者虽然能够流利运用第二语言，语言理解能力较好，但在语言产出中存在着较多的语法和词汇错误，"化石化"现象严重（Harley and Swain，1984；Lightbown and Spada，1990）。因为当学习者能够理解意义时，他们往往会忽视表达这些意义所需要的语言形式；而他们说出的语法并不准确的语言能够被交际另一方理解时，学习者也没有动机超越自己现有的语言水平。因此，有一些学者指出，还是有必要引导学习者注意（notice）输入材料中的语言形式，并对语言形式进行一定程度上的明确教学。这就是所谓的"关注形式（focus on form）"的语法教学运动，即在聚焦意义的教学活动中适当引导学习者关注语言形式。Ellis（2001）总结了"关注形式"的语法教学的五大特点：（a）"关注形式"是在交际互动中发生的，是可观察的行为；（b）师生的注意力都在语言的交际运用上，而不是教授或学习有关的语言形式；（c）课堂以交际意义为中心，师生有时会选择或需要去注意某些语言形式，即"关注形式"是在无准备的情况下偶然发生的；[①]（d）"关注形式"必须是偶尔的、短暂的；（e）所注意的语言形式是广泛的，即在完成一项交际任务时，关注许多不同的语言形式，而非某个单一的语言形式。

总之，在该运动之后所进行的相当多的实证研究证明，引导学习者关注语法形式对其语言习得是有益的。比如Spada（1997）发现在交际语言学习中，通过教师讲授而接触到的语法知识能较持久地保存在学习者记忆中，而且语言输出中使用这些语法知识的准确性也会有所提高。Norris and Ortega（2000）利用超实验集合分析法（meta-analysis）对1980—1998年间的49个相关研究的数据进行了综合分析，所得结论是显性语法教学比隐性语法教学更有效，focus on form和focus on forms的教学介入都会带来好的效果，而且二语

[①] 关于第三个特点要做些说明。Long最初认为"关注形式"必须在无准备的情况下发生，是源自修补交际失败的需要，而非对一般语言形式的注意，但后来他认为课堂上需要开展"关注形式"的活动时，可以采用事先准备好的含有大量特定语法结构或词汇的交际活动（Long and Robinson，1998），因此，Ellis（2001）将"关注形式"分为有准备的与偶然的两种。

（以下为简便计，有时会用L2表示"二语"）显性语法教学的效果是持久的（参看第三章第一节）。

到了20世纪末期，二语教学界的"后方法"思潮盛行，强调没有最好的教学法，在一定的教学语境下，教师应依据自己对教学行为的"合理性感觉（sense of plausibility）"决定适合该语境的教学法（Prabbu，1990）。因此，二语教学界不再提倡具体的教学操练方法，而关注教学的宏观策略或宏观教学原则（Kumaravadivelu，1994；Doughty and Long，2003）。但在学者们所提出的宏观策略或宏观教学原则中，仍然有一些策略或原则是针对语法形式而言的。比如靳洪刚（2011）所提出的十大教学原则中，"组块学习（Chunk learning）；注重语言结构的练习；强调有效输出（Pushed output）；强调反馈纠错，培养学习者的差异意识"等，都是围绕语言形式的学习而提出的。

因此，从二语教学法的演变历程可以看出，在构建语言这座大厦时，作为大厦结构框架的语法，其作用最终还是基本被肯定认可了的。

第二节　避免学习者的语法归纳错误

Ellis（1990）研究发现，不管有没有语法教学，学习者都会试图通过他们获得的语料去发现语言规则，做出假设，但这种假设形成和验证的过程比较缓慢，而且有可能是错误的。比如，White（1991）和Kupferberg and Olshtain（1996）研究发现（转引自Schmitt，2010），法语母语者学习英语时，如果他说出一个语序错误的句子而没有导致交际中断，如*She is wearing a skirt red，那么，即便他注意到了英语中存在"形容词定语放在所修饰的名词之前"这样的语序，也可能会认为那只是另外一种表达方式而已。

另外，学习者在运用语法知识时，还可能出现"类推泛化"的问题。比如，"了"可以用于过去事件的表达，如：

（1）昨天我们去看电影了。

（2）孩子见到妈妈就哭了。

汉语学习者常常将这一用法"泛化"而过度使用。如：

（3）*我看到漂亮的花儿，非常感动了。

（4）*在四天内，我们没有空儿去游览，真遗憾了。

（5）*回家的时候，去了商店买几斤苹果。

（6）*她让了我知道北京大学的学生真聪明。

（7）*我每天跟中国人说了话。

（8）*毕业以后我决定了跟一个在中国认识的法国朋友回国。

显然，例（3）和例（4）的学习者将"了"的用法等同于过去时（past tense），并将之类推泛化到形容词谓语句中，忽视了"形容词+了"只能用于表达"状态变化"的语境语义限制。例（5）和例（6）的学习者还进一步将母语中的过去时标记的语法规则迁移到汉语中，将"了"置于连动句和兼语句的前一个谓语动词后，忽视了"了₁"一般要用于核心谓语动词的语法规定。例（7）和例（8）忽视了"了"不用于惯常事件表达、一般不用于小句宾语前等限制。

有些目的语的语法形式与学习者母语的对应表达式之间关系错综复杂，仅靠学习者自己将语法规则归纳出来，要经过很长时间，甚至几乎是不可能的。如汉语中与处所方位相关的语法，涉及的知识至少包含以下几个方面。

1. 名词组自身的处所性。

表 1.2　名词组自身的处所性

处所名词组					一般事物名词组
A组	B组	C组	D组	E组	F组
旁边	办公室	黄山	屋子	电梯	家具
前面	警察局	长江	教室	桌子	思想
东边	外贸公司	故宫	阳台	椅子	河水
西部	火车站	长江大桥	走廊	甲板	大火

从A组词语到F组词语，处所性越来越低。A组、B组词语自身就可以表示处所。C组词语有时候需要加方位词才能表示处所。D组倾向于加方位词后才能跟介词"在"等一起用。E组、F组通常必须加方位词，才能表达处所意义。也就是说，如果一个词语自身不能明确表示处所意义，就需要加方位词才能表示处所。而且，F组词语所能附带的方位词也很受限制，主要是"里、中、上"等语义虚化程度高的方位词。

在某些要求必须使用处所表达式的情况下，学习者可能会受母语的影响而遗漏方位词。如：

（9）*她从椅子跳下来。

（10）*他一下子就跳到了船。

（11）*你如果有问题，可以去老师。①

---

① 正确说法为"可以去老师那儿"。依据赵元任（1979），"这儿、那儿"是方位词。本书认为从汉语二语教学的角度看，这种词性处理是可取的。

2. 方位词"上、里、中、内"等与名词的搭配有选择限制，而且这种选择限制与学习者母语的逻辑并不完全相同。如英语中：

（12）There is a bird in the tree.

（13）There is an apple on the tree.

同样都是在树上，鸟不属于树，要用in；苹果属于树，要用on。而说汉语的人并不区分这种不同，都用"树上"。日语中的"上"则只能指垂直方向的范围，"壁の上に，スイッチが あります"指的是墙壁上方的天花板上有开关，而不是墙壁的表面上有开关。

同时，"里/中、上"的语义虚化程度远远超过"外、前、后、左、右"等其他方位词，都可以用在抽象名词后隐喻心理空间，如"感情上、感情里、思想上、思想里、生活上、生活里、面子上、心理上、学习上、歌声里、气氛里"等。与抽象名词搭配使用时，"上"凸显的也是接触面，"里"凸显的也是三维空间。在具体的语境中究竟是用"上"还是用"里/中"，就需要做一些判断，如说"生活上的问题很多""生活里/中的问题很多"都可以，但是却只能说"生活上要求不高""生活里/中充满乐趣"。所以，学习者错用这些方位词也是很常见的，如：

（14）*在人类的生活上，水是一种重要的食品。

（15）*我们在生活的这地球里有很多声音。

（16）*这件事情他在感情里接受不了。

3. 汉语常用介词框架进行处所表达，即"在+NP+方位词"，如"在桌子上"。英语、泰语等语言中，只用"介词+NP"就可以表达处所，如on the desk，in the bag，at the school。因此，汉语的这种框架式表达对于学习者来说似乎是冗余的，他们在学习汉语的处所表达时，最常见的语法偏误不是遗漏方位词，就是遗漏"在"。如：

（17）*我老早就在这座山住了。

（18）*最后祝你们身体健康，祝你们往后的生活与工作中有更大的成就。

4. "在+处所"既可在动词前，也可在动词后。"V+在+处所"多表示动作之后某物附着于某处，即表达一种位移结果，不可与"正、在"等进行体（progressive aspect）标记共现；而"在+处所+V"则多表示动作行为在某处发生，即便表示动作之后某物留在某处，"在+处所"也多为预期动作的附着点，可以有进行体的理解（俞咏梅，1999；张国宪，2009）。如：

（19）小猴子跳在马背上。vs. 小猴子在马背上跳。

（20）他把钱放在抽屉里。vs. 他在抽屉里放了一些钱。

而且用于动词前时，"在+处所+V"还可以表达不同的意义关系（朱德熙，1981）。请看下面的一些表达式：

（21）他在飞机上看海。

（22）他在本子上写字。

（23）他在火车上写字。

（24）它在炉子旁边卧着。/它卧在炉子旁边。

例（21）中，"在飞机上"是动作"看"发生时"他"所在的位置；例（22）中，"在本子上"是动作"写"发生后"字"最终所在的位置，可以变换成"他把字写在本子上"；例（23）中，"在火车上"可以有例（21）和例（22）两种理解；例（24）中，"在炉子旁边"在动词前或后，意思似乎没有很大的不同。这些不同的空间语义关系与动词的语义以及百科知识有关。

特别需要注意的是例（24）这样的句子。具有[+附着]语义特征的动词，如"住、坐、躺、睡、漂、挂、贴、摆"等，都既可以用于"V+在+处所"，也可以用于"在+处所+V"，而且似乎表达同样的意义。不过，一旦进入具体语篇，"V+在+处所"与"在+处所+V"还是会显现出意义差别来。比如，以下语句就只能使用"V+在+处所"：

（25）一只猫慢慢走过来，卧在炉子旁边，一会儿就睡着了。

（26）我推开门，一下子坐在椅子上，再也站不起来了。

（27）经过了大半年的折腾，一家人总算住在一间屋檐下了。

也就是说，即便是具有[+附着]语义特征的动词，进入"V+在+处所"时也表示动态的意义。该句式实际上与"V+到+处所"意义相近，可以交错使用。如：

（28）他挥动木棍乱打着，也看不清是<u>打在</u>了狗身上还是<u>打到</u>了猫身上。

因为"V+在+处所"表达动作后的位移结果，所以它最常用于把字句，即"把+O+V+在+处所"，如"他把字写在本子上"。不过，有时候也有"V+O+在+处所"的语序，如：

（29）街中寥寥的几个人，匆忙地走着，<u>留了一些痕迹在雪上</u>。

（30）煮熟之后，横七竖八地<u>插些筷子在上头</u>，可就称为"福礼"了。

无论是用于哪种句式，"V+在+处所"大都是一种动态表达。学习者往往弄不清楚"处所"与"动作"以及受事之间的语义关系，出现混用"V+在+处所"与"在+处所+V"的偏误。如：

（31）*我把衣服在地板上扔。

（32）*然后，你把烤鸭卷儿蘸在酱里。

（33）*我把饭吃在五道口。

"V+在+处所"学习起来比较难的地方，实际上还有一点，那就是有些情况下"在"

还可以略而不说，如：

（34）没办法，现在无论什么事都只好先放（在）一边，先处理她的问题。

（35）有秘密还是憋（在）心里吧，再信任的人也有说漏嘴的时候。

（36）谁为人民办好事，人民就会把谁牢记（在）心中。

（37）我想挂（在）哪儿就挂（在）哪儿，你管得着吗？

5. 与趋向补语相关的句式中，处所的表达又有所不同。

（38）他迅速地跳下床，穿上鞋，飞快地跑下楼，可是，人已经走了。

（39）他把书放进书包，站起来走了。

（40）青蛙跳出罐子跑走了。

这些句式，一般的语法书都会将其概括为"动词+趋向补语+处所宾语"句式，即将"床、楼、书包、罐子"处理为处所宾语。但这些句式中，"处所"可以由一般的事物名词充当而不要求必须后附方位词，甚至不能后附方位词，如例（38）绝对不可以说成"跳下床上、跑下楼上"，例（40）也不可以说成"跳出罐子里"。

以上所述关于处所表达的用法是如此复杂，让学习者自行归纳，恐怕是很难的。①

如果学习者的母语和目的语使用同一套文字符号系统，学习者还可能把母语中的某个形式与目的语混淆，如Celce-Murcia and Larsen-Freeman（1983）报道，西班牙人初学英语时，往往把第三人称单数形式s与第二人称代词组合使用，因为西班牙语的第二人称使用s这一屈折形式。如：

西班牙语：Tu hablas ingles.
　　　　　　你　说　英语

英语偏误：*You speaks English.

总之，学习者在接触目的语的语法现象时，会遇到各种各样的困难。教师如果能借助科学有效的教学方法，把相应的语法规则教给学习者，帮助他们将母语的语法特征从第二语言中消除，从而建构二语语法规则，恐怕是更为有效的。

而从学习者的角度来说，大部分成年学习者认为，语法学习在他们的二语学习中很有必要。Campbell et al.（1993）对美国中西部一所大学70名学习外语的学生进行调查，发现73%的学生认为学好一门外语必须死记硬背语法规则（转引自孙德金，2006）。Ikpia（2001）、Polat（2009）等调查也发现，绝大部分学生表示喜欢语法教学，相信语法可以帮助他们写或说得更准确，语法教学很重要。

---

① 崔希亮（1996）对可进入"在+处所+V""V+在+处所"的动词进行了细致考察，并附有动词列表，可参看。

第三节　依教学情境而定

语法教学在二语教学课堂上应占据什么样的地位以及该使用什么样的教学方法，当然还要依据教学情境来做决定。具体来说，要因教学对象、教学时间、教学目标不同而不同。

一、成年学习者与未成年学习者

学习者的个体特征会影响其语言学习的效果，如学习者的学习风格、学习动机、学习策略、年龄、性别、语言学能（language aptitude）等。在Carroll and Sapon（2002）所开发的语言学能测试（Modern Language Aptitude Test，简称MLAT）中，语言学能主要体现在四个方面：（a）语音编码能力（phonetic coding ability），如辨认、记忆第二语言音素的能力；（b）语法感知能力（grammatical sensitivity），如理解词语在句子中如何进行语法运作的能力；（c）归纳学习能力（inductive language learning ability），如根据语言实例推断语法规则的能力；（d）记忆学习的能力（rote-learning ability），如在声音和意义之间建立关联并记忆的能力。其中，语法感知能力和归纳学习能力都与语法学习密切相关，所以，Skehan（1989）将这两个能力合并为语言分析能力（language-analytic ability）。

成年学习者具备丰富的母语使用经验，具备一定的逻辑分析能力与归纳理解能力，对他们来说，学习外语时了解这门外语的语言知识是有价值的（Halliday et al., 1964: 255）。而且，根据Singleton（2001）等研究，即便是在谈论"关键期"假说（年龄是否影响第二语言学习效果）这个话题时，也不能简单地认为"越年轻越好"。在典型的课堂环境里，除了第二语言输入的数量和模式、第二语言的学习动机等要素外，学习者的语句分析能力也对学习效果发挥着重要作用。对于擅长语法分析、有良好的语法感知力的成年学习者来说，有效的语法教学是有帮助的。

那么，如果教学对象是未成年学习者呢？Cameron（2001）研究发现，即使是年幼的学习者，也可以从适当的语法教学中获益。因此，虽然在课堂环境里最好不要对儿童进行显性的语法教学，尤其是纯粹操练语法形式，但教师可以将语法知识隐含在教学材料中，让学习者在模仿、表演、游戏、唱歌、听故事等教学活动中无意识地习得一些语法规律。

二、教学课时够与不够

教学课时的多少，也是决定语法教学安排的要素之一。比如，在国外从事汉语作为外语教学工作的教师，可能会因为课时有限而不在课堂上进行专门的语法讲解，而是在教材中或者在课程读本（course reader）中提供详细的语法注释，并配以翻译和大量例句，让学生自学。如《中国面面谈》上册第五课里的一条语法注释如下：

宁可A也(不)B（"宁可"means "rather". When you use this pattern, you mean "to make B(not) happen, I would rather compromise and reluctantly tolerare A"."宁可" introduces the preferred choice in a comparison between two dissatisfactory items or actions.）

这本书太好了，我宁可不睡觉也要把它看完。
This book is too good; I would rather not sleep so I can finish it.

父母宁可自己吃各种各样的苦，也不要孩子的生活比别人差。
Parents would go through all kinds of hardships themselves rather than allow their child to live a worse life than others.

我宁可死也不要过不自由的生活。
Give me liberty or give me death.

（Without the use of "也", what stated after "宁可" is the preferred choice.）
不给我自由，我宁可死。（There is also a saying known as "不自由毋宁死 Bú Zìyóu, Wúnìng sǐ"）
Give me liberty or give me death.

如果你一边帮我，一边埋怨，那我宁可自己干。
If you keep complaining while you help me, then I would rather do it by myself.

小文：你的工作那么好，为什么不做了呢？
小许：离我家太远了。我宁可少赚一点钱，找个离家近一点的。
小文：Your job is so good. Why aren't you doing it now?
小许：It's too far from home. I would rather make a little less money and find a job closer to home.

Harvard大学和UCLA都接受了你的申请。你会念哪一所呢？为什么？

Harvard	$$$$$	东岸	爸妈最希望你念的
UCLA	$$$	西岸	女朋友决定去念的

小张：虽然我喜欢东岸，但我女朋友在西岸，我宁可不去东岸也不要和女朋友分开。

这样的语法解释可谓详尽，几乎把教师的课堂教学过程进行了全面展现。学习者如果课前预习过的话，教师就可以把有限的课堂教学时间更多地用于其他聚焦于意义的课堂活动。

不过，学习者在自学的过程中可能会存在盲点，即未注意到某语法项目中的一些特殊要求。比如：

在……看来（"在……看来" is usually used to indicate one's opinion and is similar to the English expressions "from the perspective of..." or "in the eyes of..."）

在爷爷看来，小孩顽皮大人不能不管。
From my grandfather's perspective, adults have to step in when kids are naughty.

在年轻人看来，追求什么样的精神不重要，追求个人享受才是最重要的事。
From the perspective of young people, what philosophy (spirit) one follows is not important; instead, pursuing personal enjoyment is the most important thing.

学习者通过这样的一段语法解释，可以了解"在……看来"的用法，不过，却可能不清楚该格式与"对……来说"的区别而将二者混用。如：

（1）A：为什么你不让孩子看电视？
　　　B：*对我来说，看电视没好处。
（2）A：约翰上次考试怎么考得那么差？
　　　B：*在约翰看来，上次考试太难了。

"在……看来"所引出的一定是某人的看法，而"对……来说"所引出的是与某人有关的事情，但不是某人的看法。例（1）应该用"在我看来"或者"在我看来，对孩子来说，看电视没好处"；例（2）应该用"对约翰来说"或者"在我看来，对约翰来说，上次考试太难了"。因此，在教学过程中，教师仍然需要结合学习者可能出现的偏误，对此盲点进行纠正补充。

因此，严格来说，即便是在教学课时不够充足的情况下，语法教学也不是完全缺失的，只是处理方式可以有所不同。

三、不同课型与教学目标

不同课型有不同的教学目标，语法教学的地位自然也是有所不同的。若是以帮助学习者掌握目的语的基本结构为主要教学目标（传统所谓的"精读课"），那么，语法教学不但不可缺少，而且要占据相当重要的地位。但在其他一些课型上，这个问题就没有统一答案了。

（一）写作课与语法教学

写作课上，无论采取哪种教学模式，语法都是避不开的内容。在控制写作（controlled composition）的教学模式中，学习者的母语和目的语之间在语法结构上的差异，被看作是第二语言写作者面临的最大问题，因此，教师在课堂上要将学习者作文中普遍存在的语法错误总结提炼出来，讲解句法规律，进行语法练习。也要根据学习者作文中每个T单位（T-unit）[①]里使用了多少词汇和小句结构来衡量写作者篇章的流利性、准确性和复杂性。事实上，对比分析（contrastive analysis）和偏误分析（error analysis）都是在该写作教学模式中产生的。

在段落写作模式（the paragraph pattern approach）中，写作被认为是以一定的模式安排句子和段落，教师的工作是帮助学习者找出段落的结构模式、中心句、支持句，以及关键性的衔接词语和句式。语法教学超越单句层面，而进入了语篇层面。比如，教师可能为学习者提供如下的段落结构模式：

问题解决型论说文结构模式
1. 描述情况（问题）→分析原因→我的对策或看法
2. 提出问题→分析各种解决方法→结论

同时，帮助学习者总结提炼如下一些句式：

引出话题的常用句式	1. Nowadays... has become a problem we have to face. 2. Although... has brought convenience to us, many people have begun to realize that it is the source of trouble as well.
分析原因的常用句式	1. Here are a number of / a variety of reasons for it. First... Second... Finally... 2. What has possibly contributed to this problem? In the first place...In the second place...
提出解决方案的常用句式	1. The first key factor to solve this problem is... Another key factor is ... 2. Faced with ..., we should take a series of effective measures to cope with the situation.

---

① T单位是Hunt（1966）提出的一个概念，用来对写作语料进行复杂度测量。此后，T单位成为语言习得研究中一个重要的测量单位。根据Hunt的定义，T单位是篇章的最小单位，一般包括一个独立主句及其他附属成分或分句。

在过程写作模式（the process approach）中，写作被看作是一个解决问题、创造意义的过程，而不仅仅是语言技能和篇章组织能力，但在后期的修改与定稿阶段，遣词造句仍是一个重要的关注点，特别是语篇衔接手段的运用。

（二）阅读课与语法教学

若是以扩展词汇量、提高阅读理解能力为目标的泛读课，语法教学的内容就要少一些了。大讲特讲语法规则，就会背离教学目标。当然，这里还需要辩证理解。周祖谟（1953）认为，阅读课中词汇和语法还是教学的重要部分，语法的问题也要多做解释和练习，这样才能提高学习者的理解能力，由此才能逐渐达到能读长篇的程度。徐晶凝（2011）则专门讨论了报刊阅读课中的语法教学问题。她指出，报刊阅读课上，教师不但要帮助学习者了解中国的国情时政，还要帮助学习者提高报刊阅读理解的技能。而报刊阅读理解技能与普通阅读理解技能有所不同，因为报刊文章在语言上具有独特的难点，仅仅靠普通的阅读技能（快读、查读、跳读等）已经不足以完成报刊阅读理解的任务。其中教师就需要训练学习者进行长句难句的句法分析。如：

（1）双方将努力推动亚太经合组织在促进地区贸易投资自由化和经济技术合作以及东盟地区论坛在促进地区安全合作方面发挥更有效的作用。

（2）双方高度评价中美战略与经济对话机制的重要作用，认为对话为两国增进理解、扩大共识、减少分歧、寻求对共同问题的解决办法提供了独特的平台。

这两个长句子中分别含有"在……方面发挥作用""为……提供平台"两个介词组块，而且介词组块中包含着较长的并列结构。学习者若不能辨认出介词组块，从而抓住句子的核心结构成分的话，就很容易迷失。再比如：

（3）支持国际原子能机构通过的旨在加强现有保障体系有效性的计划。

（4）履行在首轮中美战略与经济对话、二十国集团峰会和在新加坡举行的亚太经合组织会议中作出的所有承诺。

（5）……欢迎在今年七月首轮中美战略与经济对话期间宣布并于奥巴马总统访华期间正式签署的《中美关于加强气候变化、能源和环境合作的谅解备忘录》基础上，双方为推进气候变化、能源和环境的政策对话和务实合作采取重要步骤。

造成这三个长句的主要因素是长定语或长状语。学习者只有在对句子进行准确的切分、理解的基础上，才能找出搭配词（画线词语），从而理解意义。

因此，徐晶凝（2011）认为，教师在报刊阅读课上的教学任务之一就是训练学习者辨认介词组块以及辨认长定语/长状语与中心词。除此之外，教师还要能够帮助学习者总结提炼相关的语言表达式，如与"访问"相关的新闻报道里，会反复出现"sb_1应sb_2的邀请，于[时间]对[地方]进行国事访问""sb₁和sb₂就[问题]进行了会谈""sb₁和sb₂就[问题]达成共识"等句式，以及"国事访问、友好访问"等合偶双音词的组配（冯胜利，2003）。经济、贸易、教育、气候变化等话题的文章中，则包含着相当多的涉及统计与比较的句式，如：

① 居……第×位、名列第×位、排名第×位

② 由X位升至/降至Y位

③ X与Y持平、X与Y相差……

④ X比Y上升/下降/增长/减少……

⑤ 从/由……增长到……

⑥ 以……的速度增长

⑦ X占Y的××%

⑧ X与Y之间的差距、X与Y相比还有很大差距

以上这些教学内容，实质上都属于语法教学。

（三）口语课与语法教学

以培养学习者的听说能力为主要教学目标的口语课上，是否要进行语法教学？如果进行语法教学的话，是不是要教所谓的口语语法？这在二语教学界是有不同意见的。

"语法"一词起源于希腊语中的gramma，字面意思是"书写"，也有人提出了与其相关的其他希腊语词，分别是grammatikē和grammatikē technē，意为"书写的艺术"。无论如何，"语法"一词在产生之初就只与书面语相关。最早的语法专著《英语语法简介》（*Short Introduction to English Grammar*，Robert Lowth 出版），就是针对书面语而编著的一部规定语法（prescriptive grammar）。而"结构主义语言学之父"索绪尔区别语言（language）与言语（parole），并明确将"语言"作为语言学的研究对象之后，口语一直处于冷宫之中，基本不受重视。直到20世纪60年代，随着个人电脑的普及以及语料库的创建，人们才发现口语具有不同于书面语的使用模式，英语口语研究才开始受到重视。赵元任（1979）也对汉语口语语法进行了细致的描写。

但是，存在不存在一个独立于书面语的口语语法，语言学界实际上有两种不同的意见。以Carter和McCarthy为代表的支持者认为，口语中的某些语法特征在英语母语者日常对话中频繁出现，不能仅仅将其视为"表达失误"，我们应该关注口语语法，才能使其真正地为口语教学服务（Carter and McCarthy，1995；McCarthy and Carter，2001）。而反对者的主要观点是，口语与书面语是在同一语法体系下运转的，并非各自独立，语法系统会根据实际使用语境进行多样化的调整和灵活的变化。口语具有某些特征是毋庸置疑

的，如插入语、重复、改述、模糊语、口头语、话语标记、省略及语境依赖等，但这些口语语法的特点可以看作是书面语语法框架下的更为简单、松散、缺乏完整性的句法结构（Chafe，1982；Leech，2000）。Biber et al.（1999）在其所编著的*Longman Grammar of Spoken and Written English*中，通过对四种语料（会话、小说、新闻报道、学术文章）的观察，发现口语语法和书面语语法实质上都遵循着同一套语法规则，只是分布频率不同。

对于二语学习者而言，如何区分口语中的语法现象与书面语中的语法现象，如何根据交际场合的正式与否选择语体恰当的语言，是颇为困难的任务。与是否存在口语语法的争论一样，是否要教授口语语法现象，在二语教学界也存在争议。

支持者认为，目的语口语语法形式的学习有助于提高二语的流利性和得体性，尤其是与母语说话人交流的时候。Kuo（2006）指出，在竞争激烈的社会，仅仅停留于"可被理解"是不够的。因为在正式场合需要进行有礼貌的得体表达时，二语者会处于劣势。因此，教授口语中的语言表达形式是有必要的，至于学习者用不用，可以由学习者自我决定。

反对者认为，很多二语学习者并没有多少和母语说话人交流的机会，"可理解性（intelligibility）"才是教学的目标，学习者能够以可被理解的方式说话就可以了。而且，要求学习者按照母语说话人的标准说话，实际上隐含着学习者需要进行自我身份妥协（compromise their integrity），特别是在有关得体性的部分。Miller and Weinert（1998）则发现，在不同的语言系统中，口语都遵循着相似的功能限制，如都存在情景省略（situational ellipsis）和左置结构（left dislocation）等，二语学习者可以利用这些普遍的策略来理解目的语的口语语法。

一线教师与学习者对此问题的看法也有不同。Timmis（2002）调查了来自不同国家的600名教师和学生，发现教师大都认为教授口语语法不总是那么必要，但是学生却普遍想学习口语语法。不过，二语教师们比较一致的观点是，教授目的语口语的语法标准对学习者是有益的，可以提高学习者对口语语法的意识，只是要不要让学习者进行产出，还需慎重，至少不是在任何学习阶段都要求产出。

实际上，有关是否存在口语语法的争议，焦点在于对"语法"的理解存在狭义与广义之分。语法，在原本的意义上来说，是将语言符号组织起来的规则，包括构词的规则（词法）以及组词成句的规则（句法）。在这个狭义的意义上，口语恐怕很难说有自己完全独立于书面语的语法规则。但从广义的理解来看，如果把语法理解为语言使用的规律，那么，口语显然具有一些明显不同于书面语的用法。如：

（1）我们家里原来，<u>你知道</u>，在朱元璋的时候儿，明代的时候，朱元璋不是，他……这个……占领北京吗？占领北京以后呢，<u>然后</u>，他死了，死了以后把那个儿子封到那个……南京。

这段话中,"你知道"的使用具有明确的话语功能,说话人借助它与听话人进行交互,以引起听话人的注意,更新其知识背景。"然后"意义大大弱化,基本失去了表时间先后的作用而成为一个填充语(filler),而该填充语与其他的填充语,如"这个、那个、就是、嗯"等的分布,显然也是不同的,而且是有规律可循的,并非完全随意。话语的重复,如"他死了,死了以后……"也并非毫无意义,而是具有搭建"框架话题"的作用(袁毓林,2002)。口语的语言使用规律,不仅突出表现在以上这些组句成篇的规则上,也表现在某些句法层面的组句规律上。如:

(2)到了前两天,他忽然来了,告诉我说,他在别处借着银子了,这个银子他不用了。

(3)有很多人,他们就认为说,这得政府给我们解决……

(4)而且社会上还会传出谣言,说这几个人都跟吴士宏谈过恋爱。

(5)说你当头儿的不带头吃苦,我们小兵卒子傻卖什么劲儿啊。

这些用例中的"说",不再是一个普通的言说动词,而变成了一个引语标记,这是口语独有的语法现象(方梅,2006)。[①]

总之,如果在广义上理解"语法"一词,那么口语中的确存在一些不同于书面语的语法规律。因此,李泉(2003a)提出了区分书面语语法、口语语法和共核语法的研究思路,徐晶凝(2016)则提出了一个构建口语语法教学体系的设想。

当然,究竟该如何在写作课、阅读课、口语课上进行必要的、有针对性的语法教学,还需要联系具体问题具体分析,篇幅所限,在此不再展开充分论述。

第四节 汉语二语教学界的观点

在汉语二语教学界,学者们普遍认为语法教学占有重要地位。周祖谟(1953)在新中国第一篇全面讨论汉语二语教学的论文中就明确指出,不论通过什么方式进行讲解和练习,"语法的知识是必须教给同学的,学习汉语在语法上必须掌握三点:句子结构的形式,句中语词的次序,词与词、句与句关联的虚字"。值得注意的是,该文还特别指出,语法学习的目的是帮助学习者学习说话,培养阅读和写作的能力。也就是说,周祖

---

① 书面语中也有一部分动词可以后接"说、道",如"讽刺说、坦白说、抱怨说"等,据张军(2014)统计,这样的动词一共有45个,多具有明显的心理意向性。

谟先生强调，语法教学不仅仅是抽象的语法规则的讲解，而是以语法为手段，服务于听说读写译等语言能力的发展。

此后，汉语二语教学与研究界基本上都认为语法教学的作用毋庸置疑（陆俭明，1998；李泉，2003b）。陆俭明（2000）还指出，到了一定阶段，应适当进行带总结性的、又有一定针对性的"巩固基础语法"的教学，以便让学习者把所学过的语法知识连贯起来，系统化。因此，不但要进行随堂的语法教学，还有必要在一定阶段开设集中式教学的独立语法课，帮助学习者系统化语法知识。

同时，学界也特别指出，语法教学的作用虽然重要，但也不应夸大语法的作用，不能不分教学阶段、不分课型特点大讲特讲语法规则。李泉（2003b）提出，"与其多讲语法，不如多让学生接触有关的语言材料，这也许是掌握语法的最好途径"，并引述了吕叔湘（1962）的观点，"语法的知识该随时随地从读物里获得，而且只要获得语法的事实，不必斤斤于那些语法的名目。……在您已经学习到了相当的程度以后，读一本语法书，仿佛作一鸟瞰，或是清点一次仓库，倒是能收融会贯通之效，有左右逢源之乐。过早地去啃系统语法，照我看是利少而弊多"。这些表述，实质上涉及了显性语法教学和隐性语法教学的问题。

汉语二语教学界对教学语法与语法教学的重视，也突出表现在学术会议的研讨主题上，教学语法与语法教学一直都是各种学术会议的经典话题之一。学界还曾举办过两次特邀报告式专题教学语法研讨会：一次是2001年8月10日至12日，中国国家对外汉语教学领导小组办公室组织召开的"首届国际对外汉语教学语法讨论会"，该研讨会上的论文结集为《对外汉语教学语法探索》，于2003年出版；第二次是2015年12月12日至13日，北京语言大学对外汉语研究中心主持召开的"首届汉语（二语）教学语法体系及标准建设国际论坛"，来自国内外的24位学者就对外汉语教学语法体系、教学语法大纲及相关问题进行了讨论。

不过，汉语二语教学界对语法教学之地位和作用的探讨，大都依据的是语言教学的实践经验与抽象的理论推导，缺少实证研究，对此问题第三章将进一步展开论述。

思考题

1. 对于下面的教学语法点，语法翻译法、听说法、交际法分别会如何进行教学处理？
趋向补语句式：S +V 进+【处所】+（去）

2. 以下是英语母语学习者出现的偏误，你觉得这些偏误的实质是什么？与哪些语法点有关?

（1）*所以一点儿也没有知识关于服装。

（2）*我在大学学习时，我拼命学广告学，我在这方面很熟悉，因此可以获得德国公费留学资格去德国。

（3）*所以我很自信关于这个方面的工作。

（4）*我一定贡献你们的公司。

（5）*我推荐向客人，对你这种颜色好，如果穿这件上衣，那么下面是应该穿这件衣服吧，等等。

3. 分析以下几段报刊语言，作为教师，你会从中提取出什么样的教学语法点?

（1）广东省教育厅最新统计结果显示，截至2006年12月10日，广东全省毕业研究生的就业率为94.37%，本专科毕业生就业率为96.16%（其中本科97.25%，专科95.57%），研究生就业率首次低于本科生，甚至专科生。

（2）俄罗斯联邦统计局发布的最新统计数据显示，2006年俄国内生产总值比前一年增长6.7%，略低于政府预期的6.9%。

（3）从商务部获悉，2006年，欧盟继续保持我国第一大贸易伙伴地位。据中国海关统计，1—12月，中欧双边贸易额达2723亿美元，同比增长25.3%，占同期中国外贸总额的15.5%。其中中方对欧盟出口1819.8亿美元，同比增长26.6%；自欧盟进口903.2亿美元，同比增长22.7%。机电和高新技术产品占比近90%，同比增长近6个百分点。

（4）联合国政府间气候变化研究专家小组近日发布《2007年度全球气候变化研究报告》，预测从1990年到2100年一个多世纪的时间里，地球表面平均气温将可能升高1.1°C至6.4°C，到本世纪末，地球表面可能出现极端炎热天气。

4. 下面两段文章，你觉得作为报刊阅读课的教学材料，哪段更合适? 为什么?

（1）人事部官员认为，竞争上岗是一种以公开、平等、竞争、择优为主要特征的干部选拔任用方法，把干部选拔置于群众的监督之下，落实群众的知情权、参与权、选择权、监督权，对于从源头上预防和治理用人上的不正之风和腐败现象，有效地克服由少数领导选人而出现的封官许愿和凭个人好恶选人用人的弊端，促进优秀人才脱颖而出，提高干部队伍的整体素质，具有积极的作用。

（2）双方同意在卫生健康领域进一步开展联合研究，包括干细胞联合研究等。双方将深化在全球公共卫生领域的合作，包括甲型H1N1流感的预防、监控、报告和控制以及禽流感、艾滋病毒及艾滋病、肺结核、疟疾。双方还将加强在食品安全和产品质量方面的合作。

5. 如果学习者自学下面的两个语法注释,你觉得可能会出现什么样的语法盲点?

（1）以X为首 "be led by X; headed by X". This phrase is based on the pattern "以……为……", which means "to regard... as..., to consider...as..."; "首"（"head"）means leader here. It is usually used in a relative clause modifying the subject of the sentence.）

以北大学生为首的一群青年知识分子对政府提出了民主改革的要求。
Led by Peking University students, a group of young intellectuals demanded democratic reform from the government.

以美国为首的西方国家常常批评中国的宗教政策。
The western countries headed by the United States often criticize Chinese religious policy.

A：这群抗议的学生是由谁带领的？他们抗议什么？
B：＿＿＿＿＿＿＿＿＿＿＿＿＿＿＿＿＿＿＿＿＿＿＿＿＿＿＿＿＿＿＿＿＿＿＿＿．

（2）非……不可："非" in conjunction with "不" indicates necessity or inevitability.

我今天非做完物理作业不可。
I am determined to finish the physics homework.

上次的比赛输了,这次我非赢回来不可。
We lost the game last time. I am determined to win this time.

学好一门语言不容易,非用功不可。
Leaning a language is not an easy job; the demand for hard work is inevitable.

A：你再这样赌下去,一定会把财产都输光的。
B：＿＿＿＿＿＿＿＿＿＿＿＿＿＿＿＿＿＿＿＿＿＿＿＿＿＿＿＿＿＿＿＿＿＿＿＿．

 扩展阅读

1. 束定芳、庄智象（2008）《现代外语教学——理论、实践与方法》（修订版）,上海外语教育出版社,上海。
2. 章兼中主编（2016）《国外外语教学法主要流派》,福建教育出版社,福州。

第二章

语法教学教什么?

第一章说过，语法教学究竟需要不需要，得依据教学情境而定，不可一概而论。因此，本章及以后各章中所谈的语法教学，除非特别注明，都指面向成年学习者的精读课的课堂教学。

另外，语法包括词法和句法两个部分。本书所谓的语法教学，主要指句法。汉语缺乏形态变化，最常用的构词法是复合构词，除了受到语义组配限制之外，结构组配规则与句法层面的短语结构规则基本一致，不是汉语二语语法教学的中心内容。

第一节　如何选取语法教学点？

语法教学的目标在于帮助学习者掌握汉语的基本结构规律，并能运用这些规律有效地理解和生成汉语。汉语的结构规律是什么？哪些是教学中应当作为语法点加以注释的？这是每一个教材编写者必须首先做出明确回答的问题。因此，作为语言教材必不可少的组成部分，教材中的语法注释自然是教师确定语法教学内容的主要依据。

目前汉语二语教材编写者在选取确定语法点时，主要依据的是各种教学语法等级大纲[①]，其中，《汉语水平等级标准与语法等级大纲》（1996，以下简称"《大纲》"）影响最为深远。这些教学语法大纲基本上都延续了1958年出版的第一套对外汉语教材《汉语教科书》所奠定的对外汉语教学语法体系。该教学语法体系在理论语法的框架下，按照语素、词、短语、句子、复句这样的五级语法单位进行语法项目的分级编排，力求全面展现汉语的语法面貌，对于指导、规范汉语二语语法教学、教材编写以及测试等功不可没。不过，该教学语法体系也存在一些有待改进的地方（柯彼德，1991；李泉、金允贞，2008）。其中之一就是没有考虑汉语区别于其他语言的结构特点，没有从汉语学习者的角度进行知识架构（详见第三节），因此，教师在教学中还有必要根据学习者的实际情况选取语法教学点。

[①] 如《对外汉语教学语法大纲》（王还主编，1995）、《中高级对外汉语教学等级大纲（词汇·语法）》（孙瑞珍主编，1995）、《汉语水平等级标准与语法等级大纲》（国家对外汉语教学领导小组办公室汉语水平考试部，1996）、《对外汉语教学初级阶段教学大纲》（杨寄洲主编，1999）、《高等学校外国留学生汉语言专业教学大纲》（国家对外汉语教学领导小组办公室，2002）、《高等学校外国留学生汉语教学大纲（长期进修）》（国家对外汉语教学领导小组办公室，2002）、《国际汉语教学通用课程大纲》（修订版）（孔子学院总部/国家汉办，2014）等。

一、基于对比分析

对于学习者来说，汉语区别于他们母语的地方，虽然可能因为"新奇效应（novelty effect）"而更容易被注意到（Kleinmann，1977）[①]，但不同点也可能是他们的学习难点[②]。因此，教师如果能基于对比分析原则来确定教学重点，语法教学的针对性就可以更强一些。

学习者母语的语法与汉语语法的差异，实际上无处不在。往往在一些教师想不到的地方，也会存在差异。比如否定表达，汉语是将否定副词"不、没"置于谓词前，而英语则是将否定小品词not置于助动词之后，德语则直接置于动词之后。如：

汉语：约翰不去学校。

英语：John doesn't go to school.

德语：Johann geht nicht zur Schule.

而对于否定式是非问句的回答，汉语和英语也是不同的。如：

——约翰不去学校吗？　　　　Doesn't John go to school?

——是的，他不去学校。　　　　No, he doesn't go to school.

　　不，他去学校。　　　　　　Yes, he goes to school.

这些细微差别都可能造成学习者的习得困难。

比较学习者的母语（以英语为例）和汉语，大致可以将语法项目区分为如下四类：

表 2.1　基于对比分析的语法项目类型

语法项目类型		英语	汉语
1. 学习者母语中没有，而汉语中有		Ø	语气助词
2. 学习者母语中有，而汉语中没有		定冠词，不定冠词（the, a/an）	Ø
3. 学习者母语和汉语中皆有，但用法不完全对应	a. 一对多	and	"和、而且、并"等
	b. 互有交叉	被动态（passive voice）	"被"字句，受事主语句
	c. 多对一	too, also, either	也
4. 学习者母语和汉语中皆有，而且用法完全对应		I love you.	我爱你。

[①] Kleinmann（1977）研究发现，阿拉伯母语者学习英语时很早就学会了进行体，而且学得很好，但阿拉伯语里其实并没有进行体。因此他提出，当二语和一语中的某个现象差异很大时，会有一种新奇效应。

[②] 对比分析假说自Lado（1957）提出后，学界进行了广泛讨论。目前学界的基本看法是，对比分析可以识别可能的偏误，但基于目的语和学习者母语差异而做出的预测是否成立，还需要通过考察学习者的中介语来验证。另外，影响学习者习得的因素是多方面的，母语迁移只是其中之一。（Ellis, 2013）

这些不同的情况难度是不同的，根据Stockwell et al.（1965）［转引自Eills（2013）、盛炎（1990）］，它们对学习者而言，难度排序为：4<3c<2<3b<1<3a。第四类语法项目对于学习者来说几乎不需要额外的认知加工，不太可能成为学习难点，教学中也就无需花费太多时间。这类语法项目还包括：

a. 表等同关系的"是字句"：他是我的朋友。

b. 表领有的"有字句"：我有一个弟弟。

c. 兼语句：我请他吃饭。

……

前三类语法项目则是教学中应该特别注意的。即便《大纲》或教材语法注释部分没有列入，教师在备课中也要将它们提取出来，课堂上进行必要的教授。

例如关联副词"也"，虽然意义和用法都没那么复杂，但对于英语母语学习者来说却是一个小难点，因为"也"的句法位置与英语对应词too或also存在诸多差异。"也"必须放在句中动词之前、主语之后，如"你去，我也去"。too一般用于句末。also除了可用于动词之前、主语之后（He also produced the statue of Churchill.），还可以用于动词后（Surfing the internet is fun, but it is also a time waster.），甚至名词前（His father, also a top-ranking officer, had perished during the war.）。因此，学习者若不了解"也"的用法限制，就会出现"*我也""*他去，也我去"等偏误。

再如"来/去"两个动词，看起来简单，对英语母语学习者来说却存在着一些小陷阱。这两个动词，除却用作趋向补语（如"走来、拿去"）以及表示目的（如"常常走动来沟通感情、我来介绍一下"）等复杂用法之外，用作主要谓语动词时，其用法也与英语的come/go有所不同。英语母语学习者常常会出现如下偏误：

（1）*我们在天安门去了。

（2）*我在一块田里去摘草莓。

（3）*我打算去喝酒在一个酒吧。

出现这些偏误的原因在于，英语的come/go往往需要与介词to一起使用才能后接处所词（come/go to school），而汉语里的"来/去"却可以直接后带处所词（来/去学校），如果教师不将"来/去+PLACE"以及"来/去+PLACE+VERB"这两个用法讲解清楚的话，学习者在学习了"在+处所词"这一用法后，就可能在"在"与"来/去"的用法间产生纠缠。

上述两个点，大多数教材并未将之单独提出来进行讲练。因此，教师在遵从教材语法点安排的前提下，有必要结合学习者的母语，进行一些语法点的增删、选择工作，有针对性地满足学习者的学习需求。简单地说，如果某项目与学习者的母语比较，在语序或功能上完全一致，即使教材中规定为一个单独的语法项目，教学中也不必进行讲解；反之，如果某项目与学习者的母语相比，有自己的独特之处，即使教材中未列，也需将之提取出来进行一定的讲练。特别是那些有细微差别之处，如上述两例。对此，吕叔湘（1977）曾指出，"我们教外国学生，如果懂得他的母语（或者他熟悉的媒介语），在教他汉语的时候，就能了解他的需要，提高教学的效率。英语的语法跟汉语的语法比较，有很多地方不一样。当然，相同的地方也不少，不过那些地方不用特别注意，因为不会出问题，要注意的是不同的地方"。

当然，二语教学课堂类似小联合国，学习者来自不同国度，教师不可能对所有学习者的母语都有所了解。这需要教师在教学过程中不断积累，观察不同母语背景的学习者经常出现的偏误类型。同时，在备课过程中也不妨查阅一下学习者语料库，如"HSK动态作文语料库"，以语料库中所收集的偏误用例作为确立教学重点的依据。

竟成（1999）指出"在条件成熟的时候，首先可以编制《对日汉语教学语法大纲》《对韩汉语教学语法大纲》和《对英美汉语教学语法大纲》"。陆俭明（2000a）也提出过两个问题："是否需要根据不同母语语区的特点，制订不同的字表、词表、语法要点表？如果需要（肯定需要），怎么根据不同语区的特点来制订不同的字表、词表、语法要点表？"不过，是否有必要编写"分国别"的语法教学大纲，学界尚无定论。但是，基于汉语和其他语言的对比来确定汉语二语教学语法体系这一基本原则，还是得到大家普遍认可的。崔希亮（2002）提出编写《汉语教学参考语法》的设想，认为首先要"在基于中介语语料库的汉语语法专题研究"的基础上获取语法项目清单。该语法项目清单，可以帮助我们彻底地弄清楚不同母语背景的学习者在学习同一个语法项目时的不同表现，以及表现背后的原因，从而加深教师对结构规律自身的认识。

二、遵循习得顺序

选取教学语法点时，教师还要注意的一个问题是，不要超越学习者的习得阶段。Pienemann（1998）认为，二语学习者依据一套固定的轨迹习得某些语法结构，只有在前一个阶段的习得成功完成后，才可进入下一个阶段的语法结构习得。因此，作为教师，最好对有关学习者习得顺序的研究成果有所了解，这样才能在确定语法教学点时"心中有数"。比如，施家炜（1998）发现，学习者对22个现代汉语句式的习得顺序是：

Ⅰ级	Ⅱ级	Ⅲ级
T1 T3 T17 T15 →	T11 T21 T8 T19 T5 T2 T6 T10 T18 T7 T9 T12 T20 →	T22 T13 T16 T4 T14

在该等级顺序中，不同等级的句式在等级序列上不可颠倒或逾越；而同一等级内的句式虽然一般是有序的，但并非定序，允许有一定变化；同一等级内且习得难度几乎相同的若干句式可能是相对任序的，顺序性最弱。这22个句式是：

T1　S+是+N（词组）。　　　　　　　　我是学生。
T2　……的+是+N/V小句。　　　　　　我最喜欢的是汉语。
T3　S+有+N（词组）。　　　　　　　　你有一个苹果。
T4　方位词组+V+有+N（词组）。　　　纸上写有一个汉字。
T5　S+是+时间词+V（O）+的。　　　　我是昨天去的。
T6　S+是+Adj（词组）+的。　　　　　 水是热的。
T7　S+把+O+V+RC。　　　　　　　　 他把我打哭了。
T8　S+把+O_1+V（在/到/给）+O_2。　　我把书放在桌子上。
T9　S+被/叫/让/给+O+V+RC。　　　　 我被他打哭了。
T10　S+被/给+V+ RC。　　　　　　　 我被打哭了。
T11　A比B+ Adj（+DC）。　　　　　　 我比他高。
T12　A不如B+Adj。　　　　　　　　　我不如他高。
T13　S+不是+V+O+吗？　　　　　　　你不是学汉语吗？
T14　难道+S+V+O+吗？　　　　　　　难道你要学汉语吗？
T15　S+P+（O）+吗？　　　　　　　　你是学生吗？
T16　S+P+O+吧？　　　　　　　　　 你是学生吧？
T17　……什么/多（少）/怎么（样）……？　你叫什么？
T18　为什么/谁/哪儿……呢？　　　　　谁是你的老师呢？
T19　S+是/V+N（词组）+还是+N（词组）？　你是学生还是老师？
T20　S+（是）+V（词组）+还是+V（词组）？　你喜欢汉语还是喜欢英语？
T21　S+Adj不Adj/V不V（O）？　　　　他好不好？
T22　S+是不是+ V+ O+ 呢？　　　　　你是不是学习汉语呢？

也有学者对某些复杂语法项目内部的各种表达式难度进行了研究，比如陈珺、周小兵（2005）依据难度将比较表达句式的用法进行了如下分级安排：

表 2.2 不同难度级别对应的比较句句式

难度分级	具体句式
初级阶段（一）	（1）更/最+形容词；形容词+一点儿 （2）跟……（不）一样/差不多……
初级阶段（二）	（3）A 比 B +形容词 　　　A 比 B +心理动词/能愿动词+宾语 （4）没有……这么/那么…… （5）有……这么/那么…… （6）A 比 B +形容词+精确数量补语 　　　A 比 B +提高类动词+数量宾语 （7）A 比 B +动词+程度补语 　　　A 比 B +动宾+动+程度补语
中级阶段（一）	（8）（不）像……一样/这么/那么…… （9）A 比 B +形容词+模糊数量补语 　　　A 比 B +提高类动词+数量宾语 （10）A 比 B +多、少、早、晚+动词+数量补语 （11）不如/比不上+形容词 （12）A 比 B +更（还、再）+形容词/动词
中级阶段（二）	（13）一+量词+比+一+量词 （14）没有比……更……的 （15）"不比"句
高级阶段	（16）A +形容词+于/过+B

李蕊、周小兵（2005），徐晶凝（2021）等也对时体助词"着""了"等语法项目的教学分级进行了探讨，篇幅所限，不再引述。

肖奚强等（2009）则基于中介语作文语料库的正误频率调查结果，将"把"字句、"是……的"句、形容词谓语句等20个句式，依据其具体所表达的语义进一步细分为134个下位句式，认为在初级阶段应该教授其中77个，中级阶段教授53个，高级阶段则应成为初中级阶段语法教学的有效延伸，着重于句式在篇章中的功能教学，额外需要教授的句式只有4个。

这些研究发现都是基于大规模真实语料统计而得出的，与语法大纲或教材中的安排并不完全一致，虽然可能还存在有待进一步探讨之处，但都值得语法教师参考。

第二节　形式、意义、语境

教授某个语法项目时，除了要明确告诉学习者该语法项目的形式（怎么构成）和意义（表示什么意思）之外，还需要将它的语境条件（什么时候用，怎么用）讲清楚，这就是我们常说的语法的三个侧面。

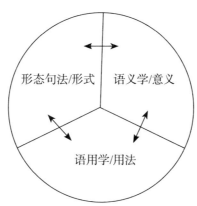

教师要牢记：二语语法教学是"讲条件的语法"，更重要的是讲明某个语法项目的使用条件，即必须在什么时候、什么场合和要表达什么意思才能使用（赵金铭，1994）。下面看两个语法结构的实例分析。

一、语法结构实例分析

（一）"（是）……的"结构

观察下面的例句，总结一下"（是）……的"这个语法项目与"了"有什么不同。

（1）在湖南长沙走马楼出土的吴国简牍，这也是一批古代的官方文件。它<u>是</u>1996年7月到11月，由湖南省长沙市文物工作队，在这儿做抢救工作时发现<u>的</u>。

（2）我回家就没和爸爸待在一起过，连过年也<u>是</u>在乡下爷爷奶奶家过<u>的</u>。

（3）我低头看看这枚金光闪闪的胸针饰品，发现它居然<u>是</u>用24K黄金做成<u>的</u>。

（4）三天前吧，他来店里，当时<u>是</u>我接待<u>的</u>，他说是来旅游<u>的</u>，<u>不是</u>来走亲戚<u>的</u>。

（5）听妈妈那么一说，司南还真是后怕不已。当初的反间谍案<u>是</u>SIO鬼使神差地办下来<u>的</u>，然后他又莫名其妙地加入了SIO。

（6）老曾年轻时脾气暴躁，后来越来越没脾气，除了<u>是</u>杀猪杀<u>的</u>，也<u>是</u>被死去的老婆耗<u>的</u>。

（7）我看陆涛时常神情恍惚的，跟我在一起，也是强颜欢笑的，身边儿晃着一美女也不爱看一眼,全是谈恋爱谈的!

(8)她一摇一晃地走到地主身旁,好奇地看着他两条哆嗦的腿,随后问道:"爷爷,你为什么动呀?"地主微微一笑,说道:"是风吹的。"

从这些例子可以看到,"是……的"虽然也用于表达过去已然事件,但它所表达的语法意义以及所使用的语篇环境都有独特之处。如果从形式、意义与语境三个角度进行描写,"是……的"这个语法项目,教学中至少需要处理如下三点:

语法形式:

S是[时间]+V+的+O。如:他是昨天看的《摔跤吧,爸爸》。

S是[在+处所]+V+的+O。如:他是在中关村电影院看的《摔跤吧,爸爸》。

S是[方式]+V+的+O。如:他是和朋友一起看的《摔跤吧,爸爸》。

……是[原因]+V+的。如:我腰疼,是睡硬板床睡的。①

S是+去/来+[目的]+的。如:他是去中关村看电影的,不是吃饭的。

是+[S]+VO+的。如:是他告诉我的。

注意:"是"有时候可以省略,"的"不可省。

语法意义:

强调动作发生的时间、处所、方式、原因等细节信息。

语篇环境:

上文要首先引进某个已然发生的过去事件,才可以使用"是……的"结构。即"已然事件+了,是……的"。如:上周末我去国家博物馆了,我是上午去的,人不太多。

学习者往往忽视语篇环境的限制,该用"是……的"结构时误用"了",如:

(9)*2014年11月,我跟两个朋友一起去宁夏,宁夏在中国的西北边。我们坐火车去了,坐了26个小时。

(10)*昨天我和一个朋友一起去看电影了,我们在中关村电影院看了。

这两个例句中,语篇上文已经明确交代了过去已然发生的事件"去宁夏"和"看电影",接下来要进一步交代该事件发生的方式和地点,应该使用"是……的"结构。

在形式方面,学习者也往往会将"是……的"结构与"了"混杂使用,或者忽略"是……的"的省略规定。如:

(11)*虽然我是在国外长大了,我还是想回报祖国,在中国立业。

(12)*我是在韩国的忠北大学校毕业了,我本来的专业是该校的中文系。

---

① 用于原因解释时,语境中前一个事态往往是一种已然状态,而原因部分较多是由重动结构实现的,如例(6)(7)。

（13）*我是1970年3月15日出生。

例（11）虽然上文没有出现"我长大了"，但是依据关于世界的一般常识，"长大了"是一个交际双方都知晓的事实，所以，"我长大了"这一语篇条件是隐含的，说话人需要交代长大的地点这一细节信息。例（12）说话人在求职信中进行自我介绍，"大学毕业了"也是一个语境自明的事实，说话人需要交代具体的毕业院校信息。这两个例子都应该用"是……的"结构。学习者或许知道要用"是……的"句，但未记清楚其具体的形式要求，而将"了"杂糅进了该结构。或许他们不知道要用"是……的"结构，而是使用了"是"单纯表强调确认的用法，这也违背强调确认用法的"是"的语篇要求①。而例（13）的学习者则省略了"的"，造成偏误。

另外一个"（是）……的"结构，则与语气表达有关。如：

（14）能说一下你们找我们领导有什么事儿吗？我们领导是很忙的。

（15）今儿不练了啊。该干吗干吗去，啊。走走走走。一个不留的。

（16）你再这样下去的话，会毕不了业的。

（17）我很愿意帮助你的，有事儿就说，哈。

这个"（是）……的"结构多用于非现实性（irrealis）语句，说话人选用该语法形式，一方面表明自己对命题的肯定态度，另一方面也对听话人的观点或说话人认为听话人所持有的观点进行否定，或者提醒听话人注意他可能未意识到的情况。

还有一些"（是）……的"句用于对过去发生过的事情加以确认，同样也经常用于对听话人的观点进行否定，或者提醒他注意某一事实。如：

（18）我是从小看着他长大的，当然了解他。

（19）我是做了作业的，昨天已经交给老师了。

以上两种用法可以概括为：

语法形式：

S（是）+VP+的【惯常】。如：那里是很漂亮的，你应该去看看。

S（是）+VP+的【假设】。如：你会后悔的。

S（是）+VP+的【已然】。如：我是报了名的。

注意："是"有时候可以省略，"的"不可省。

语法意义：

肯定状态或事件已然存在/发生或将会发生。

---

① "是"表强调确认的用法，常用于让步。如：
　　a. 我是不懂，我就知道吧做人不能太自私。
　　b. 这个东西是漂亮，就是贵了点儿。

语篇环境：

上文要有一个可对之进行否定的命题，该命题可以是听话人所说的话或行为，也可以是说话人心理上认为听话人可能持有的某种观点。

学习了"是……的"表达确认的用法后，学习者也常常会忽略其语篇条件限制而泛化使用，也往往会忽略其形式上"是"可以省略而"的"不可省略的规定。如：

（20）*我相信，作为新加坡十大旅游公司之一的贵公司，应该是<u>不会拒绝我的加入</u>。

（21）*按照我的工作经验，中国服装在<u>欧洲很有市场的</u>，因为质量好，价格便宜。

（22）*我上大学的成绩<u>是还过得去</u>，一般科目都是B学分以上的成绩。

这三个例子都来自求职信，说话人做自我介绍以及表达自己的观点。如果使用"是……的"句式便隐含着一些话语前提：例（20），我假设你们会拒绝我加入，例（21）我假设你们或很多人认为中国服装在欧洲没有市场，例（22）我假设你们认为我的成绩不好。显然，这种假设前提对于求职信来说是不合适的。例（22）还省略了"的"，形式上也有偏误。

此外，学习者还会出现如下一种偏误：

（23）*我是明天去的。

这种偏误究竟是对上述哪种"是……的"结构的误用，很难做出判定。

总之，无论是哪种用法，"是……的"结构都在形式、语义和语篇三个方面具有较为显著的特征，学习者只有对这三个方面均有理解，才能准确使用。

（二）"每……（都）"结构

"每"通过逐指的方式统括全体，常常要用范围副词"都"与之呼应，如例（1），但在实际语篇中，也存在不用"都"的情况，如例（2）：

（1）每天早上，先生<u>都</u>坚持5点出门，到公园里喊嗓练功。

（2）每天早上，先生坚持5点出门，到公园里喊嗓练功。练功之后，他就跑会儿步。

那么，什么时候一定要用"都"，什么时候不用呢？影响因素包括句法形式上的，也包括语篇环境。马国彦（2017）以"每+时间词语"为例进行过分析，其主要结论大致可总结如下：

1. 句法方面

A. 如果句子中含有跟"都"意义、功能相似的词语，如"总是、大多、常常、往往、不时"等，"都"可以不用。如例（3）。

B. 宾语中有疑问代词，"都"可以不用。如例（4）。

C. 句子中包含一个条件句，"都"往往要略而不用。如例（4）。

（3）每天下班回家，他总是累得连话都不想说。

（4）每天中午只有打开饭盒时才知道妈妈给带了什么东西。

2. 语篇方面，则主要与话题框架相关，主要有三种情况。

A. 语篇中存在着对比情况，如：

（5）每天早上，他洗过脸，吃过早饭便骑车上班去；而我还须将家里收拾一遍。

（6）每天上午，她给学生讲大课，下午则进行个别指导。

B. 连续叙述，话题延续。如例（2）。再如：

（7）每天晚上，我们坐在石凳上，捧着书本，看得津津有味，把蜡烛燃尽才肯上床睡觉。

C. 存在复指现象，即通过零形式或指示代词，将其前小句表示的命题或事件加以概括，或确立为话题。如：

（8）每天晚上，等散了戏，爷儿俩在漆黑的街道上散步。在这种时候，他才发现，秀莲真是大大地变了样。

（9）每天晚上，一辆辆汽车、拖拉机装满新摘的西瓜源源不断地进入京城，价格比往年便宜，ø使京城居民得到了实惠。

因此，"都"的用或不用，主要受制于语篇中句子与句子之间的关系，只有联系语篇进行解读才能更好地使用"每……（都）"结构。教师如果不讲清楚，学习者就会出错，或者遗漏"都"，或者冗余使用"都"。如：

（10）*几乎每天厕所堵，甚至的话一间厕所不能用，而且服务员也放弃了，我们的厕所一天比一天脏。

（11）*忆起童年，我相信每一位有酸甜苦辣的过去。

（12）*望子成龙都是每个父母对孩子的愿望，每到假期父母亲向朋友借了一部轿车带我们姐弟游山玩水，我们玩得很高兴。

（13）*我觉得每一个人都有看见那纸条就自己要遵守。

（14）*所以每当我都没有达到他们的要求，所以，我感到难过和失望。

二、不同语法项目难点各有侧重

对于学习者来说，不同语法项目的学习难点可能是不同的。有的语法项目难点在形式，有的难点在于意义，有的则在于使用条件。当然，还有的语法项目可能在形式、意义和使用条件中的两方面甚至三方面都难。教师应该清楚所要教授的语法项目在形式、意义、使用条件三个方面究竟哪个是学习者的难点，从而有针对性地进行教学设计。下面举三个例子来加以说明。

（一）状语

从学习者的偏误中，可以发现学习者在状语习得方面的难点。

（1）*随着中国的经济发展更快地，服装市场的需要也将扩大，消费也会多样化。

（2）*所以我很有自信关于这个方面的工作。

（3）*从1990年到1991年，我留学在美国STANFORD大学。

（4）*在以前的公司，也我的工作成绩很好。

（5）*我们应该更努力去培养下一代，如照顾孩子。

（6）*我是1966年在广州出生的，在这个城市也上小学和高学。

这些偏误主要集中在三个方面：

A. 语序错误，例（1）—（4）。学习者容易将状语后置于中心语，特别是时间状语和地点状语。例（4）的错误与关联副词有关，学习者往往将"也、就、才"等关联副词前置于小句主语。

B. "地"的使用，例（5）缺省了"地"。学习者常常不清楚"地"的使用条件。

C. 多项状语的语序，例（6）。学习者容易将多项状语的语序弄错。

这些偏误，都与状语这个语法项目的形式有关。的确，汉语状语所表达的语法意义以及状语使用的语境条件，与学习者的母语相比，可能并没有明显的特殊之处。

当然，也并不是说状语这个语法项目在语义、语篇上完全没有使用条件的限制。比如状语后是否加"地"这个问题，虽然一般来说副词做状语不需要加"地"，但是部分方式状语却可以，如：

（7）雨渐渐（地）小了。

（8）渐渐地，雨小了。

（9）雨小了，渐渐地。

"渐渐"紧邻谓语形容词"小"时，"地"可加可不加，加了"地"则凸显了其描述性。可是，如果"渐渐"前置或后置，"地"必须使用。这是由语用原则控制的一个语法现象，即修饰语离开核心越远，越需要使用标示两者之间语义关系的语法标志（陆丙甫，2004）。

另外，学习者也会在"地""的""得"的使用上发生混淆，如：

（10）*有了下一代就必须对下一代负责任，所以离婚就不要随便的提出。

（11）*两个人都被折磨地身心疲惫，有时严重影响到他们的工作。

这种偏误的实质有时候是因为学习者没有区分"地""的""得"的意识,有时候则可能是因为学习者不理解状语与定语、补语的区别,如果是后者这个原因,问题就与状语的语义相关了。不过,状语与补语混淆,恐怕主要是因为学习者不理解补语的意义,因为他们的母语很可能没有与汉语补语对应的语法结构,学习者理解起来更困难。

(二)主谓谓语句

汉语主谓谓语句有不同类型。其中一类是大小主语之间有领属关系。比如:

(1)那个小城市灯光很少。

(2)你性情不好。

(3)他身体却很健康。

该句式的学习难点主要在于形式和语篇条件。从形式上来说,很多语言中没有这类结构,若将主谓谓语句翻译成学习者的母语,很可能会对应着不同的句法手段。比如,若翻译成英语,可能要使用所有格或介词结构,甚至要对译为主谓结构、定语从句和并列结构(戴燃,2017),因此,英语母语学习者要学会使用这种句式,不是一件易事。另外,因为大主语和小主语之间具有领属关系,学习者还可能将这三个句式等同于简单主谓句:

(1a)那个小城市的灯光很少。

(2a)你的性情不好。

(3a)他的身体却很健康。

实际上,例(1)和例(1a)、例(2)和例(2a)、例(3)和例(3a)这三组对应语句,虽然在所表达的意义上没有本质区别,但在语篇分布上却有着显著差异。主谓谓语句主要用于如下两种语境:对某个对象从不同的侧面加以描写和说明;从事物相关的方面进行对比(张旺熹,1999:24—35)。例(1)—(3)的语篇分布环境实际上是:

(1b)那个小城市灯光很少,ø街巷里黑色连成一片。

(2b)我知道你性情不好,ø心地却是很好的,吵架打架都可能发生,不过,我们还是要结婚。

(3b)女主人起身给我介绍说,老人是她父亲,今年已经九十四岁,ø身体却很健康,ø腰板挺挺的,ø精神还很好。

例(1b)和(2b)的第一小句都是主谓谓语句,它们和其后的小句一起,分别从不同的侧面对"那个小城市"和"你"进行描写说明。例(2b)在描写的同时,还带有一定的对比义,即"性情"与"心地"不同。从形式上看,这两个例子的第二小句都是简单主谓句,实质上也是一个主谓谓语句,大主语承前省略。

在实际语篇中,有可能先用SVO句式引出一个大话题,随后从不同的侧面对其进行描写说明，如例（3b）。在句法表层上例（3b）并不包含主谓谓语句，因为后三个小句中的大主语"老人/他"都承前省略了。像这种由几个主谓结构（"身体健康、腰板挺、精神好"）共同表述同一个主语（"老人/他"）的语篇，是主谓谓语句的典型分布语境。

以上三个例句的语篇分布条件可以图示如下：

那个小城市 { 灯光 / 街巷里 } …… 你 { 性情 / 心地 } …… 老人 { 身体 / 腰板 / 精神 } ……

所以，对于主谓谓语句来说，就要注意将语法形式与语篇条件结合起来进行教学，才有利于学习者理解。

（三）"了、着、过、在"、时间副词等时间表达形式

这些语法点的形式显然并不难掌握。"了"在句中仅有两个位置：置于句末（如"吃饭了""吃下去了"），置于动词和宾语之间（如"吃了饭""吃饱了饭"）或动词和复合趋向补语之间（如"吃了下去"）。而"着、过"只能置于动词后。"在"必须置于动词前。但是，它们所表达的语法意义及其使用条件，特别是在语篇中的使用条件，却是"难点中的难点"（吕必松，1995）。限于篇幅，此处不做详细说明，可参看下编第三章及第五章。

再比如时间副词"顿时"和"一下子"，在形式和语义上并不难掌握。形式上都只能用于句子核心谓语之前，语义上都表示时间很短。但是，它们在语篇中并不能随便替换。对于学习者来说，要掌握这两个词的用法，最关键的就是掌握它们的语篇分布条件。根据杜轶（2019），"顿时"多用于描写心理现实或经过主观渲染的客观现实，且"顿时"小句之前一般要交代诱发"顿时"句所表状态/变化的原因或条件，如：

（1）跟博士哥哥聊了之后心里顿时豁然开朗了许多，我就需要有人能时刻鞭策我一下。

（2）我把媳妇送走了，家里顿时安静了许多，也冷清了许多。

例（1）"顿时"句描写了说话人心理状态的变化，例（2）则描写了说话人感知到的环境变化，其前面都有对诱因的说明（跟博士哥哥聊了天，把媳妇送走了）。

在没有交代诱因的语篇中，"顿时"不可以使用，如下面两个语句中"一下子"是不可以换成"顿时"的：

（3）今天一下子就有十几个博友关注我啊！

（4）真正爱你的人，一下子说不出真正爱你的理由，只知道自己顾不上注意别人。

同时，"一下子"句所表达的事件往往具有反预期的性质，如：

（5）突然<u>一下子</u>见不到那个人了，才知道自己已经不知不觉地对那个人产生了很强的依恋。

（6）她指着窗外说："我的家并不远，就在那棵大黄树下面，<u>一下子</u>就能走到的。"

（7）很多人以为自己工作了一两年就<u>一下子</u>看懂了整个社会。

以上三个语句中，"一下子"小句表达的事件分别不符合说话人的预期、听话人的预期和常理。

以上几个语法项目，对学习者来说，难点各有不同。教师在进行语法教学时，首先要充分了解目标教学点的形式、意义及使用条件，再从学习者习得的角度确定教学侧重点，这是一个非常重要的教学基本功。

第三节 语法知识要不要教？

吕文华（1994）、刘月华（2003）等早已指出：教外国学生重点不应该是理论体系和概念术语，不是语法知识，而应该是语法规则，要讲清楚用法及条件。

这一观点的提出，对于汉语作为二语的语法教学来说，具有"端正教学方向、明确教学目标"的重要指导作用。来看两个教学处理：

教学案例一：	教学案例二：
教　师：你周末常常一个人玩儿吗？ 学生甲：不，我常常见面朋友。 教　师：哦，你常常和朋友见面。（板书"sb_1和sb_2见面"。问另一个学生）你也常常和朋友见面吗？ 学生乙：我也常常和朋友见面。 教　师：你们都常常和朋友见面。（问另一个学生）你昨天跟朋友见面了吗？ 学生丙：我昨天跟朋友没有见面。 教　师：应该说"我昨天没有跟朋友见面"。（板书"sb_1没有和/跟sb_2"见面） ……	教师：你周末常常一个人玩儿吗？ 学生：不，我常常见面朋友。 教师：应该说"我常常和朋友见面"。（板书"sb_1和sb_2见面"）"见面"是一个不及物动词，不能带宾语，我们要用状语，就是介词"和"或者"跟"加"朋友"组成一个短语，放在动词"见面"前面做状语。如果还有别的状语，比如"也、都、昨天、没有"，也要放在"见面"前面（板书"sb_1没有和sb_2见面"） ……

这两个教学案例的教学内容是一样的，都在介绍"见面"一词的用法，但教学处理上存在着显著差异：第一个教学案例中没有涉及任何语法术语或语法知识，教师在与学生的

问答中，逐渐将"见面"一词的用法讲述出来；在第二个教学案例中，教师也将"见面"一词的用法逐一讲解了出来，但在讲解过程中使用了诸多的语法概念和语法术语，如"不及物动词、宾语、介词、状语"等。很显然，第一个教学处理更好地贯彻了上述语法教学的基本原则或理念，更符合汉语二语语法教学要求，更适合学习者。

不过，这个教学理念或教学原则理解起来实际上并没有这么简单。什么是语法知识？是不是所有的语法知识都不能讲？对此，我们有必要进行更深入的解析。

一、语法知识的不同层面

语法知识实际上可以有两个层面的含义。我们来看看下面两组语法知识有什么不同。

第一组：

① 判断一个语言形式是词还是词组，可依据的标准有……。"鸭蛋"是词，"鸡蛋"是词组。

② 汉语的词类划分要以句法分布作为主要依据，兼顾意义。"突然"是个形容词，"忽然"是个副词。

③ "我一看就明白了"是个连锁结构的单句；"我一看，马上就明白了"是个复句。

④ "把"字句的句式义是"主观处置"。

⑤ "了、着、过"等助词是体（aspect）标记，不是时（tense）标记。

第二组：

⑥ 词有单双音节之别，词的音节与其句法有密切的关系。如："好"是单音节形容词，"友好"是双音节形容词。

⑦ 句子由主、谓、宾、定、状、补等句子成分构成。如："了解中国的办法"中，"了解中国"是一个动词性短语，做定语。

⑧ 句子有结构层次。如："我希望下学期继续在北大学习"中，"下学期继续在北大学习"被包孕在"我希望"中。

⑨ 句子中的词存在着语义指向。如："我们都做完了"中，"都"的语义指向"我们"还是"做完"，语句的意义会有不同。

⑩ "了"的语法意义是"完成"，和瞬间终结动词（punctual verbs）共现时，"SV了O"足句。如："我们赢了那场比赛""他终于到了好望角"。

从二语教学的角度来说，语法教学的目标是帮助学习者掌握汉语的语法规律，帮助他们准确得体地运用语法规律进行表达。因此，从是否有利于促进学习者的语言发展来看以上两组语法知识，就可以发现，它们是不同的。

第一组语法知识，徐晶凝（2017a）称之为"能力无关语法知识"，也就是说，这类语法知识在促进学习者的语言发展上几乎没有帮助。比如，学习者无论是否知道"鸭蛋"和"鸡蛋"一个是词一个是词组，都不影响他们对这两个语言形式的使用。学习者即便知道"了"是一个体标记，也无助于他们对"了"用法规律的掌握。再如：朱德熙（1982）将"今天下午开会"作为主谓结构，而黄伯荣、李炜（2012）则将其处理为状中结构；朱德熙（1982）将"情态动词+VP"（如"不得不告诉你"）、"动词+动量词"［如"等一下（老王）、看一看（孩子）"］都处理为述宾结构，而黄伯荣、李炜（2012）则将"情态动词+VP"处理为状中结构，将"动词+动量词"处理为述补结构；"处所+是+N"（如"到处是牛羊"）究竟是存现句还是判断句，语法学界也有争议。这些语法知识，汉语二语教学均无须涉及，只要帮助学习者明白句式的意义即可。

第二组语法知识，徐晶凝（2017a）称之为"能力相关语法知识"，即它们能够有效地帮助学习者监控自己的语言运用，有可能促进学习者的语言发展。比如，学习者若想知道定语和中心语之间究竟何时用"的"何时不用"的"，就需要了解"好"是单音节形容词，"友好"是双音节形容词，从而才可以准确产出"好朋友"和"友好的朋友"。若要知道a way to understand China用汉语怎么说，就必须知道to understand China是定语，汉语的所有定语都要放在中心语之前，"了解中国（understand China）"是一个动词性短语，做定语时要加"的"，有了这些语法知识，学习者才可以准确产出"了解中国的办法"。学习者若要判断时点词"下学期"究竟置于句子的主要谓语动词"希望"之前还是之后，就必须了解句子是有结构层次的。

再比如，学习者若要很好地掌握下面三种句式的用法和限制条件，必须了解语义指向这一语法知识。

① S+V+结果补语+O（如：我洗干净了衣服。）
② S+把+O+V+结果补语（如：我把衣服洗干净了。）
③ S+把+O+V+状态补语（如：我把衣服洗得很干净。）

在这些句式中，补语的语义都指向宾语（马真、陆俭明，1997）。只有帮助学习者理解了语义指向这个语法知识，他们才能理解"*我洗快了衣服""*我把衣服洗快了""*我把衣服洗得很快"或者"*我把衣服洗得很累"为何不合语法，而"那瓶酒喝醉了一大桌子人""累死我了"却是合乎语法的，从而用这个语法知识监控自己的话语产出。语义不指向宾语时，一般选用重动句表达，如"我洗衣服洗累了"。

名词的有定（definite）和无定（indefinite）这一语法知识，对于帮助学习者掌握下面一些句式的用法，也是必需的。

① 处所+是+人/物（如：北京大学的北边是圆明园。/北京大学的北边是一个公园。）

② 处所+有+人/物（如：北京大学的北边有一个公园。）

③ 处所+V+趋向补语+人/物（如：前边走过来一个人。）

④ S+V+趋向补语+人/物+（来/去）（如：她领进来一个人。/她领进一个人来。）

在句式①中，人/物可以是有定名词，也可以是无定名词；而在后三种句式中，人/物通常都是无定名词①。有定无定这一语法知识，对于帮助学习者掌握"们"的用法也是一个必需的知识（参看下编第二章第一节）。

从学习者的角度来说，"能力相关语法知识"可以帮助他们理解语法规则背后的道理，从而可以理解汉语的逻辑，理解汉语说话人看世界的方式。

因此，语法教学中语法知识究竟该不该教，要依据该知识是否有利于促进学习者的语言发展来进行判断与取舍，不可一概否定。"不该教的语法知识"仅指"能力无关语法知识"，"能力相关语法知识"不但要讲，而且要确保学习者能够理解，能够在遇到相关语言现象时利用这些语法知识做出判断，对自己的话语进行监控。

二、语法知识的系统化

陆俭明（2000b）指出，到了一定阶段应该适当进行带总结性的、又有一定针对性的"巩固基础语法"的教学，以便让学习者把所学过的语法知识连贯起来，系统化。因此，在一定阶段开设集中式教学的独立语法课，帮助学习者系统化语法知识是很有必要的。但系统化的含义究竟是什么？从现行的面向学习者的语法教材（杨德峰，2009；卢福波，2011；徐晶凝，2017b）中，我们可以看到两种不同的理解。

一种理解是按照词、词组、句子、句群、语篇五级语法单位安排教学内容，在此框架之下，站在第二语言学习者的立场选择语法项目，进行难点与重点的解释，即系统性主要体现为对五级语法单位的全面呈现，兼顾各重点/难点语法项目的用法与规则。杨德峰（2009）、卢福波（2011）采取的都是这样的系统化原则。如卢福波（2011）的内容目录为：

---

① 在某些特殊语境中，有定名词也可以进入句式②，如"知青文学北大荒有梁晓声，陕北有高红十，西南有郭小东"，但有特殊的语篇上下文的限制。详见下编第二章第一节。

表 2.3　卢福波（2011）的内容目录

单元	单元题目	具体内容
第一单元	名词及相关语句	名词及名词的功能；方位词语、"的"字短语
第二单元	动词及相关语句	"是"字句、"在"字句、"有"字句；动词、离合动词；动词重叠式
第三单元	数词、量词及数量短语	数词及概数表示法；量词；量词短语、数量词重叠、时间表示法
第四单元	形容词、区别词及相关语句	形容词及相关语句；形容词修饰的功能与条件；形容词与比较句；区别词
第五单元	代词及相关语句	指代人和事物的词语；指代动作和性状的词语；疑问代词的特殊用法
第六单元	副词及其用法	副词的意义与功能；常用副词对比分析；副词的排序与搭配限制
第七单元	介词及相关语句	介词及介词短语的基本意义与用法；常用介词对比分析（上）；常用介词对比分析（下）
第八单元	动态与助词	动作的进行、持续与起始、将行；动作的完成、实现与经历
第九单元	修饰限制语	定语；状语
第十单元	补充语	结果补语、趋向补语；可能补语、程度补语、情态补语；数量补语、介词短语补语
第十一单元	句子的分类及句子的语气表达	陈述句、祈使句及其语气表达；疑问句、感叹句及其语气表达
第十二单元	特殊句式	双宾语句、能愿动词句、主谓谓语句；连谓句、兼语句、存现句；"把"字句、"被"字句、"连"字句
第十三单元	复句及其关联词语	复句的特点、联合复句；偏正复句、关联词语的隐现与位置、紧缩复句

另外一种理解，则是从句子组装的视角出发，将学习者随堂学习过的语法知识与句子的基本结构关联起来，将彼此相关的语法项目放在一起进行讲解；同时理清某一语法项目之下各个知识点之间的关系。如徐晶凝（2017b），以"我最好的朋友昨天在一家书店顺利地读完了一本有趣的汉语语法书"作为主线，根据汉语句子的各个主要组成部分（句法成分），依次讲解时间表达、地点表达、特殊动词（离合词）、补语、把字句、被动句、定语和状语，并把将事件与现实世界关联起来的语言表达手段（王洪君，2008）放在一起集中讲授，包括"会/将/要、了、过、是……的、在、着、动词重叠、V起来/下去、语气词"等。这种系统化，是从"句子组装"（郑懿德、陈亚川，1991）的角度进行的，目标是通过对各重点/难点语法项目的知识系统化，帮助学习者理解各语法项目与句子结构之间的内在联系，帮助学习者了解汉语句子的生成规则。

这两种系统化的思路各有所长。强调五级语法单位框架下的语法知识系统性，对语法理论知识进行了系统化呈现，所涵盖的语法知识点全面，但是没有明确从"能力相关"的角度来帮助学习者梳理语法知识的系统。从学习者的角度来说，这种系统化就好比是尽可能将珍珠收集到一个盘子里，不过，各语法项目彼此之间仍然是分散的。而以"汉语句子的语序规则"为纲来系统化各类语法知识，则为学习者提供了一条可以将珍珠串联起来的线，可以更好地帮助他们理解汉语句子的语序规律并生成正确的句子。这一思路是建立在区分两类语法知识这一认识之上的。但相比于前一种系统化的处理方法来说，后一种所涵盖的语法知识点在数量上难免要少一些。因此，教师有必要根据学习者的实际学习需求，决定究竟以何种方式帮助学习者进行语法知识的系统化。

三、面向本科生的语法教学

以上对语法教学"教什么"这一问题的讨论，都是指面向普通语言进修生的语法教学而言的。随着中国国力以及国际影响力的增强，越来越多的留学生选择来中国接受本科教育，其中有一些人选择学习"汉语言文学"专业。那么，对于这些学习者的语法教学，应该教什么？郑懿德（1995）、张颖（2007）和张宝林（2008）等探讨过面向汉语言文学专业高年级本科留学生的语法教学问题，他们的观点如下：

郑懿德（1995）指出语法课教学应遵循八条原则：注重实用性，采用教学语法；注重站在二语学习者的立场选择语法项目；注重"组装"规则；注重句法、语义、语用三个平面的结合；注重对比；注重图解和代号的使用；注重句子格式多样化的教学；注重篇章语法的教学。

张颖（2007）认为知识型语法课应遵循的教学原则是：系统梳理，突出重点难点；分类对比，重视异同比较；促进应用，培养监控能力；多向互动，调动情感因素。

张宝林（2008）也主张"用法主导的教学模式"，认为语法课的教学目的是教用法；教学内容应由词类和句法、虚词、语段三分天下；教学方法以归纳法为主，恰当结合演绎法；强调精讲多练，学以致用等。

在英语、俄语等外语教学领域，陈国亭（1994）、马振民（1998）、肖敏（2012）等也探讨过本科生的语法课教学。

从已有研究可以看出，学者们对面向本科生的语法课的教学，实际上有两种定位：一是系统讲授语法理论知识，提高学生的语言学素养；二是帮助学生通过学习语法提高语言交际能力。不过，学者们似乎更倾向于认为，面向本科生的语法课与面向普通语言进修生的语法课，在教学目标上并无本质区别，都要着重培养语言交际能力。

这两种定位实际上都有道理。对于汉语言文学专业的本科留学生来说，要求他们与中国学生一样，具备该专业学生理应具备的基本的语言学理论知识，是合理的。因为英语教学界研究发现，在过于偏重语言技能训练的教学模式中培养出来的英语专业本科生，与其他专业的本科生相比，普遍存在"思辨缺席症"的现象，缺乏长远发展的潜力（黄源深，1998、2010）。因此，张颖（2007）观察到现行的语法课的特点是重视系统性和重现性，而对语言技能和语言交际技能并无专门训练；注重训练学生对语法概念、原理和规则进行分析的能力等，体现的正是这种教学目标定位。将其与综合课语法教学进行比较并进行批评，实际上并无合理的比较基准。

我们认为，面向汉语言文学专业本科留学生的语法教学，可以有不同的阶段：在低年级，语法教学主要是技能训练，教学目标是提高学习者语言表达的准确度、流利度与适切度，教学内容要尽量避免理论语法的内容，聚焦在能力相关语法知识上；到了高年级，则可以涉及能力无关语法知识，为他们开设语法理论知识的课程，通过提高他们的语法分析能力来培养他们的批判性思维。

第四节　不同阶段的语法教学重点

针对不同水平的汉语学习者，语法教学的重点和目标是有所不同的。如果将语法学习比喻成房屋营造，那么，初级阶段的语法学习就好比是打地基和架构四梁八柱；中级阶段的语法学习，则是添砖加瓦，修建门窗；到了高级阶段，则进入墙壁粉刷、布线装饰的阶段。语言教师要大致了解初级、中级和高级阶段的学生所需要解决的语法难点与重点，对学习者的整体语法学习状况有所了解，这样才能准确把握不同阶段语法教学的目标，预测到学习者可能出现的语法偏误，从而有针对性地进行教学设计。

一、初级阶段语法教学的难点与重点

习得研究中有一种观点认为，成年学习者在开始学习一门新的语言时，其初始状态是一语语法，即学习者带着自己母语的语法知识开始二语学习。当一语的语法无法对二语的语言事实做出解释时，学习者会在普遍语法的指导下对二语进行重构。这就是所谓的全面迁移/全面可及假说（full transfer/full access，Schwartz and Sprouse，1996）。尽管有研究并不支持这一假说[1]，但母语的迁移作用在初级阶段学习者的语法学习中具有重要影响，还是随处可见的事实。

---

[1] Yuan（2004）通过实验考察了母语为英语、法语和德语的学习者习得汉语否定句的情况，结果发现母语为法语和德语的学习者并未将母语中的否定结构特征迁移到汉语中。这个研究不支持全面迁移假说。

看一个初级水平学生的作文：

今天亨利得到他的成绩报告单，对这不太满意了，因为汉语班的成绩是很差。他不要他的父亲看见他的报告单，所以他很紧张考虑，最后想一个办法。他想我爸爸来的时候，如果我照顾，可能他忘我考试的成绩。因此，他来等爸爸早一点。半天他突然发现在路上走他住的地方过来，就亨利欢迎他的父亲在外面。他拿皮包从爸爸手，帮助他带他的书包，帮脱衣服，他给父亲烟袋和拖鞋，最后，他甚至给他来爸爸的最喜欢啤酒跟一袋花生。当然亨利的爸爸觉得一点奇怪，他想亨利从来没有这么礼貌，今天什么特别情况发生吗？忽然他想起来，今天每个学生得到成绩报告单，所以他问他儿子，来，看看你的报告单。亨利不得不红脸回答：还有一个啤酒……

从这个作文可以看到，汉语二语学习者在初级阶段主要的语法问题是：语序错误和具体词语的用法错误。而且这些错误基本都带有母语负迁移的痕迹。如：

（1）*就亨利欢迎他的父亲在外面。

（2）*他来等爸爸早一点。

（3）*他拿皮包从爸爸手。

（4）*今天什么特别情况发生吗？

（5）*半天他突然发现在路上走他住的地方过来。

以上皆为语序错误。其中，例（1）（3）是介词短语状语与中心语错位，例（2）是形容词短语状语与中心语错位。从语义角度来看，地点状语、时间状语、工具状语、方式状语等，学习者容易产生语序错误。例（4）属于特殊疑问句的疑问词前移，例（5）属于语序错误与杂糅。

初级阶段学习者在定语小句与中心语的语序上也往往受其母语的影响而发生错误[①]，这个学习者的习作中这方面的用例仅一个，即"爸爸的最喜欢啤酒"，语序尚好，但结构助词"的"位置有误。他对结构助词"地"的掌握也不甚好，如"他很紧张考虑"中遗漏了"地"。

具体词语的错误，则涵盖面相当广泛。如：

（6）*他不要他的父亲看见他的报告单。（"要"与"想"混淆使用）

（7）*帮助他带他的书包。（"带"与"拿"混淆使用）

（8）*当然亨利的爸爸觉得一点奇怪。（"一点"与"有点"混淆使用）

（9）*他甚至给他来爸爸的最喜欢啤酒跟一袋花生。（"来"误用）

（10）*今天什么特别情况发生吗？（"吗"与"呢"混淆使用）

---

① 例如：*我喜欢礼物妈妈给我了。

此外，该习作中所存在的其他偏误，在初级阶段的学习者中也属于普遍现象。

A. 形容词谓语句中冗余使用"是"。如：

（11）*汉语班的成绩是很差。

B. 方位词缺失。如：

（12）*从爸爸手。

C. 时体助词"了、着、过"误用。如：

（13）*对这不太满意了。（"了"冗余）

（14）*他想亨利从来没有这么礼貌。（遗漏"过"）

（15）*亨利不得不红脸回答。（遗漏"着"）

D. 虚词"和、也、就、才"等的用法。如：

（16）*就亨利欢迎他的父亲在外面。

E. 补语的用法。如：

（17）*帮脱衣服。（遗漏结果补语"下"）

虚词（特别是时体助词）、补语的用法，这些难点会一直持续到高级阶段。

总之，初级阶段的学习者对句子的基本语序的掌握还很不牢固，在打基础的阶段，教师的核心任务是帮助学习者了解汉语句子的基本语序，认识到汉语与其母语之间的结构差异，从而初步建立起用汉语思考的意识。同时，对于那些学习者容易出现偏误的个别词语的用法，如：来/去+place+VP、"们"、"几"与"多少"、表存在的"在、是、有"、这样+VP、多/少+VP……，也要注意加强训练。

另外，初级阶段的语法教学切忌"全面、系统"，而适合采用化整为零、逐个攻破的教学处理模式，以先解决感性认识为好（卢福波，2003）。如关于结果补语，只需要逐一学习"完、好"等补语的意义与用法，而不必将结果补语作为一个整体概念进行讲授。

二、中级阶段语法教学的难点与重点

徐晶凝（2009）调查发现，中级阶段汉语学习者的语法错误仍以语序错误和具体词语的用法错误为主。她在调查中发现学习者的错误类型及分布情况如下表所示：

表 2.4 中级阶段汉语学习者的错误类型及分布情况

错误类型	举例	数量
语序错误	*他来四年了这里，现在还不想回家。　　　　　[数量词错序] *我查字在一本字典里。　　　　　　　　　　　[地点状语错序] *我要去接我妈妈在机场。　　　　　　　　　　[地点状语错序] *他们是最可爱的人我认识。　　　　　　　　　[定语与中心语错序] *我从未住一个人过。　　　　　　　　　　　　[状语与中心语错序]	141
词语意义或用法错误	●易混词用错 　*吃完以后，我常常再很饿。　　　　　　　　　[又、再] 　*她是你妈妈，不对你担心才怪呢！　　　　　　[对、为] ●词性错用 　*菜很热量。 　*你可以不可以给你的帮助？ ●词语搭配错 　*我天天早上去班。 ●词语的用法掌握得不好 　*他的身体刚恢复，但是一时还在吃药。 　*我一向去年在校内住了。	109
时体助词错误	*我从未一个人住，不过，上大学后我要试试独立生活了。 *我不感觉孤独，我已经习惯。 *今天我去了看我的妈妈。	72
个别格式的用法错误（主要与虚词的遗漏、误用、错序有关）	*你每天会很忙。　　　　　　　　　　　　　　[每……都] *你天天开夜车，身体好很奇怪了！　　　　　　[才……呢] *一到了家，盼着下一次旅行。　　　　　　　　[一……就]	50
离合词错误	*我现在能跟中国人聊天聊天。 *你觉得我能不能跑步一千米？	14
情态助动词错误	*我觉得我们结婚。 *不管你有事没事，反正你来上班。 *只有一个人，我一辈子也不能忘。	25
"的、地、得"错误	*我的姐姐能唱歌唱的很好。 *他好跟学者安静得侃中国历史。 *周末的时候，我悠闲看电影。	15
补语错误	*即使我不找到工作，也要呆在北京。 *他常常醒了不太早。 *我应该回去家了。 *五分钟后，一个男人朝我来。 *我每天喝牛奶，我有骨骼得结实。	14

(续表)

错误类型	举例	数量
复句逻辑关系错误	*别说西安，就是中国，我也没去过。 *只有努力学习，就能学好汉语。 *他们宁可自己吃苦，也让孩子吃苦。	18
其他	●缺少主要谓语动词 　　*第一食堂的包子，依旧原来的味道。 ●话题不连贯 　　*我们在公共汽车上的时候，小偷趁没人注意，我的钱包被他偷走了。 ●同音词用错 　　*我们在讨论讨论吧。	11

可见，中级阶段的学习者对汉语的句子结构或基本语序的掌握还不很牢固，母语的负迁移仍发挥着较大的作用。

与初级阶段相比，中级水平的学习者在语序方面的偏误涉及更为复杂的语法规则，主要与修饰性成分的语序安排有关，即定语、状语、补语与中心语的语序。随着学习者语言水平的提高，他们所要表达的意思日益复杂起来，句子中不可避免地开始使用修饰性成分。因而，学习者在小句定语、状语等方面出现语序偏误的数量增多。再如：

（1）*旅行是一个很好的办法了解其他文化。

（2）*我开始欣赏一种芳香花在我身边。

（3）*我们讨论关于这个问题。

中级阶段的语法教学重点内容之一，就是继续帮助学习者理解包含六大句子成分在内的汉语句子的整体架构，继续强化学习者对结果补语、趋向补语、可能补语和状态补语的理解。要特别说明的一点是趋向补语的引申用法。目前大多数教材对于趋向补语的引申用法并没有进行系统化的呈现，语法注释部分可能也没有完全将课文中所出现的趋向补语引申用法提取出来，教师在教学中可以适当进行一些补充。因为趋向补语的引申用法复杂而烦琐，单靠一两次的语法教学根本无法帮助学习者掌握，要同介词的教学一样，遇到了便进行强化，从中级到高级，贯穿整个汉语学习的过程，这样日积跬步，才可以帮助学习者逐步掌握。

到了中级阶段，学习者开始接触到越来越多的预制板块结构，包括空槽填充式的（如"一……就……、不是……就是……、仅……就……"），以及固定表达式（如"这样一来、可不是嘛、听你这么说"），这些预制板块结构无论是在形式上还是语义和使用语境上都有一些特殊要求，教师要注意形式、意义与语境三方面的教学。近年来，学界对各种不同的预制板块结构进行了诸多描写，教学中可以参考。限于篇幅，不在此一一罗列。此外，中级阶段要特别加强与介词用法有关的预制板块结构的教学，如"A对B很重要、为……操心、对……（感到）好奇/困惑"等，遇到需要与介词组配的词语，教师最好将之与介词的组合一并告诉学习者。基于用法的语法（usage-based grammar）研究最大的发现是，无论是书面语还是口语中都存在着大量高频使用的规约化的词语序列（conventionalized word sequences），包括公式化语言（formulaic language）、习用语（idioms）和常规搭配（conventionalized collocations，也叫作prefabs）[①]（Bybee，2006）。中级阶段加强对这一部分语言用法的学习，对于学习者打好语言基础，迅速提高语言能力，是非常重要的。因为中级是一个承上启下的阶段，学习者已经大致了解了汉语语法的基本规律，如果能够加强规约化词语序列的掌握与运用，就可以在语言理解和表达的流利度上有大幅度提升。

从教学策略的角度来说，中级阶段可以进行一些系统的、完整的语法知识教学，有意识地将初级阶段分散的、局部性的学习串联起来，集零为整地进行教学，最好能够开设语法选修课。比如关于结果补语，到了中级阶段，就需要告诉学生述补结构是一种什么关系，补语常常由什么样的词语充当，在什么情况下需要使用结果补语等，也就是把结果补语作为一种系统知识，让学生进行系统的学习，从而能够掌握整体规律，达到举一反三的目的（卢福波，2003）。

三、高级阶段语法教学的难点与重点

学习者进入高级汉语学习阶段时，已经能够建构起较为完整准确的汉语语句，在基本语序、逻辑联系语的使用等方面的语法知识大都已然内化，语法学习进入精细化校正的阶段。李泉（1991）指出，中高级阶段的语法教学不是基本句型的教学，而是基本句型的深化和扩充，但更多的是大量的语法格式、常用实词和虚词的语法特点、搭配习惯等词语使用规律的教学，还应注意语体和修辞方面的知识。因此，目前大多数教材中，高级阶段的语法教学点是相近词语的辨析，以及书面语/口语句式，如"……以免""不外乎""且不说……，就是……也……""说X就X""不V不V也得V……"等。

关于语体语法的教学，再多做些说明。语体与语法之间存在密切的相关性，不同

[①] 所谓习用语，是由普通词汇按照可预知的句法组织起来的规约化的词语序列，但是其意义却是引申意义（通常具有隐喻的性质），如"戴高帽、穿小鞋"。所谓常规搭配，也是规约化的词语序列，但是可以预知其意义，如"重要作用、重大贡献"。另外，动词词组（phrasal verbs），如finish up, burn down，以及动词-介词组合（verb-preposition pairings），如"对……产生影响"，也可以看作是常规搭配，不过，它们的意义在某些语境中可能也是不可预测的。

的语体导致不同的语法模式（陶红印，1999；张伯江，2012；等等）。如口语中复杂的"的"字短语修饰语非常少见，而多用小句的形式来表达，如"他在找一个人，走路有点儿一拐一拐的，已经找了半天了"。在口语中，性质形容词主要用作谓语，其使用频率（59.1%）远高于做定语（21.4%），而书面语中则以充当定语（63%）为主要功能（贺阳，1996），而且可带动态助词"了、着、过、起来"等的形容词也多见于口语（李泉，1996）。口语中的"说"还发展出了从句标记的用法（方梅，2006）。

学习者往往因为缺乏语体意识而出现语体错位问题。某些汉语教材有时候也没有很好地注意词汇的语体色彩，而将书面语词放在一个口语色彩浓重的上下文语境中，如：

（1）我走以后，你要注意安全，<u>任何人</u>敲门都不要开。

（2）过去遇到这种情况，老王一定会发脾气，现在很冷静，<u>由此可见</u>，他的脾气变化很大。

（3）在没有找工作以前，我暂时在家等着，<u>倘若</u>有了工作的机会，给我介绍。

因此，李泉（2003）提出建立基于语体的语法教学体系，将语法项目分为口语语法、书面语语法和共核语法。徐晶凝（2016）则进一步提出了口语语法教学的体系框架，如下表所示，指出口语语法的教学内容要注意情态范畴和话语范畴的语法项目。

表2.5 口语语法教学的体系框架

范畴语法	主要语法项目	例示
结构范畴语法	口语中特有的句法现象	省略、易位、追加、重复、紧缩、插说；与虚词有关的独特句法现象
	结构习用语	说X就X、不V不V也得V
	用于口语的"共核"语法成分	动词重叠、程度补语
	口语稍异于书面语的句法现象	复杂的"的"字短语修饰语多用小句的形式来表达；少用描写性形容词定语
情态范畴语法	表达言者对命题确信度的语言形式；表达言者对听者态度的语言形式；表达证据来源的语言形式	句类、情态助动词、语气副词、语气助词、施为动词、立场标记语、情态习用语（如：你呀/好你个X）
话语范畴语法	开启话题/抢占话轮的语言形式	那么、不是、哎、听我说
	保持话题/保持话轮的语言形式	还有、然后、完了
	转移话题的语言形式	对了、我说
	结束话题的语言形式	好、所以、好了好了
	背景反馈形式	嗯、是吗、这样啊
	应答习用语	可不是嘛、谁说的

总之，虽然关于语体语法的体系尚未建立起来，但教师在高级阶段的教学中不妨特别提醒学习者开始注意语体差别，建立语体语法的意识。

此外，语篇的衔接手段以及时体成分在语篇中的运用规律，在现有教材中大多并未将其作为语法注释点，这可能与本体研究尚不能提供足够的可用于教学的研究成果有关，但教师在高级阶段的教学中也不妨关注学习者在语篇衔接（参看下编第二章第二节"与代词有关的教学语法知识"）与时体运用（参看下编第五章第二节"语句与交际场景间的关联"）上的偏误，至少批改作业时能帮学习者加以改正，提醒学习者注意。

思考题

1. 在HSK动态作文语料库中观察日语母语学习者"比"字句的偏误情况，总结一下学习者的学习难点在哪里。

2. 关于定语教学，你觉得教学侧重点是形式、意义还是语篇条件？

3. 通过以下例句，简要归纳出状态补语的形式、意义及其使用语境。

（1）老头叫我给他画张虎。笔墨现成，乘兴挥笔，我画得很快。

（2）她低头看看，冲话筒一个劲儿地笑。……她瞟了一眼等在周围的人，反而笑得更甜。

（3）劳拉一不小心还烧了手指头，可她兴奋得毫不在乎这些。嘿，烤猪尾巴是真好玩儿啊！两个孩子你争我抢，玩得开心极了。

（4）"大家注意，行动要肃静，一致，出其不意。"
　　"知道了！"大家回答得精神抖擞。

（5）小的时候，我总是没缘没由地整夜哭，不仅闹得自己睡不安生，也闹得全家不安生。

（6）*我没有机会说得多，还遗憾的事情是我还没有中国朋友。

（7）*脾气大的老虎没忍受了那个日子，可是温柔的狗熊忍耐得好。

（8）*喜贞说的英语也是地道的口语，说得英语非常好。

（9）*这样方法我觉得好象容易的方法，可是找称心如意的人找得不容易。

（10）*有些人待人处事，对待人得不热情，大部分的人都有礼貌。

4. 从语料库中检索语料，归纳"V_1着V_1着+V_2"结构的形式、意义与使用语境。

5. 有人说，不同阶段的语法教学重点是不同的。初级阶段只需教最基本的语法形式，使学习者具备区分正误的能力，句型、词序教学是根本；中级阶段则要侧重语义语法的教学，使学习者具备区别语言形式异同的能力，语法教学中要引进名词、动词等的语义小类以及句式中的语义关系等语法知识；高级阶段要侧重语用功能语法的教学，使学习者具备区别语言形式之高下的能力，要让学习者理解在什么样的语言环境中，为了何种表达需要而使用某语言形式。比如，关于量词重叠这个语法形式，在初级阶段讲授量词的重叠方式，中级阶段则讲量词重叠一般做主语和定语，不做宾语；到了高级阶段则进一步指出量词重叠具有话题性，这规定了量词重叠只能用于话题或次话题的位置。对此观点，你有何看法？

6. 语法就是语言结构的规律。有学者认为，母语说话人的大脑中具备语法知识，能够判断某个语句合语法还是不合语法，只是这些语法知识是隐性的。做一名汉语教师，不仅要有语法知识，还要有语法学的知识。但是在教学中，却不需要教授语法学知识。你同意吗？为什么？

7. 下面这一段关于单复句的语法教学论述，你觉得是否贯彻了区分能力相关语法知识与能力无关语法知识的原则？

在语法课上可以忽略单复句的划界问题，应从零标志和有标志连接手段的角度来讨论句子的并列关系和主从关系，把常见的连接词及其所连接成分的类型和限制条件逐个加以论述。

8. 请你来看一看，下面这个研究的设计是否存在可商榷之处。

研究目标：学习者的元语言学知识（metalinguistic knowledge）与学习效果的关系。

研究方法：（一）要求学习者说出句中词语的词性，找出某句法成分，涵盖助动词、副词、动词、形容词、结构助词、名词、介词、连词、指示代词、量词、时体助词、程度补语、趋向补语、结果补语、主语、谓语、宾语、话题、述题等；（二）要求学生改正病句并用语法术语对正确的语法规则做出说明，如："*我们去看电影星期一"，学习者要解释时间词"星期一"放在主语前或后都可以，但必须在动词前。

研究假设：该测试的结果可反映学习者的元语言学知识，将该成绩与学习者的其他汉语学习成绩进行相关性分析。若正相关，则学习者的元语言学知识会促进学习效果；反之，则不能。

9. 找一本教材，看看其中某一课的语法注释，根据对比分析的原则，结合形式、意义、语境兼顾的要求，评价其语法点的选取与注释是否合适。若不合适，请提出你的修改建议。

10. 找一套教材，看看初级、中级、高级阶段的语法点是如何安排的。

 **扩展阅读**

1. 杨德峰(2009)《对外汉语教学核心语法》,北京大学出版社,北京。
2. 卢福波(2011)《对外汉语教学实用语法》(修订本),北京语言大学出版社,北京。
3. 徐晶凝(2017)《汉语语法教程:从知识到能力》,北京大学出版社,北京。

第三章

语法教学怎么教?

第三章 语法教学怎么教?

有一句话说,语法从来都不是枯燥的,但语法教学却可能是(Grammar is never boring, but teaching grammar can be.)。也就是说,教师所采取的教学方法,是决定语法课能否吸引学习者的重要因素,甚至可以说是唯一的决定因素。

语法怎么教,当然与教学目标有关。就面向成年人的精读课上的语法教学而言,语法教学的目标,无疑应该是帮助学习者理解并运用汉语的语法规则。具体来说,就是帮助学习者掌握每一个语法项目的形式、意义及用法,在恰当的语境中准确、得体地运用该语法项目。要实现这一目标并不那么容易,令语言教师感到沮丧的事情还是时常会发生的,比如:

A. 某些语法项目明明刚刚讲过、练过,可是学生好像没学过一样。

B. 某些语法项目明明学生已经学过并且懂了,可是在用汉语说或写的时候,却还是用错或者总是回避使用。

C. 有一些语法项目,似乎怎么讲,学生也难以理解。

要解决这些教学困境,教师首先要了解这些问题产生的根源,然后根据相应的语言研究与习得研究的成果设计相应的教学方案。

语言教师始终都要思考两个问题:如何帮助学习者把语法知识转变为语法能力(grammaring[①])?如何帮助学习者实现语法知识的自动化(automation)?

本章第一节主要讨论语法教学的总体原则,即正式开始设计教学方案之前,语言教师需要明确的一些基本原则。其他各节则讨论教学具体操作层面中需要注意的问题。如果教师在教学中能够很好地贯彻执行这些原则,便可以实现"精讲多练""以学生为中心"等基本的教学要求。

第一节 隐性教学与显性教学

第一章谈到,语法教学在整个语言教学过程中占据什么样的地位是二语学界长久以来的一个核心研究问题,不同教学法或理论实际上都在围绕语法"该不该教"以及"如何教"的问题展开。在教学方法上,与此相关的争议就是显性教学(explicit teaching)与隐

[①] 这是Larsen-Freeman自造的一个词,强调语法是一项技能,与其他技能(听说读写)一样,语法也处于动态变化之中,教师要培养学习者准确、得体地运用语法知识进行表达的能力,而不是让他们死记硬背语法知识。(参看Larsen-Freeman,2007)

性教学（implicit teaching）孰优孰劣的问题。

什么是显性教学，什么是隐性教学，学者们的界定并不完全一致。

根据Norris and Ortega（2000），如果语言教师在教学中对语法规则进行解释，或者教师直接要求学习者注意语法形式并要求他们试着概括出规则，语法教学都可以看作是显性教学；而如果教师既不讲规则，也不要求学习者注意语法形式，这种教学就属于隐性教学。

Housen and Pierrard（2006）（转引自靳洪刚、侯晓明，2016）将显性教学与隐性教学的区别总结如下：

表3.1　显性教学与隐性教学的区别

显性教学	隐性教学
有目的地将注意资源引导到目标结构	尽量将注意资源吸引到目标结构的应用
有事先策划、有计划、有目标进行的专门教学活动	与语言交际同时进行的随机性教学活动
以教学目标结构为重，必要时可以随时调整、干预	以不打断交流为原则，对意义交际的干预为最小限度
教学活动的重点是目标结构；结构使用为重，交际场合为辅	交际活动包含目标结构但不突出；交际场合为重，结构使用为辅
使用元语言解释，如规则讲解等	不使用任何元语言解释，如规则讲解等
对目标结构进行有重点、有目标、可控性练习	鼓励目标结构的自由使用

下面我们展开论述。

一、隐性教学

Krashen（1981）认为，有意识的获得（学得，learning）和无意识的获得（习得，acquisition）是完全不同的两个概念，通过正式教学获得的显性知识（explicit knowledge）只能在语言产出中起到监控作用，语言能力的获得主要靠习得。

在课堂教学中，教师会发现，自己上课反复强调纠正过的某个语法规则，比如"S+时点词+verb［我八点看（电视）］"或"S+verb+时量词［我看了八个小时（电视）］"，学习者在聚焦于意义表达的时候还是常常会说成"S+verb+时点词［*我看（电视）八点］"或"S+时量词+verb［*我八个小时看（电视）］"，甚至中级和高级学习者也会在这些简单的语序上出现偏误。这些现象都说明，学习者在显性教学中所获得的知识并不能自如地运用于交际。

相反，学习者有时候会产出一些很地道的汉语表达式，如"柜子太高，我够不着"，而该可能补语"（够）不着"教师在课堂上并没有讲过，学习者很可能是在语言社团中偶然习得了该表达式，而他完全不知道这是一个可能补语。这种情况在某些华裔学习者的身上非常明显，比如教师让学习者用"sb_1+让+sb_2+verb"回答问题时，某华裔学生说出"妈妈说你让一下儿"，教师提示他回答有误时，他还是莫名其妙，直到教师让他用汉语翻译"My mother let me study Chinese"，他才明白该目标结构的形式特点和意义，并用相当流利的汉语表达出来了。也就是说，对该学习者来说，他自小在家庭汉语环境中所习得的语法知识都是隐性知识（implicit knowledge），他可以准确地使用，却不能将语法规则解析出来。

因此，如果认为显性知识不可以转换为隐性知识，教师在教学过程中最好采取隐性教学法，即不明确进行语言结构或语法知识的讲解，更不要使用元语言（metalanguage，即语法术语），而主要通过给学习者提供大量的可懂输入（comprehensible input flood）帮助学习者获得语言能力。比如，在教学或阅读材料中包含大量目标结构，通过高频重复和大量范例来引起学习者的注意和学习；如果使用稍微显性一点的手段，则可以对目标结构进行凸显，比如在教学课件中将字体加黑、采用不同颜色、加下划线，或者教师在进行语音输入时提高语调、放慢语速、清楚吐字等。通过这样的手段，教师将学习者的"选择性注意"（selective attention）引导到事先选择好的目标结构或目标结构的关键部分上，从而帮助学习者在无规则讲解的情况下，通过大量的交际实例，注意到并推导出语言规则，随机获得关于语言的隐性知识。

现代脑电研究也有一些证据支持隐性教学。比如Morgan-Short et al.（2012）对二语学习者所做的ERP（event-related potentials）[1]研究发现，接受隐性教学的低水平二语学习者，产生N400效应，高水平的学习者则会引发典型的母语者反应，即ANs，P600和Late ANs；而接受显性教学的低水平学习者没有显著效应，高水平学习者则只在P600后出现Late ANs[2]。这些发现说明，隐性教学更可以使成年二语学习者发展出接近母语者的大脑机制。

---

[1] 所谓脑电研究，就是利用仪器记录脑细胞活动（包括神经元活动）所引起的脑电压的变化潜能，以此对学习加工过程做出推断。脑电研究的技术之一ERP，即联系认知事件（比如，被试对语言某个方面的加工）来分析脑电压的变化潜能，以毫秒为单位记录脑电波的波形变化。ERP可以提供丰富的强有力的数据帮助我们了解语言的加工过程（how languages are processed）。

[2] ERP研究发现，母语者在处理不合语法的句法现象时，通常会产生三个脑电反应：若遇到句法错误，（1）在150～500毫秒时会出现负波，这种现象叫作ANs或LANs现象（left-to-bilateral anterior negativities），这一指标不总是出现，但在被试听到语序错误的句法现象时通常都会出现；（2）在大概600毫秒时会产生正波，即P600现象（centro-parietal positivities）；（3）在600～2000毫秒时，会出现延续的ANs现象（Late ANs）。而N400这一指标通常被看作是与词汇/语义加工相关，即被试在看到或听到错误的词汇后300～500毫秒期间，头皮后部的脑电出现显著的负波波形。P600、N400等指标虽然也还受到一些质疑，但作为一些基本的参考项与二语学习者的脑电反应进行对比，仍是学界通常的一个做法。

二、显性教学

不过，还有一些研究并不支持Morgan-Short et al.（2012）的发现。Batterink and Neville（2013）的研究发现是：在语法判断任务中，接受显性教学的学习者好于接受隐性教学的学习者。显性组的被试在主谓一致性（subject-verb agreement）、指代词与名词数的一致性（number agreement between determiners and nouns）、语序等各方面进行加工时都出现了P600现象，而且在主谓一致性上还伴随有迟后负波（posterior negativity）；隐性组学习者内部并不一致，水平高的学习者有P600效应，而中级水平学习者没有任何显著的ERP效应。因此，他们认为，学习方式（显性还是隐性）并不能预测ERP效应，能影响到ERP效应的是语言水平。这一结论在很多研究中被证实。语言水平低的学习者往往缺失ANs现象，甚至会出现N400现象；而对高水平的二语学习者的实验却一般都能发现P600，甚至也可以发现ANs和Late ANs。这些发现说明，随着二语学习者语言水平的提高或者接触二语时间的增多，他们似乎可以发展出接近母语者句法加工的大脑机制。

Morgan-Short（2014）指出，导致研究结论不一致的原因是多方面的，比如两个研究中的被试接受训练的时间长短不同；测试方法也不同，一个仅仅是理解性测试，另一个则既有理解性测试也有产出性测试等。另外，已有研究发现L1与L2的句法相似度也是能否导致接近母语者的ERP模式的影响因素[①]，而Morgan-Short et al.（2012）所研究的是一种人造语言Brocanto2，该人造语言在词汇、句法上均与被试的母语（英语）有很大差异；如果学习者的母语和目的语的句法结构具有高相似度，那么，显性教学与隐性教学的差异可能就没那么重要了。另外，显性教学还具有很多不同的具体的操作模式，该研究中所采取的显性教学法是通过例子进行元语言学（metalinguistic）的语法规则解释，而其他的显性教学法是否可能导致更接近母语者的大脑加工，也还值得进一步探讨。

总之，对于显性知识与隐性知识之间是否存在接口，学界持有不同意见，并在长达几十年的时间里进行了相当多的行为研究（behavioral research），而且，另外两个主流观点均与Krashen（1981）有所不同。

以DeKeyser（1998）为代表的观点认为，到了一定的年龄，学习者很难通过隐性学习获取知识；而且只要经过不断的练习，学习者通过显性教学而获得的显性知识可以转化为隐性知识，即便不能真的转化为隐性知识，也可以在学到后迅速加以使用，这种"速成的显性知识"与隐性知识所具有的功能是一样的。

---

① 比如，Frenck-Mestre et al.（2009）的研究发现，L2学习者对L2和L1完全相同的某个语法特征，以及L2中独有的某个语法特征进行加工时，其脑电反应与母语者接近；而对L2和L1都有但表现不同的语法特征进行加工时，却会遇到困难。（转引自Morgan-Short et al.，2014）

而以Terrell（1991）、Ellis（1990）为代表的观点则认为，显性知识和隐性知识之间不可转化，不过显性知识可以间接地作用于学习者的习得加工，因为显性知识可以帮助学习者对所接受的输入进行加工，通过建立形式—意义间的联系理解语句的意义，从而产出正确的语句，而这些正确的语句反过来又可以成为习得所需要的输入（input for acquisition）。Ellis（1990）还认为显性知识可以引起学习者对自己中介语中存在的不准确的语法形式的敏感，当学习者注意到输入中的语法特征并且准备好将这些语法特征纳入自己的中介语时，就可以促成习得。

这两种主张虽然存在一定的差异，但实际上都承认显性知识和隐性知识之间存在接口，显性语法教学对于提高学习者的语言能力或多或少是有帮助的。Ellis（2002）对11个相关研究进行了综合分析，旨在探讨关注形式的语法教学对于学习者隐性知识的形成是否有帮助，结果发现：其中有7个研究的结论是关注形式的教学对于提高学习者在自由产出任务中的语法准确性是有效的。因此，尽管另外4个研究的结论并不能为此观点提供支持，Ellis也认为，对目标结构的注意在二语学习中发挥着核心作用，关注形式的教学对学习者显性知识和隐性知识的形成都是有贡献的。Spada and Tomita（2010）则利用超实验集合分析法（meta-analysis）对49个相关研究的数据进行了综合分析，发现无论是教授简单特征还是复杂特征，显性教学的效果都大于隐性教学，而且显性教学对于学习者在受控状态和自发状态下使用复杂和简单形式都具有积极作用。

不过，Ellis and Larsen-Freeman（2006）在对有关接口问题的研究进行评述时指出，在隐性知识和显性知识之间寻找接口，就好比是为"意识（consciousness）"寻找一个专门的神经反应区一样天真。因为学界在讨论"接口机制（mechanisms of interface）"时所使用的术语，除了"意识（consciousness）"以外，都是动名词，如noticing, selective attending, noticing the gap, skill-building, coaching, processing，它们都代表着一种心理活动（mental action），因此他们提出，所谓的接口实际上是在意识加工过程中临时发生的，意识就是接口。

总之，显性知识能否在实时的语言产出中被用到，尚没有一个绝对肯定的答案。不过有意思的是，对一线教师的调查发现，尽管研究界在质疑、降低显性的聚焦于形式的语法教学的作用，但外语教师在实际课堂上所采取的教学方法却很少受到这些结论的影响（Mitchell et al., 1994；Ebsworth and Schweers，1997）。Ebsworth and Schweers（1997）对一线教师的调查发现，大部分人认为语法至少有时候是应该讲授的。而高强、张洁（2010）对山东省内大学英语教师的调查发现，214名被调查教师都认可语法教学的地位。Klapper and Rees（2003）也特别指出，显性教学对于课外没有机会接触目的语的学习者来说具有非常重要的作用。

无论如何，语言教师在设计语法教学步骤或者具体实施某种语法教学的操作模式时，有必要了解该模式背后的理论依据，加深对自己的语法教学活动的认识。同时也要牢记，语法教学只是语言教学的一种手段，而不是目的，我们不是为了传授语法知识而进行语法教学，而是为了帮助学习者通过语法学习发展、提高语言能力（胡明扬，2007）。也就是说，"有针对性地精讲多练"还是基本要求。

下面介绍最常见的几种显性教学模式。

（一）3P教学模式

3P教学模式的基本教学流程是：教（presentation）、练（practice）、用（production）。这是语法教学界广为流传的一种教学模式，其基本的操作程序与原则如下：

首先，教师展现所要教授的语法项目，聚焦于语法规则。可以辅助以一定的语境，如一个故事、一张图画、模仿等。这个阶段即presentation。

然后，在教师的严格控制下，让学习者通过写或说的活动来练习该语法结构，教学的重点是语法形式的准确性。所采取的练习形式主要有：替换、改错、看图说句子等。这个阶段是practice。

最后，学习者在交际性活动中运用该结构进行表达，重在激活语法结构和促进流利性。在此阶段，教师尽量不进行纠错。所采取的活动形式主要有：角色扮演、小组讨论等。这个阶段就是production。

3P教学模式中，语法规则是进行明确讲解且规则先行的。在前两个阶段，教师通过给学习者展示和操练语法形式，让他们了解该语法项目的陈述性知识（declarative knowledge）[①]；在第三个阶段，则通过给学习者布置基于任务的表达活动，帮助他们实现该语法项目的程序化和自动化。所以，该教学模式是由陈述性知识到程序性知识（procedural knowledge）再到自动化的过程，最终实现形式和意义的结合。

（二）PACE教学模式

PACE教学模式的基本教学流程是：展示情景（presentation）、注意（attention）、师生共建（co-construction）、扩展（extension）。

在展示情景阶段，教师提供包含所学语法项目的文本或语篇，帮助学习者进行意义理解。在这一教学阶段，教学目标是把语法的形式和意义链接起来。因为据研究，学习语法

---

① Anderson（1976）认为，知识可以分为两种：陈述性知识是描述性的，即知道是什么的知识，包括事实描述、观点陈述等；程序性知识是处置性的，即知道怎么做的知识，由目标、情境和行为之间的关联组成。

的最好时机是当学习者明白了意义之后（Larsen-Freeman，2007）。

在注意阶段，教师运用多种引导性问题，加深学习者对语篇的理解，仍然聚焦于意义。常采取的活动方式有：根据关键词复述课文、角色扮演、完形填空、语句排序、全身反应法等。

在师生共建阶段，教师确保学习者理解意义之后，开始引导学习者注意特定的语法形式，但并不是教师讲解语法规则，而是让学习者对语法规则进行讨论概括，让学习者在与教师的互动以及和同伴的意义协商中关注并掌握语法形式。

在最后的扩展阶段，让学习者运用新学的语法知识围绕一定的语法功能进行自由表述。

因此，在PACE教学模式中，语法教学也是显性的，只不过并非一开始就聚焦于语法形式，而是将语法教学与交际表达融合在一起。在该模式中，教师是帮助者、引导者和资源提供者，学习者则是语法知识的积极探索者。

（三）注重输入加工的教学法（input processing instruction）

这种教学法是在"输入加工理论"的基础上发展出来的。该理论的倡导者是VanPatten，其基本假设是大量的习得依赖于学习者在理解的过程中建立起适当的形式—意义关联（form–meaning connections）。而影响学习者在形式与意义之间建立关联的因素很多[①]，学习者很难在进行关注于意义表达的交际活动时兼顾语法形式，因为学习者往往是优先加工意义，当词汇和语法形式都能表达相同的语义信息时，学习者倾向于依靠词汇而不是语法形式来获得意义（这就是所谓的"词汇优先原则"）。比如，汉语母语者在学习英语时，更依赖时间名词或副词yesterday，tomorrow，now等来理解动作发生的时间信息，而忽略过去时、将来时等动词形态所传达的信息。因此，该理论主张，如果我们知道学习者在输入加工层面上做错了什么，就可以采取一些基于理解的教学干预手段，即在不要求学习者持续进行交际（ongoing communication）的情况下，针对某个特定的语法形式进行教学，这样，学习者才有可能注意到形式及其关联的意义，语法教学才是最有效的。

该教学法强调对学习者无法轻松习得的一些语法项目进行个别的强化教学，而且在教学中要适当干预学习者对输入进行有效加工（effective input processing），以帮助他们丰富对语法的摄入（intake），从而促进习得。该教学法的基本假设为（摘自VanPatten and Cadierno，1993：226）：

---

① 比如，句首NP原则、语境约束原则、句子位置原则、时间概率原则、词汇语义原则、一语迁移原则、有意义先于无意义原则等。详见VanPatten et al.（2020）第六章。

```
           Ⅰ              Ⅱ                    Ⅲ
        input  →  intake  →  developing system  →  output
```

采用该教学法时，教师的主要任务是设计有效的"结构化的输入活动"（structured input activity）。具体来说，要具备三个基本特征：

A. 教师要为学习者提供语法结构或形式的信息，但不能采取"词形变化表"的方式，而是要将语法结构或形式包括在有意义的例子中，这些例子可以是口头的，也可以是书面的。

B. 教师要能帮助学习者形成对语法结构或形式的加工策略。

C. 教师所提供的输入应是结构化的，以促使学习者必须依靠语法结构或形式来理解意义。

结构化的输入活动通常应包括两个部分：指示性活动（referential activity）和表达性活动（affective activity）。分别举一个例子。

指示性活动要有明确的答案，目的是帮助学习者在形式与意义之间建立起关联。比如，研究发现L2学习者普遍倾向于将句首NP看作句子的主语或施事，这种现象被命名为"句首NP原则"（the first noun principle，VanPatten，2007）。但德语存在SVO和OVS两种语序，主要靠格标记来表明施受关系，如：

（1）Der Junge   küsst   die Frau.（SVO）
　　　男孩[主格]　 吻　　 女人

（2）Den Jungen   küsst   die Frau.（OVS）
　　　男孩[宾格]　 吻　　 女人

德语二语学习者往往忽略格标记的提示，将这两个句子都理解为"男孩吻这个女人"。因此，教师的任务就是操控对学习者的输入，以帮助学习者放弃对"句首NP原则"的依赖。比如，提供一组SVO、OVS的句子，每个句子中所包含的主语和宾语都是有生的，都可以实施谓语动词所表示的行为（如"男孩子在找女孩子"或"女孩子在找男孩子"），然后让学习者根据句子选择合适的图片。通过这样精心设计的教学活动，教师可以逐渐帮助学习者放弃"句首NP原则"，而开始注意到主格、宾格标记这些语法形式。

表达性活动则要求学习者根据所给的包含特定语法结构的句子或者语篇的内容表明自己的观点或者态度，因而并无明确答案，其目的是通过正面输入（positive input）帮助学习者巩固刚刚建立起来的形式—意义关联。比如汉语二语学习者经常弄错时量词的位置，出现如下错误：

（3）*到了宿舍，三十分钟休息以后，我们开始旅游。

（4）*你每天晚上多长时间睡觉？

为了让学习者注意到"V+了+时量+（宾语）"的用法，教师可以设计10个正确的句子，让学习者听，然后回答他们是否也做了同样的事情。

（5）我昨天晚上学习了一个小时。

   a. 我也学习了一个小时。   b. 我没有。

（6）我今天早上打了二十分钟电话。

   a. 我也打了二十分钟电话。   b. 我没有。

（7）我中午看了半个小时电视。

   a. 我也看了半个小时电视。   b. 我没有。

……

"结构化的输入活动"强调的是教师向学习者提供的输入内容是基于学习者输入加工中可能存在的问题而设计的，要从语言学习的源头开始对学习者的学习过程进行干预，帮助学习者认识到，要正确理解句子的意义，需要依赖语法形式和结构，这样他们就更有可能优先注意到输入材料中的形式和结构，从而会对学习者的语法知识和语言使用带来积极影响。

除了"结构化的输入活动"这一关键环节，输入加工教学法通常还包括两个教学环节：一是明确将与语法形式有关的元语言学知识告诉学习者，二是明确告知学习者他们可能会在该语言形式的使用上出现哪些错误。

不过，在这种显性的语法教学中，显性知识对于学习者的加工是否具有意义呢？研究者的观点并不一致。VanPatten and Cadierno（1993）和VanPatten and Oikennon（1996）研究发现显性知识对学习者的加工来说并非必不可少；但是，Culman et al.（2009）的研究却发现，如果在教学过程中明确告诉德语二语学习者以下三个显性知识：德语中标记宾格的小词（accusative case marking particles）、德语中存在OVS语序、"句首NP原则"是一种错误的加工策略，那么，这些显性知识有助于学习者的加工，从而也就有助于学习者的习得。

此外，对于那些形式与意义之间联结不紧密的语言点，输入加工教学法很难设计相应的结构化输入练习，而且，它关注的仅仅是语言输入阶段的理解，对后续的习得过程没有涉及。VanPatten（2020）有个形象的比喻，即只关注"花蜜采集方面"，而花蜜进入蜂巢后的"酿蜜"过程则可以留待其他理论解释（见VanPatten et al.，2020，第六章）。因此，输入加工教学法更像是一种干预的策略和技巧。但是，对于那些形式与意义紧密关联而学习者又容易忽视形式的语言点，教师不妨引入输入加工教学法，设计一些"结构化的输入活动"，帮助学习者注意到语言形式与意义之间的关联。因为语言教学的一个重要作用就是进行输入操控（manipulation of input），教师可以对输入进行不同程度的显性化处理。

三、语法术语能不能用？

不管学者们的主张有何具体差异，只要承认显性知识和隐性知识之间存在接口，显性语法教学就是有必要的。那么，接下来的一个问题是，在显性语法教学中，教师是否可以或应该使用元语言——语法术语——进行语法规则的讲解？

在汉语二语学界，吕文华（1994）、刘月华（2003）等指出：教学中不能照搬理论语法的解释，尽可能不用语法术语。

在其他语言作为二语的教学与研究界，研究者和一线教师对此问题的理解则存在分歧。Borg（1999）通过对4位EFL教师的课堂观察与访谈发现，有的教师认为没有必要使用语法术语，而有的教师则认为说出某个结构的名字可以帮助学习者更好地记忆该语法结构并加以运用。而教师对此问题的不同观念和教学中的实际做法，与教师本人的语言学知识水平、外语学习经验等有关。Mahmoud（1996）认为，语法教学最好避免或最少化地使用语法术语或进行复杂的分析，因为他发现不使用语法术语的语法解释要比使用语法术语的语法教学更有效。所以，他支持Corder（1973）的观点，认为语法术语只会增加学习者额外的学习负担。

在其他一些实证研究中，研究者们普遍发现学习者对语法术语的掌握都是相当有限的（Alderson et al., 1997；Elder and Manwaring, 2004；Berry, 1997；Clifton, 2013；Gutiérrez, 2013）。不过，这些研究所涵盖的元语言学知识都相当宽泛，没有区分"能力相关"与"能力无关"语法术语（参看第二章第三节），一线教师在教学中对语法术语的使用是否坚持了这种区分，研究中也均未提及，这很可能带来研究结果的不可靠。如Elder and Manwaring（2004）所考察的语法术语包括"助词、连词、指示代词、话题、述题"等，而学习者对这些语法术语了解与否，与他们的语言运用恐怕并无关系。

徐晶凝（2017a）认为，教师在教学中是否可以使用语法术语，"尽量少用"并非问题的本质，"语法术语是否有助于学习者语言能力的发展"才是最重要的取舍标准。表达"能力相关语法知识"的语法术语，在教学中不必回避。比如，学习者若要正确运用结果补语、趋向补语、可能补语和状态补语，分清它们的形式、意义及其各种用法与区别，就最好能记住这四种补语的名称，这样才能清楚地进行称述，并最终形成一个清晰的关于补语的语法知识网络。而教师借助这些术语，也可以更加便捷地帮助学习者激活或巩固与之相关的语法规则。学习者只有理解了"定语、状语、补语"三个概念，才能掌握"的、地、得"的用法，才能知道何时将形容词置于名词前（定语）、何时置于动词前（状语）、何时置于动词后（补语）等用法或规则。再如，徐晶凝（2016）研究发现，在主观近距交互式的书面叙事语篇中，"了₂"的使用绝大部分是受语义—句法制约的，比如：

（S）+（不）adj+了

（1）柔嘉脸红得像斗鸡的冠，眼圈也<u>红了</u>，定了定神，……（adj+了，不红→红）

（2）鸿渐等了一个多钟点，<u>不耐烦了</u>，……（不+adj+了，耐烦→不耐烦）

（S）+V+可能补语+了

（3）第二天在机场，刚开始广播上客，我<u>绷不住了</u>，原形毕露。（绷得住→绷不住）

（S）+（不）情态助动词+（VP）+了

（4）今天<u>可以舒舒服服地睡了</u>。（情态助动词+VP+了，不可以舒舒服服地睡→可以舒舒服服地睡）

（5）它生气<u>不肯走了</u>，汽车夫只好下车。（不+情态助动词+VP+了，肯走→不肯走）

（S）+不+VP+了

（6）鸿渐谢过他，韩学愈又危坐<u>不说话了</u>，……（说话→不说话）

O+没（有）了/（S）+没（有）O+（V）+了

（7）晚饭后翻看的历史教科书，影踪都<u>没有了</u>。（有影踪→没影踪）

（8）他仔细一想，慌张得<u>没有工夫生气了</u>。（有工夫→没工夫）

体词+了

（9）明天早晨方鸿渐起来，太阳满窗，表上<u>九点多了</u>。他想……

（S）+V+adj+了

（10）孙小姐等他们<u>去远了</u>，道歉说……（不远→远）

别+VP+了

（11）别照了。（停止"照"而进入"不照"的状态）

在这些句式中，"了₂"的使用都是受制于"句法—语义"的。也就是说，只要说话人/写作者在语境中要凸显状态变化，且选用了这些句式，就必须使用"了₂"。①这些句式的特点在于不依赖任何上下文语境，"了₂"都可表达状态变化义。对于学习者来说，他若想形成一个关于"了₂"表达变化义的系统化知识，从而掌握"了₂"这一用法的规则，就有必要掌握"形容词、可能补语、情态助动词"三个概念，否则恐怕很难形成一个连贯的知识网络。而教师在教学中若不使用这三个语法术语，也很难进行简明的规律概括。徐晶凝、崔言（2021）的研究支持Ellis（2004）的预测，即如果语法术语可以帮助学习者增强对显性知识的意识并协助他获得显性知识，语法术语就是有价值的。

维果斯基认为，在语言发展中，概念知识和概念理解是核心。Prawat（1999）将之重述为"概念知识是社会交际的单位，也是思考的单位"。每一个语法术语，就是一个语法概念。学习者对语法概念的理解是否清晰准确，直接影响到他们能否清晰地理解与此概念相关的语法规则，并有效地利用语法规则进行语言表达或监控自己的语言产出。因此，在分散的随堂语法教学中，尽量不用语法术语也可以帮助学习者掌握某个语法项目的用法规则；但在教学目标为帮助学习者系统化语法知识的集中式教学的语法课上，某些语法术语是有助于学习者深入、系统地理解某些语法现象的。

当然，二语语法教学的目标是帮助学习者掌握语言使用的规则，而不是大讲特讲语法理论知识。所以，需要牢记的一点是，只有在有助于学习者掌握用法规则的前提下，才使用某些语法术语。另外，要尽量通过举例、类比等方法帮助学习者理解"能力相关语法知识"。

总之，与语法知识有两个不同层面的理解相关，语法术语也有不同层面的术语。"尽量少用术语"并不等于"完全不用"。教师在决定是否使用语法术语进行教学讲解时，要根据"语法术语是否有助于学习者掌握语法使用规律"这一原则，具体问题具体分析。

四、如何处理形式和意义的关系？

下面两个教学案例的目标教学点都是"有点儿+adj"。你认为两位教师的教学处理有何不同？

---

① 这里强调"凸显状态变化"，是因为对于同一个事件，叙述者在叙述过程中可以有不同的识解（construe）。如：

雷真是聪明，他是印度人，却又来自英国，两相结合之下，让他在我们这个小镇上有如火星人一样罕见。之后我俩坐着不说话，四下寂静无声。

这个叙事语篇中，虽然"不说话"相对于之前的"说话"来说，也是一种变化，但是叙述者并无意凸显这种前后对比而产生的变化，而只是聚焦于描写当下的状态。在这样的情况下，"状态变化"的语义前提缺失，"了₂"就不是句法上强制出现的了。

教学案例一：

教师：（指着PPT上的图片）同学们好，你们看这是什么？
学生：毛衣。
教师：对，毛衣。左边的毛衣怎么样？
学生：很长。
教师：对，这件毛衣很长。右边的毛衣呢？
学生：不长。右边的毛衣不长。
教师：对，这件毛衣短，这件毛衣不长。中间的毛衣呢？
学生：不很长，也不短。
教师：对，这件毛衣有点儿长。（板书）
（继续就其他图片进行类似的对话）
教师：大家看，有点儿长、有点儿冷、有点儿小、有点儿胖、有点儿丑……都是不好的，对吧？所以，在"有点儿"后面的形容词都应该是不好的，我们不喜欢的。

教学案例二：

教师：（指着PPT上的图片）同学们好，你们看这是什么？
学生：毛衣。
教师：对，毛衣。这三件毛衣怎么样？
学生：好看，都是红色的。
教师：嗯。山本，你喜欢哪件毛衣？
山本：我喜欢右边的毛衣。
教师：哦，为什么？你为什么不喜欢左边的毛衣？
山本：太长了。
教师：哦，对！中间的毛衣呢？你为什么不喜欢？
山本：一点儿太长了。
教师：对，中间的毛衣有点儿长。（板书）山本不喜欢。那么，约翰，你呢？你不喜欢哪件毛衣？
约翰：我不喜欢右边的毛衣，它有点儿胖。
教师：嗯，右边的毛衣有点儿肥！（板书）
（继续就其他图片进行类似的对话）
教师：有点儿长、有点儿肥、有点儿冷、有点儿小、有点儿胖、有点儿丑……你们都不喜欢，老师也不喜欢。约翰，你的女朋友怎么样？
约翰：我的女朋友有点儿漂亮。
教师：哦，你不喜欢吗？
约翰：不不，我喜欢。
教师：嗯，那么，你的女朋友挺漂亮的。她的汉字写得怎么样？
约翰：她的汉字有点儿难看。
教师（笑）：哦，那么，你多帮她练习练习吧。

这两个教学案例，教师都在进行显性的语法教学，两位教师都注意到了"有点儿+adj"对形容词感情色彩义的选择性。但案例一，教师表面上在与学习者进行交际互动，实际上却只是在进行一种变相的句型操练，完全忽略了有意义的交际表达。而案例二，教师则将语法知识点的教学与有意义的交际互动进行了巧妙的结合，这种结合更加清楚地展现了该格式的主观性特点，即从言者的主观感受出发对事物做出消极评价，这种语境化的呈现方式更有利于学习者的理解。

这两个教学案例说明，在进行显性语法教学时，无论信奉哪种教学理念，采取哪种教学方法，教师都需要牢记"平衡处理形式与意义的关系"这一基本原则，时刻注意将语法教学与意义、社会功能和语境相关联。在交际环境中有意识地注意语法形式的教学，比单纯的以语法形式为主导或单纯聚焦于意义的教学更为有效（Doughty and Varela, 1998）。这是目前二语学界关于语法教学的基本观点。

第二节 吸引学习者注意

我们在日常生活中时常会发生"置若罔闻、视而不见"的情况。比如，在你天天经过的一条路上有家服装店，可是朋友跟你聊起时，你竟然不知道那里有家店。再比如，校园里有一块石碑，离你的宿舍或办公室并不远，当朋友问起时，你竟然回答不出来。这种情况之所以会发生，不是因为你从来没有见过那家服装店或那块石碑，而是你从来没有真正地"注意（notice）"过它们。在语法教学中，学习者对于所学习的语法项目，也可能会发生这种"视而不见"的情形。比如，第一章谈到过，当学习者理解了意义时，他可能就会忽视表达意义的语法形式；或者学习者的话已被对方理解，即便他自己在语法形式上"千疮百孔"，他也可能忽视所接触到的形式更为准确的表达方式，这在祖裔语言（heritage language）学习者身上往往表现更突出。

因此，教师在语法教学中首先要考虑的问题是：如何引起学习者对目标语法项目的注意。虽然仅有注意并不能保证习得的实现，但它至少是"输入转向摄入的必要条件"。只有被注意到的东西才可能被摄入。如果没有注意，学习者就不会意识到自己的中介语与目的语之间的差异，也就不会去修正自己的中介语。这就是所谓的"注意假说"（Rutherford and Sharwood, 1988；Schmidt, 1990）。

引起学习者的注意，可以有各种方法。但无论采取哪种方法，都要坚持"内隐性呈现"的原则。看两个教学处理：

教学案例一：

> 好，大家注意了，现在我们学习**结果补语**（语气加重）。结果补语的**样子**（语气加重）是这样的：**V+adj**。（板书）比如，在下面这些句子里：
> 1. 老师讲了三遍，终于把那个问题讲清楚了。
> 2. 经过练习，他的字终于写漂亮了。
> 3. 衣服太脏了，我洗了很多遍，才洗干净。
> 4. 你吃那么多的巧克力，都吃胖了，别吃了。
> "讲清楚、写漂亮、洗干净、吃胖"都带结果补语。
> 它们的**意思**（语气加重）是……

教学案例二：

> 好，请大家跟我一起读下面这些句子，一边读一边猜一猜这些句子是什么意思。
> 1. 老师**讲**了三遍，终于把那个问题**讲**清楚了。
> 2. 经过**练习**，他的字终于**写**漂亮了。
> 3. 衣服太脏了，我**洗**了很多遍，才**洗**干净。
> 4. 你**吃**那么多的巧克力，都**吃**胖了，别吃了。
> 它们的意思猜出来了吗？（引导学习者进行意义理解）那这些意思是怎么表达的呢？对，"V+adj"（板书），这是我们今天要学习的语法**结果补语**（语气加重）。

在这两个教学处理中，教师都采用了一些引起学习者注意的办法。案例一的教师首先明确提醒学习者注意即将学习的语法项目是"结果补语"，并且通过重读的方式加以凸显，还分别从语法形式、语法意义等不同层面进行了强调。案例二的教师，首先引导学习者进行句子意义的理解，然后引导学习者注意该语法项目的形式，在PPT或板书中利用了黑体字和斜体字两种处理方式，清楚地凸显了所要讲解的语法项目。

案例二的教师所采取的引起学习者注意的方法，就是所谓的"内隐性呈现"，也就是：在保证学习者理解意义的前提下，引导学习者从视觉、听觉上关注语法形式，教师可以给所讲语法项目加下划线、着重号，用大的字号或不同的字体、不同的颜色，或者利用PPT的动画效果进行动态呈现等，这些方法都可以从输入的呈现形式上增强其显著性，有意识地吸引学习者的注意力。虽然作为一种输入强化（input enhancement）的方法，这些输入呈现方式是否会促进习得的发生，学界尚无定论，可能很大程度上取决于学习者的"就绪状态"（Gass and Selinker，2008，参看本章第七节"纠错的时机"），但教师有必要了解教学实践中这些技术操作的理论依据，并在教学中观察、探讨在强化输入的前提下，还需要辅助哪些教学处理才能真正引起学习者的注意和摄入。

"内隐性呈现"的方法，还有如下一些。

(一)图片/图示呈现

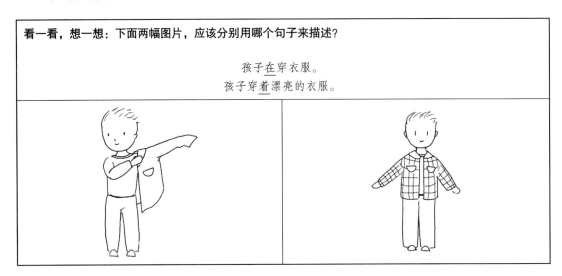

学习者通过图片理解了意义,然后关注到动态和静态表达的语法形式与"在V"和"V着"的对应。在此前提下,教师进一步帮助学习者理解"着"的意义及用法,就足以引起学习者的关注与学习兴趣。

如果教师有比较好的简笔画绘画技能,也可以在黑板上通过画画儿的方式展示即将教授的语法项目。如:帮助学习者理解"方位词要附加在普通名词后表达处所"这一语法规则,教师可以画两幅简笔画,让学习者回答"有一只小花猫在下边的桌子"正确与否。

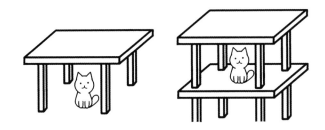

学习者通过图片理解"下边的桌子"指的是某张桌子,而"桌子的下边"才是一个处所。这样就可以很好地引起学习者对"NP+方位词"语序的注意。不过,利用这种方法时教师一定要注意控制好时间,不可因画画儿而浪费大量课堂时间。

图片呈现的变体形式是,教师让学习者看例句画简笔画。如学习复合趋向补语时,很关键的一个教学点是"说话人所在的位置":若动作者的动作方向是朝向说话人的,用"来"或"V+趋向动词+来";若动作者的动作方向是背离说话人的,用"去"或"V+趋向动词+去"。若说话人隐身,不凸显自己与动作方向的相对关系,"来/去"也可隐而不说。教师可以提供一组例句,请学习者根据例句画简笔画,说明说话人在哪里。

读一读,画一画:说话人在哪里?

(1)听到医生叫他们,他们急忙走进去,问:"医生,他怎么样?没问题吧?"
(2)爸爸妈妈送她到学校,可是三天后,她自己跑回来,再也不肯去了。
(3)来,帮帮忙,帮我把冰箱搬上楼去。

(4)那面墙有3米多高,每个人都要爬上去,再跳下来。有的女同学都被吓哭了,可是,安全爬过去后又大笑起来。
(5)下课了,学生们高兴地走出教室。
(6)神仙在房间里放进一只老鼠。这时,猫忘记自己已经变成了人,就从床上跳下来,捉住那只老鼠,放进嘴里吃掉了。

如例(1)可以图示为:

(二)通过对比呈现

对比可以有多种:目的语与学习者母语的对比、目的语中相近形式的对比、正确形式与错误形式的对比。如:

翻译练习:

(1a) I will begin to work in China next year.	(1b) 我明年开始在中国工作。
(2a) We are chatting in the sofa.	(2b) 我们在沙发上坐着聊天。
(3a) I studied Chinese in school every day.	(3b) 我天天在学校学中文
(4a) There is a new store opened in school.	(4b) 学校里新开了一家商店。

学习者在做这个翻译练习的过程中,首先要理解意义,然后会关注到英语in+[place]在翻译为汉语时有三种不同的情况:有时候要对译为"在+[place]";有时候要对译为"在+[place]+里/上";有时候则要对译为"[place]+里/上"。学习者关注到这些差异,就会对该语法项目产生探究的兴趣,教师接下来讲解"中国、学校、沙发"三类不同的名词与方

位词"里/上"共现的语法规则时，就更容易帮助学习者注意（参看第一章第二节）。

汉语中相近语法形式的对比，也可以通过文字形式进行呈现。如教师提供如下两组例句：

第一组	第二组
（1a）老师讲了三遍，终于把那个问题讲清楚了。	（1b）老师讲得很清楚，学生们一下子就明白了。
（2a）经过练习，他的字终于写漂亮了。	（2b）看，他的字写得真漂亮。
（3a）太脏了，我洗了很多遍，才洗干净。	（3b）那家洗衣店洗衣服洗得很干净。
（4a）你吃那么多的巧克力，都吃胖了，别吃了。	（4b）你吃得太胖了，已经140斤了，必须减肥。

这两组例句中的动词与补语部分的形容词几乎完全一样，教师引导学习者发现其差异，注意到"得"的存在以及补语部分是光杆形容词还是形容词短语，然后再开始讲授状态补语，就更容易吸引学习者注意到状态补语与结果补语的不同，注意到状态补语的形式和意义。

还可以通过对比正确形式与错误形式以引起学习者的注意。比如，教师让学习者看一段短文，理解其意义，然后让学习者进行重述，再让学习者把自己的表达和原文进行比较，从而注意到差异，特别是语法错误之处，在此基础上，教师引进该语法项目的教学。

当然，教师将学习者语法错误的用例提取出来，直接请学习者加以改正，也是一种对比，不过，这种方法一般不用于语言点的导入，而用于复习巩固。比如，学习者往往混淆差比句和等比句，将介词"比"用于等比句，出现如下偏误：

（1）*因为我在学习中遇到的困难可能比亚洲人经过的不一样。

（2）*不过以前比现在，社会经济条件不同，也发生不一样的问题，比如，我们的父母时代，他们主要的问题是解决温饱问题，但现在是为了健康不吃东西的时代。

（3）*另有人夸张地说代沟是一天比一天不一样。

（4）*最近，我是负责一个单位的华文补习班的工作，在众多的小孩子们身上，我发现爱看书的小孩比不爱看书的有差别的。

教师请学习者改正这些偏误时，要引导他们注意比较句中"比"与"和"的用法差异。

（三）肢体语言展示

某些语法项目比较适合通过肢体语言展示来引起学习者的注意。比如，学习表示"行为动作导致某客体发生了位置移动"的"S+把+O+V+趋向补语"结构时，教师可以故意在上课铃声响起后才走进教室，然后把包慢悠悠地放在讲桌上，慢悠悠地把书拿出来，再慢悠悠地把优盘拿出来，在学习者们充满疑惑的目光下，教师问"我刚才做什么了？"学习者在用汉语描述教师的一系列动作时会遇到困难，或者表达上出现问题。教师一边听，一边将学习者的语句写在黑板上，指出错误之处，然后将"S+把+O+V+复合趋向补语"结构板书出来。在表述中学习者应该还会使用到"S+把+O+V+在+place"这一结构，教师也可以一并板书出来。学习者基于意义表达的需要以及对自己错误的注意，自然会注意到所要学习的语法形式。

（四）语篇展示

与通过一组例句来展示所要学习的语法项目类似，如果可以找到某个小故事，里面含有大量所要讲授的语法项目的实际用例，教师也可以先让学习者阅读这个小故事，然后设计一些问题，请学习者来回答。这里的关键点有两个：一是故事里包含大量的语法实例；二是教师设计的问题所预设的答案中也要包含所要讲授的语法项目。如趋向补语的教学：

读短文，回答问题：
1. "我"什么时候感到好奇？
2. "我"为什么好奇？
3. "我"什么时候开始担心？
4. "我"的担心是什么？

今年国庆节，我和同屋一起坐火车去上海旅行。这是我第一次坐卧铺，韩国的火车上没有卧铺。我的铺位是上铺，在最上面。走进车厢的时候，我觉得很好奇：上铺那么高，得从梯子上爬上去，可是上铺的空间又很小，在上面只能躺着，我怎么办？一直躺着吗？

……

时间过得很快，一会儿几个小时就过去了，该熄灯睡觉了。我爬到上铺，可是，当我躺下来的时候，我突然紧张起来：睡在这摇摇晃晃的车厢里，要是滚下去怎么办？

学习者在回答问题时，结合文本中画线的部分，就会注意到趋向补语这一语法形式。而这个有趣的小故事使得趋向补语意义的理解也变得比较容易。

通过语篇展示语法点，教师也可以采取书面填空的练习形式，引起学习者对语法结构的注意。如：

根据课文内容，填出补语。
（1）他看见了一家饭店，就走了_____。
（2）那家饭店看_____挺不错的。
（3）他脱下外衣，挂在门边，然后找了个座位坐_____。
（4）很快，一个服务员走了_____。
（5）好吧，我不吃了，请把我的外衣拿_____。

学习者在完成这个练习的过程中，填空遇到困难，回过头从课文中找答案时，自然就会关注到趋向补语这一语法形式。

利用歌曲、视频资料等引入教学内容，也属于语篇展示。比如讲授状态补语时，可以使用儿歌"两只老虎，两只两虎，跑得快，跑得快"；讲授假设条件句时，可以使用歌曲《如果再回到从前》"如果再回到从前，还是与你相恋，你是否会在乎永不永远"、《朋友》"朋友啊朋友，你可曾记起了我？如果你正承受不幸，请你告诉我"。

要利用这样的方法，需要教师养成在日常生活中积累教学材料的习惯，能在阅读中敏锐地发现教学语法点，比如，顾城的诗歌"我多么希望有一个门口。早晨，阳光照在草地上。我们站着，扶着自己的门窗。门很低，但太阳是明亮的。草儿在结它的种子，风在摇它的叶子。我们站着，不说话，就十分美好"，就可以用来引进"着"的教学。

以上只是举例性地列举了一些吸引学习者注意的方法，只要牢记"注意假说"，教师就可以根据所教授的语法项目灵活设计各种不同的导入办法。

第三节　引导学习者自己发现语法规律

"了"是汉语二语教学的难点之一，对于学习者来说，"了"的学习难点主要有两个：一是将"了"等同于过去时（past tense），不该用而用；二是不知道何时将"了"置于句末（了$_2$），何时置于句中动词与宾语或复合趋向补语之间（了$_1$）。如：

（1）掀开毯子看到悦悦还在若无其事地熟睡，她哭着哭着就<u>笑起来了</u>$_2$。等消防队赶到，厨房的火已扑灭，但炉子上的东西全烧焦了，……

（2）我吓了一跳。见我惊慌，其中一个青年呵呵地<u>笑了</u>$_1$<u>起来</u>，另一个则……

下面两个教学案例中，教师的教学目标都是帮助学习者注意到"了$_1$"与"了$_2$"的位置区别以及它们所表达的典型语法意义，但运用了不同的教学方法。你觉得哪个教学处理会收到更好的教学效果？

教学案例一：

请大家读一读下面这些句子，想一想：这些句子里的"了"，位置一样吗？句子的意思有什么不同？
（1）他的朋友来了，等了很久，还不见牛顿出来，于是就自己先<u>吃了饭</u>，还把吃剩的东西放在牛顿的盘子里，然后悄悄走了。
（2）他们给了我很多种不同的食物：鸡翅、三明治、饼干、土豆条等。这些都很好，但是我喜吃的东西不多，<u>因此我吃了很多鸡翅</u>。
（3）到了中午，他们<u>去吃饭了</u>，我们也去吃午饭，当然不会跟他们一起。
（4）我向爸爸妈妈打了个招呼，爸爸抬头看我一眼，什么也没说，仍然低头吃饭。妈妈看我一眼，笑了笑，说"你快来吃饭吧"，也<u>低下头吃饭了</u>。

> 对了，第一个句子和第二个句子里的"了"后面有一个object，不在句子最后，我们叫它"了₁"。第三个句子和第四个句子里的"了"都在句子的最后，我们给它一个名字，叫作"了₂"。
>
> 那么，第一个句子和第二个句子里的"吃饭"，有没有完成（finished）？第三个句子和第四个句子里的"吃饭"有没有完成？
>
> 对，所以，"了₁"强调的是动作完成（action finished），"了₂"强调的是汇报一个新的情况（new situation）。

教学案例二：

> 汉语里的"了"有两个：一个在句子中间，它的后面还有一个object，我们叫它"了₁"；还有一个在句子的最后，我们给它一个名字，叫作"了₂"。比如，下面这四个句子，第一个句子和第二个句子里的"了"是"了₁"，第三个句子和第四个句子里的"了"是"了₂"。
>
> "了₁"强调的是动作完成（action finished），"了₂"强调的是汇报一个新的情况（new situation）。比如，第一个句子和第二个句子，"吃"的动作都是完成的；第三个句子和第四个句子，不强调"吃"的动作完成，只是告诉我们"开始吃"是一个新情况。
>
> （1）他的朋友来了，等了很久，还不见牛顿出来，于是就自己先吃了饭，还把吃剩的东西放在牛顿的盘子里，然后悄悄走了。
>
> （2）他们给了我很多种不同的食物：鸡翅、三明治、饼干、土豆条等。这些都很好，但是我喜欢吃的东西不多，因此我吃了很多鸡翅。
>
> （3）到了中午，他们去吃饭了，我们也去吃午饭，当然不会跟他们一起。
>
> （4）我向爸爸妈妈打了个招呼，爸爸抬头看我一眼，什么也没说，仍然低头吃饭。妈妈看我一眼，笑了笑，说"你快来吃饭吧"，也低下头吃饭了。

两位教师都在教学课件中利用下划线凸显了目标教学点，尽力吸引学习者的注意。不过，第一个教学处理中，教师在努力引导学习者自己发现语法规律，而第二个教学处理中，教师采取的是知识灌输式的教学方法，将"了₁"与"了₂"的位置区别和意义区别进行了清晰的讲解。

根据Fotos（1993）、Adair-Hauck et al.（2000）等的研究，引导学习者自己发现规律，与教师单方面地讲解语法规则相比，更容易帮助学习者记住所学的语法规则。卢福波（2002）也指出，引导学习者自己发现和认识汉语语法规律，学习气氛和学习效果通常比较理想。因此，第一个教学处理相比之下可能会收到更好的教学效果。

随着越来越多大规模语料库的建立，20世纪90年代在二语教学中出现了数据驱动学习法（Data-Driven Learning，简称DDL），即鼓励学习者在分析语料的基础上归纳语言规律。这是对"引导学习者自己发现语法规律"这一语法教学原则的积极运用。具体有两种做法：一是在课堂上，教师让学习者直接利用电脑在语料库中进行语料查找，并对语料进行分析；二是教师将事先在语料库中查找到的数据打印出来带到教室，为了降低难度，教师可以事先对语料进行一定的字词处理。如教师将以下语料呈现给学习者：

当然不年轻……一点都不，她	**看起来**	很年轻，可是她已经40岁了。
这些菜是我们点的，它们	**看起来**	很好吃。
有新鲜的牛奶和味道很好的奶酪，还有各种水果，	**看起来**	好吃。 **吃起来** 也香。
没有其他地方生产的雪茄	**看起来、摸起来、闻起来、尝起来**	能像地道的哈瓦那雪茄一样好。
她在白玫瑰前停下来。这花	**闻起来**	又香又纯。
他的声音	**听起来**	有点儿紧张。

请学习者根据这些语言材料：（1）猜出"V起来"的意思；（2）观察"V起来"前后的语句，找出其中的语义联系；（3）归纳出"V起来"这一用法的句型特点；（4）判断"他看起来这个菜很好吃"是否正确。

不过，数据驱动学习法也受到一些质疑，有研究者认为，引导学习者适当地、有效地分析庞大的语言实例是很困难的（Cook，1998）。的确，对于受过语言学专门训练的研究者来说，从繁杂的语言用例中总结出规律都不是那么容易的事情，何况是二语学习者。因此，如何在贯彻引导学习者自己发现语法规律这一教学原则的前提下更好地利用语料库，还是一个值得探讨的问题，DDL教学方法的有效性还有待进行广泛的实验研究。

第四节　条分缕析逐步讲解

某些语法项目用法较为复杂，教师在讲解过程中要注意将不同的用法剥离清楚，逐一进行讲解和训练。看一下下面的教学处理，有何不当之处？

教学点：不仅……还……
教学步骤：教师首先引导学习者复习"不但……而且……"，然后告诉学习者，还可以用"不仅……还……"来表达。
教师：大家还记得我们学过"不但……而且……"吗？
学习者：记得。
教师：好，很好。你们有什么爱好？
学习者A：我不但喜欢学汉语，还喜欢吃中国菜。
（其他学习者依次回答，教师将其回答写在黑板上）
教师（一边说一边板书）：很好，今天我们要学习"不仅……还……"，意思和"不但……而且……"一样，所以，我们也可以说"我不仅喜欢学汉语，还喜欢吃中国菜"……

在这个教学处理中，教师注意到所要学习的语法项目与学习者已知语法项目之间的关联，以旧带新，也注意到利用学习者的个人经验吸引他们的学习兴趣，这都是值得肯定的。不过，这个教学处理存在着三处较为严重的失误：一是教师对"不仅……还……"这个格式所包含的不同用法没有离析清楚，二是未讲清楚"不仅……还……"与"不但……而且……"的联系与区别，三是忽视了该格式对语境条件的要求。

对于"不仅……还……"这个格式，教师首先要明确，在该格式中，第一分句的主语有两个位置：可以位于"不仅"之前，也可以位于"不仅"之后，决定因素是前后分句的主语是否相同。另外，主语的同异还关联到副词"还、也"的使用。因此，教师应明确提供如下两种句式：

① S不仅……，还……

② 不仅S_1……，S_2也……

其次，教师还需要明确，该句式可以添加连词"而且"，即：

③ S不仅……，而且还……

④ 不仅S_1……，而且，S_2也……

从语境条件上来说，该格式的使用是为了强调"大量"：数量众多、事态严重、性能突出等。因此，教师所提供的例句就需要有足够的语境支持，而不能仅仅由两个分句组成。看一下如下的教学处理：

教师：马克，昨天是周末，听说你过得不错，做了很多事情。是吗？

马克：是啊，老师，我去吃了烤鸭。

教师：哦，很好吃，是吧？你还吃什么了？

马克：我还吃了臭豆腐。

教师（一边说一边板书）：哦？！马克不但吃了烤鸭，而且还吃了臭豆腐，吃了很多好吃的中国菜。（在"马克、不但、而且、还"下加下划线，在"马克"下写出主语的符号S）

马克：对对，我不但吃了烤鸭，而且还吃了臭豆腐。

教师："不但……而且……"是咱们以前学过的一个语法，对吧？我们还可以说"马克不仅吃了烤鸭，而且还吃了臭豆腐"。（在"不但"下写出"不仅"）

马克：老师，我不仅吃了很多好吃的东西，而且还看了京剧。

教师：真棒！看来，马克的周末过得很不错。其他同学呢？你们周末也做了很多事情吗？

（四五位同学回答之后）

教师：嗯，看来大家的周末都不错。马克周末去看京剧了，还有其他同学喜欢京剧吗？

马莉：老师，我也看过京剧。

教师（一边说一边板书）：嗯，不仅马克看过京剧，而且马莉也看过京剧。（在"马克、马莉、不仅、而且、也"下加下划线，在"马克、马莉"下写出主语的符号S_1、S_2）那么，我们班只有马克一个人吃过烤鸭吗？

> 汤姆：老师，不仅马克吃过烤鸭，而且我也吃过烤鸭。
> 教师：很多学生都吃过烤鸭。
> （继续操练）
> 教师：好，今天我们学习了两个语法："S不仅……，而且还……""不仅S_1……，而且，S_2也……"。下面两人一组谈论为什么喜欢某个大学或某个人物、东西等。

再如时间名词"以前/以后"，用法看似简单，实际上也包含着不同的具体分布：

① 时点词+以前/以后：明天早晨七点以前必须把人送回来。

② 时量词+以前/以后：想起几年以前，我家附近的城里有一种流行病，非常危险。

③ VP+以前/以后：结束本文以前，我要说一件事。

④ 事件名词+以前/以后：革命以前，他们常常在这里喝酒。

⑤ 独用：现在我们一周看一两次电影，以前一个月看一次。

并且这些分布中的"以前/以后"所对应的英语词也有不同，英语中的before/ago，after/later的语序也不同，教师如果不能条分缕析地将这些用法讲清楚，学习者就很容易用错。

对于"连……也/都……""只有……才……""不管……都……"等格式，教师都要在备课阶段对它们所包含的各种用法进行清晰的梳理，授课时才能帮助学习者更好地掌握这些格式的使用规律。

当然，并不是每个语法项目都要在一次课上将其用法全部讲完，比如比较句内部也存在极为复杂的一些句式。有等比句"X和Y（不）一样""X和Y（不）一样+ adj"。有肯定式差比句"X比Y+adj""X比Y+adj+一点儿""X比Y+adj+多了""X比Y+adj得多""X比Y+V 得adj"（我比他跑得快）"X+V 得比Y+adj"（我跑得比他快）；有否定式差比句"X不比Y+adj""X没有Y+adj""X没有Y+那么adj"。此外，还有"和X相比/比起来，Y……"等。这些句式就需要分几次课进行教授。

一般来说，精读课上的语法教学，集中解决教材中呈现的某个用法就好，但教师也需要根据情况适当进行一些"前后勾连"的语法总结工作，帮助学习者进行相关语法知识的系统化梳理。这需要根据语法项目本身的复杂度、难易度、内部各用法间的联系紧密度等进行合理的教学决策。

以上所谈的清晰讲解，主要是针对同一个语言点在结构形式上的细致区分而言的。有些语言点要讲解清晰的话，关键不在形式，而在语义。比如"按说"，《现代汉语词典》对它的解释是"依照事实或情理来说"，但实际上它在使用中隐含着一种转折关系，即"事情并没有依照情理逻辑顺向发展"。看几个例子：

表 3.2 "按说"的语义分析

情理逻辑的顺向发展		实际状况
推理的前提	推理的结果	
（1）我们一起吃、一起玩儿，	按说上了大巴他也该和我们坐一块儿，	可他似乎更喜欢在自己的大巴铺位上小睡一会儿。
（2）这么多有能耐的同学，你没问问谁能帮你找个工作？	按说不难呵。	（略而未说）
（3）你们说说，这些当官的，	按说也都是有点儿文化的人，（正向结果隐含，略而未说）	怎么这样蠢呢？
（4）按说人家薛家办喜事，薛大娘又是个相当讲究吉利的老人，你到人家那边去，头一句话无论如何不该是"你们这味儿可不对"，		可詹丽颖想不到这一点。她绝对是善意的。

例（1）按照情理，他该和我们坐一块儿，可他没有；例（2）按照情理，帮忙找个工作不难，可实际上有点儿难。这两例中，"按说"直接引出的是"按照情理逻辑正常发展的结果"，而将推理前提"一起吃、一起玩儿""有能耐的同学多"前置于"按说"。

例（3）按照情理来说，有文化的人不蠢，实际状况是他们表现得很蠢。"按说"直接引出的是事实部分，而非推理结果。若变换成例（1）（2）的表达方式，则为：这些当官的都是有点儿文化的人，按说不会很蠢，可怎么这样蠢呢？

例（4）中的"按说"则囊括了推理前提和推理结果，将它们组合在一起引进语篇。

因此，对于"按说"的教学来说，教师想要做到讲解清晰，就需要讲清楚它所在语句隐含的"转折关系"，同时，要分别就上述四种情况一一进行讲练。当然，究竟采取哪一种表达方式，取决于语篇语义连贯表达的需要，如果能帮助学习者理解更好。

第五节 格式化呈现

语法教学的核心目标是帮助学习者掌握语法规律和语法规则，而非传授理论语法知识，为达此目标，教师常用的一个技巧是将语法结构格式化，以使语法规律简洁清晰。

比如，时量词是汉语学习者的学习难点之一，在语句中的位置相当灵活。教师要帮助学习者掌握时量词的用法，就需要帮助学习者了解时量词所出现的句型及该句型所表达的意义。而将这些句型用格式化的方式进行呈现，时量词在句中的位置就一目了然，有利于学习者掌握。

S+时量词+也+没/不+V	强调否定（emphasizing negation）
S+V+时量词+（O） S+V+O+V+时量词 O+S+（花）+时量词+VP	动作持续一段时间（an action lasts for a period of time）
S +时量词+V_1，时量词+V_2	动作交替进行（two actions occur in alternation）
时量词（里/以内）+SVO S+时量词$_1$+有+时量词$_2$+VO S+有+时量词+没有+VO+了	某个时间段内发生某件事情（during a period of time，some action occurs）
S+（每）+时量词+V+数量+O	间隔某段时间发生某件事情（every period of time，certain action occurs）

如果学习者能够清晰地将句式的形式与意义联系起来，以一种"预制板块"的方式将其存储在记忆中，就可以对时量词的相关句型进行整体提取，增强表达的流利性和准确性。

进行格式化呈现时，要准确清晰，特别是学习者容易在结构形式上出错的地方。比如学习者容易混淆的"尽管"与"不管"，在进行格式化呈现时，就需要特别说明：

尽管+陈述句形式，（S）也……

不管+疑问句形式，（S）都……

对于"不管"句中的疑问形式，还可以再进一步细化，如：

不管V不V，（S）都……

不管V没V，（S）都……

不管 adj 不 adj，（S）都……

不管多么 adj /心理动词，（S）都……

不管是不是……，（S）都……

不管X还是Y，都……

不管WH-word，（S）都……

如果一个句式的各组成部分对进入该句式的词汇在语义上有限制，对语篇上下文也有一定的强制性要求，那么进行格式化呈现时，还需要把这些限制性要求描述出来，如：

（1）他……把包打开了。这一打不要紧，惊得他吓了一跳。里头竟然是十捆百元面值的人民币。

（2）郭无雨正看着那人，忽然那人抬起了头来。这一抬头不得了，却把郭无雨给实实在在地吓了一大跳。

（3）那狼人也是愤怒至极，对着天空一声嚎叫。这一叫没关系，从林子中竟又出来七八头和它差不多大的狼人。

从这三个例子可以看到,"这一V……"句式中,其后所紧接出现的词汇比较有限,主要是"不要紧/不得了/没关系"等,而后一小句则表达一种出乎意料的结果。同时,这一句式中的V一定要回指前文刚出现的一个事件(胡承佼,2019)。基于这样一些限制,对这一句式的格式化呈现就可以表示如下:

V……,这一V不要紧/不得了/没关系/真要命+[(竟然)结果]

对于趋向补语的用法来说,如果仅仅给学习者提供"S+verb+趋向补语+[place]+(来/去)"这样一个格式,也是不够的,学习者很容易出现如下偏误:

(4)*下雨了,很多石头滚下山脚。

(5)*屋子里着火了,人们跑出院子。

因此教师有必要将趋向补语后处所的具体限定一并给出,即:

S+verb上+[终点destination]+(来/去):他爬上山(来/去)。

S+verb下+[起点departure]+(来/去):他走下楼(来/去)。

S+verb进+[终点]+(来/去):蜗牛爬进屋子里(来/去)。

S+verb出+[起点]+(来/去):人们跑出楼(来/去)。

S+verb过+[路径path]+(来/去):车开过桥(来/去)。

第六节 丰富的输入与有效的输出

教学中教师最常遇到的问题是,学习者在表达某个意义时,苦苦地在语言形式上纠结;另一个常见问题是,学习者所学过的语法知识变成了"惰性知识(inert knowledge)"(Alfred North Whitehead,1929,转引自Larsen-Freeman,2007),即某些语法知识就仿佛惰性气体一样,非常不活跃,在学习者的语言输出过程中处于沉寂状态,学习者似乎不能调用某个已经学过的语法规则。比如,汉语二语教师可能会非常沮丧地发现,"S+时点+VO"与"S+在[place]+VO"这两个结构,虽然在初级阶段就已学过并反复强调多遍,学习者还是会出现如下的偏误:

(1)*我们去过泰山上个学期。

(2)*我们都坐下在一个圆的桌子前。

(3)*我们一个小时休息了在一个花园里。

要解决这些问题,教师可能采取的一个办法就是在教学安排中进行多次的间隔重复输入。这就是所谓的频率效应（frequency effects）。

一、丰富的输入

Studies in Second Language Acquisition 2002年专辑探讨了二语习得中的频率效应，指出重复是影响二语习得的重要因素之一。其中，Ellis, N.（2002）特别指出语言学习就是范例（examplar）学习，学习者通过反复接触某一语言形式（范例），才可以习得该语言形式。比如，在词汇习得的研究中发现，一个词汇项目若要真正进入长时记忆，至少需要重复7次，而且应该做到间隔重复。最好的重复间隔是在看完第一遍后几分钟再看，然后依次是一个小时左右、第二天、一个星期、几个星期之后再看。这样的间隔重复要比在一个小时内多次重复更有效，因为间隔重复最有可能促成长时记忆（Schmitt，2010）。

对于语法项目的学习也是一样[①]，教师需要对学习者进行高频率的教学输入，多次反复。而且，重复不能是机械重复，最好做到通过多种手段、多种方式、从不同角度、不同层次进行，让学习者在有意义的活动中反复接触某语言形式（卢福波，2002）。教师常常利用的语法游戏，如20个问题、连环传话[②]等，都具有这样的作用。

我们再看一个有关"V着V着，VP"的教学处理。

首先，提供四个带有充足语境的例句，引导学习者观察"V"和"VP"之间的关系，从而引出该句式的意义。

（1）这孩子想到再也见不到妈妈，他呜呜地哭了。……<u>哭着哭着他睡着了</u>。

（2）他拿起一本书打发时间，<u>读着读着，他觉得非常有意思</u>。于是开始动手把它翻译成英文。

（3）我跟我妈妈包饺子，<u>包着包着，就走神了</u>。

（4）就这样，<u>走着走着，前面出现了一块水塘</u>。水塘上面，有非常多的蝴蝶在飞舞。

接着提供两种练习形式，一是在有充足语境的条件下完成句子，如：

她们看见男孩在跑在追在喊在哭，那小姑娘也大声哭起来，小男孩_____，那个小姑娘也一下子跳到河里。

[①] 不过，研究发现二语某些特征的习得可能与频率无关。

[②] 20个问题游戏：参与者只能问20个一般疑问句来猜测对方在想什么。连环传话游戏：比如，让学习者分别扮演房客、服务员和维修工。房客A的空调坏了，给服务员B打电话请求帮忙，B给维修工C打电话说明情况，C给A打电话联系维修事宜。

二是英译汉，如：

An unnamed man collapsed and died while he was walking near Dundonald.

……

最后，再提供一首诗，帮助学习者进一步理解该句式的意义：

走着走着，就散了，回忆都淡了；

看着看着，就累了，星光也暗了；

听着听着，就醒了，开始埋怨（complain）了；

回头发现，你不见了，突然我乱（confused）了。

这四种不同形式的输入，有导入输入，有核查输入，反复几次，让学习者既理解该句式的构成，又理解该句式的意义及其语篇分布条件。当然，有可能的话，间隔一段时间，教师还应该再次找机会对该句式进行复习巩固，才有可能最终帮助学习者完成该句式的内化或自动化。

二、有效的输出

所谓内化/自动化，就是指学习者在运用某一语法规则表达意义时，语法规则成为自然的反应，是一种无意识处理，就好比熟手司机可以一边聊天一边开车一样，"开车"的一系列操作似乎不需要有意识地进行监控。学习者若能做到语法知识的自动化，就可以在表达某种意义时自然而然、毫不费力地运用某个语法结构，这是语法教学所期待的理想教学效果。

要帮助学习者自动化某语法结构，教师除了多次、大量提供输入以外，还要"促使（push）"学习者有意识地运用新学的语法规则进行表达。在第二语言习得研究中，Krashen（1981）认为，只要给学习者提供足够多的可懂输入，学习者就可以在一定的时机习得相关的语言知识。但Swain（1985）的研究发现，在只提供可懂输入的教学情境下，学习者可能因为只关注意义的理解而忽视对语言形式的关注，若要学习者真正地习得表达某一意义或功能的语言形式，教师必须明确要求学习者使用该语言形式完成任务，这样才能促使学习者从单纯的意义处理走向对语言形式的处理，注意到语言特征，提高语言表达的准确性。这就是所谓的可理解输出（comprehensible output）、有效输出（pushed output）假设。

虽然输出是不是果真有助于句法的习得还有待进一步检验,[①]但是,教师如果认为语法练习活动是必要的,在设计语法练习任务时,还是应该注意如何促使学习者自觉地运用所学的语法规则。看以下两个练习任务。

任务一:

学生两人一组,表演吵架(兄弟姐妹/父母孩子/同屋/撞车的人)。要求使用如下语言形式:
一+量词+N+也没/不+V
哪儿/谁/什么+也不/没+V
难道
并且

任务二:

三人一组,一人是留学生,另两人是小贩:一个卖猫,一个卖狗。两个小贩极力介绍自己的宠物。最后,留学生决定买狗或猫。要求尽量使用以下句式:
A比B+adj
A比B+adj多了
A比B+adj一点儿
A+VO+V得比B+adj
多+verb
最主要的是
你说的也是

这两个练习任务,教师都注意到了所学习的语言结构与任务之间的匹配关系:在第一个任务中,教师要求学习者在吵架的情境中使用反问句以及强调句式,这样就可以凸显吵架人的情绪,帮助学习者进一步理解这两个句式的语义及用法特点;在第二个任务中,教师巧妙地设计了一个情节冲突,让"小贩"在争相兜售的过程中,使用比较句式以及申述理由的表达式"最主要的是",学习者在集中注意力找理由的同时(意义处理),也需兼顾到语法结构的运用(形式运用)。

总之,通过大量的输入和有效的输出,学习者提取语法信息或进行句法分析的处理速度有可能逐渐加快,运用语法知识的熟练程度也可能逐步提高。如果随着更多练习的加强巩固,学习者在写或说的时候,对语法形式的处理所要求的注意力逐渐减少,甚至基本不

---

① 到目前为止,还没有实验明确地证明强制性的有效输出是第二语言习得的必要条件。如Izumi and Bigelow(2000)研究发现,在英语虚拟语气的学习中,输出对习得的作用只能得到部分验证。一些倡导普遍语法的二语习得研究者认为,输出与语法能力的发展之间的关系并不那么密切。胡明扬(1993)也指出,就有限的目标、有限的学习时间而言,要求"学了就用,学了就会"是可取的,但是就常规的学习而言,这种直接违反一般学习理论和原则的做法很难取得良好的效果。

占用注意力资源了，他们就可以利用剩余的或腾出的注意力做更多的、更高层面的语言信息处理，如语篇层面或语用层面，这样就可以实现更高程度的自动化，最终使得语言规则完全内化，变成一种隐性知识。

第七节　语法纠错怎么纠？

在二语教学中，教师该不该指出学习者在使用目的语时所出现的语法错误？该不该进行纠错？如何进行纠错？这些问题属于"纠错反馈"（corrective feedback）。二语学界对这一问题的争论持续了近一个世纪。

一、关于纠错反馈的争论

在行为主义心理学和结构主义语言学影响下的"听说法"讲究逢错必纠，其基本的理念是：通过教师反馈大量的正确的语言证据，学习者的错误就可以得到避免和纠正。

但在乔姆斯基普遍语法理论看来，是普遍语法和语言内在机制使得语言习得成为可能，负面语据（negative evidence，即不合语法的信息）在语言习得过程中发挥的作用极小。儿童在习得母语的过程中，大人就很少纠正他们的语法错误。受此理念影响的语言教学法对教师的纠错是持反对态度的。他们认为只有正面语据（positive evidence）才能对学习者的中介语发展产生影响，教师的纠错不仅对学习者的语言发展影响甚微，还会导致学习者回避使用自己不熟悉的复杂结构（Krashen，1982）。

20世纪八九十年代以来，研究者们意识到纠错反馈可以引导学习者注意到目的语和中介语之间的差异，从而帮助学习者进行随后的语言形式重构。Gass（1988）等甚至指出，成人必须有负面语据才能建立起第二语言的结构。如法语母语学习者在学习英语时，容易将法语的语序"主语—动词—副词—宾语"迁移到英语中，产出"*Mary takes usually the Metro"这样的句子。White（1991）研究发现，如果不提供纠错反馈，只通过向学习者大量输入英语语料，是不能使学习者明确认识到"主语—动词—副词—宾语"语序是错误的。而教师进行纠错反馈，告知英语中副词的位置、语序等语法规则后，学习者才能够获得有关这个语序规则的显性知识，知道英语中不允许这样的语序，因此，纠错可以促进学习者重新设定语言参数。不过，White的实验也发现，五个星期之后，得到纠错反馈的实验组和未得到纠错反馈的控制组，在测验中的差别小了很多。温晓虹（2012）指出，即使纠错反馈只能帮助学习者获得显性语法知识，显性语法知识也有可能被转化为隐性语法知识，纠错反馈还是有必要的。

近些年来，二语研究者开始从社会文化视角审视纠错反馈，认为二语习得是学习者和他人（包括老师、同学、朋友、社区里的人等）在互动过程中完成的。因此，作为互动的一种形式，纠错反馈可以帮助学习者实现从他人调节（other-regulation）到自我调节（self-regulation）[①]的过渡。

也就是说，就如同语法教学的作用最终得到了肯定一样，纠错反馈的作用也得到了认可。而从学习者的角度来看，当出现语法错误时，他们普遍希望能得到教师的纠正。比如，Schulz（1996）对美国一所大学里92位教师和他们所教授的824名学习者进行了一项调查，结果显示，多达94%的学习者认为，教师应该及时对学习者在课堂上所出现的语法错误给予纠正。

二、口头纠错反馈

口头纠错反馈的方法大致可以概括为以下九种：

表 3.3　口头纠错反馈的方法

纠错反馈的方法	定义	例示
重铸 （recast）	对学习者的错误语句进行重新表述，并不要求学习者自我纠错	学生：我跑步了三次这个月。 教师：我这个月跑了三次步。
重复 （repetition）	重复学习者的错误，并用重音突出学习者的错误部分	学生：我跑步了三次这个月。 教师：我**跑步**了三次**这个月**？ 学生：啊，啊，我跑了三次步这个月。 教师：我跑了三次步**这个月**？ 学生：我这个月跑了三次步。
请求澄清 （clarification request）	通过提问要求学习者注意到错误并改正	学生：他在桌子发现了一张纸条。 教师：再说一遍，在哪儿？ 学生：在桌子上。他在桌子上发现了一张纸条。
诱导 （elicitation）	通过提问诱导学习者进行改述	学生：我一看见她，就我跑过去。 教师：我一看见她，我……？ 学生：我一看见她，我就跑过去。

[①] "他人调节"与"自我调节"两个概念来自维果斯基所创建的社会文化理论，该理论认为社会文化环境是人类从低级心理机能（如听觉、嗅觉等）向高级心理机能（如记忆、注意等）发展过程中的决定性因素，语言是这一过程中最基本的调节工具。儿童的认知发展经历了从物体调节（object-regulation）到他人调节再到自我调节的过程。该理论被运用到二语学习领域，便产生了合作学习理论，认为学习者通过与他人的互动，借助支架式协助（scaffolding），可以促进习得的发生。

（续表）

纠错反馈的方法	定义	例示
副语言提示（paralinguistic signal）	用手势或表情指出学习者的错误	学生：我跑步了三次这个月。 教师：（双手胸前交叉，含笑看着学生，以示语序错误）
直接指错（direct correction）	直接指出错误之处	学生：我给他发脾气了。 教师：不对，不是"给他发脾气"。
直接纠正（explicit correction）	直接指出学习者的错误并给出正确形式	学生：我给他发脾气了。 教师：不是"给"，应该用"对"，我对他发脾气了。
元语言提示（metalinguistic clue）	直接提供所应使用的语法	学生：我要翻译这个小说成汉语。 教师：用"把"字句说。 学生：我要把这个小说翻译成汉语。
元语言解释（metalinguistic explanation）	对学习者的错误进行语法性的解释	学生：我复习复累了。 教师："复习"不是离合词，不能分开。

当然，教师在纠错时也可以综合利用不同的纠错方法，比如先采取重铸的方法，接着进行元语言解释：

学生：我复习复累了。

教师：我复习累了。"复习"不是离合词（It is not a v-o compound）。

以上这些纠错反馈，有的属于显性纠错，即明确指出学习者出现的错误，如副语言提示、直接纠正和元语言解释等；有的属于隐性纠错，如重铸、重复、请求澄清，都不明确指出学习者的错误。不过，重铸也可能表现为显性。因此，Ellis et al.（2006）认为，还可以从提供输入（input-providing）和提示输出（output-prompt）的维度来区分这些纠错反馈的方法：提供输入是指给学习者提供正确的语言形式，如重铸和直接纠正；而提示输出则是尝试诱导学习者进行自我修正，如诱导、重复、请求澄清、元语言解释等。

Lyster et al.（2013）综合上述两个维度，将纠错反馈进行了如下分类[①]：

[①] 下图中的"教导性重铸"指的是学习者并没有出现语法错误，教师为了让他再次接触目标语言结构而进行重述。

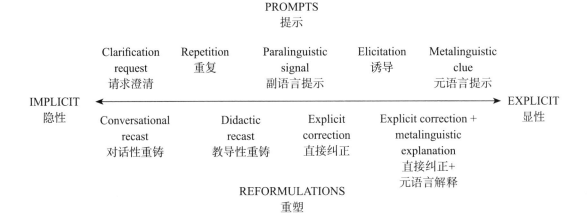

那么,究竟哪一种纠错反馈的效果更好呢?已有研究发现,这个问题恐怕并没有明确的答案。比如,作为课堂活动中最常见的反馈类型,重铸究竟有没有显著作用,不同的研究所得出的结论并不一致。Ellis et al.(2006)研究发现,显性反馈比隐性反馈更有效,提示输出式纠错反馈的效果要好于重铸。Ammar and Spada(2006)的研究则发现,虽然提示输出总体效果优于重铸,但重铸的效果和学习者的语言水平有关。而Lyster and Izquierdo(2009)的研究发现,提示输出和重铸效果是相似的,在提高准确度和测试成绩方面都表现显著。Yang and Lyster(2010)的研究进一步发现,纠错反馈的效果还与所纠正的语法项目相关。比如,对英语动词过去时规则变化形式的纠错,提示输出的效果要好于重铸;而对于过去时不规则变化形式,提示输出和重铸的效果相差不大。

因此可以说,没有哪种纠错反馈方式绝对优于其他方式,纠错的效果受到学习者的语言水平、年龄、焦虑程度甚至性别,以及目标语法结构等多种因素的影响。教师应该根据所面对的实际错误类型以及教学情境,灵活运用多种纠错反馈方式,吸引学习者的注意;通过互动活动引导学习者发现错误,防止学习者尚未完全掌握某些语法规则就实现了自动化,导致"化石化"现象的产生(VanPatten,1988)。

三、书面纠错反馈

学习者提交的作业中如果出现语法错误,教师在批改过程中该不该纠错?如何纠错?这些问题在学界也存在着争议。

1996年,Truscott在*Language Learning*上发表文章The case against grammar correction in L2 writing classes,指出二语书面纠错不但是无效的,甚至是有害的。虽然后来他也承认,纠错可以帮助学习者改正作文中已得到教师反馈的错误,但他仍然坚持认为,纠错无助于二语（语法）习得。但Ferris（1999）却针锋相对，坚称书面语法纠错不仅有效，而且也是学习者的要求。在2009年到2010年，另一位学者Bruton又围绕书面纠错有效性的问题与Truscott进行过一场激烈的辩论，指出虽然对于不同的语言结构，纠错的效果可能有差别，[①]但书面纠错是有效的。

虽然谁也说服不了谁，但在后续其他研究中，我们可以看到研究者们似乎达成的一致观点是：书面纠错是否有效，还要依赖于对其他要素的综合考量，如学习者的个体差异、教学情景、教师等（Ellis，2010；Ferris et al.，2013），研究方法也需加以慎重设计，比如Hyland（2010）主张要在自然环境下进行纵向的质性书面纠错研究，等等。（转引自苏建红，2014）

我们在这里要特别强调的一点是，教师给学习者进行书面纠错时，要注意确保学习者注意到自己的错误之处，并能从教师的批改中获益。请看下面这些纠错方式：

学习者的错句：*有一天小弟弟去了古代图书馆借一些书。

纠错方式一：有一天小弟弟去古代图书馆借了一些书。

纠错方式二：有一天小弟弟去古代图书馆借了一些书。
　　　　　　　　　　　　　　　　　注意：去place+verb了object

纠错方式三：有一天小弟弟去古代图书馆借了一些书。
　　　　　　　　　　　　　　　　　注意："去图书馆"和"借书"是"行为—目的"关系

纠错方式四：有一天小弟弟去古代图书馆借了一些书。
　　　　　　　　　　　　　　　　　注意：要不要先"完成""去图书馆"，才能借书？
　　　　　　　　　　　　　　　　　　　　"去图书馆借书"和"吃了饭做作业"有什么不同？
　　　　　　　　　　　　　　　　　　　　去place+verb了object

这四种纠错方式从深度上是逐渐加深的。第四种纠错方式，既将正确答案告诉了学习者，又引导学习者复习巩固所学过的语法知识，再次注意连动句中"了"的位置有两种情况：一种情况需要强调两个动作的先后，"了"要置于第一个动词后；一种情况则不强调某一个动作完成后才开始另一动作，"了"要置于主要谓语动词后。因此，这种纠错方式可能为学习者提供的帮助最大。

遗憾的是，在实际教学工作中，很多教师所采取的纠错方式是第一种。这种纠错方式我们之所以最不提倡，是因为学习者不但很可能完全忽视这一纠正，而且还很有可能完全不明白自己错在何处。比如，徐晶凝（2009）在所做的语法纠错调查中发现了学习者这样的一些反思：

---

① 针对从未学过或者已经学过但掌握不佳的结构，一两次纠错可能不会产生效果；但那些能激活学习者对熟悉结构的记忆的纠错方式也许能立即见效或将来会有所助益。

表 3.4　教师的语法纠错和学习者的反思

原错句	教师的改正	学习者的反思
（1）*别在这儿瞎想了，问老师帮你。	别在这儿瞎想了，问问老师吧。	我常常忘记写动词的重叠形式，我应该写"问问老师帮你"。
（2）*我还陪了我的朋友散一个小时步。	我还陪我的朋友散了一个小时步。	是不是一个句子中有两个动词的话，"了"应该放在第二个动词的后面？
（3）*开车开了到一个公园。	开车开到了一个公园。	

这些学习者完全不明白这些句子为什么要这样改，甚至第一个学习者在反思中还将老师改正过的句子抄错了。实际上，教师在给学习者修改这个病句时，可能也完全没有考虑到学习者的偏误原因：该病句的错误原因在于学习者将 ask sb. to do 结构中的 ask 对译为"问"了。因此，教师给学习者批改作业时，也要注意思考学习者的偏误原因，有针对性地加以改正，而且最好对偏误的原因做出解释或引导性提示，这样才能最大可能地帮助到学习者。准确分析导致学习者偏误的原因，是语言教师很重要的一项基本功，本书下编提供了一些教学语法知识，可以解释相当一部分偏误现象。

四、纠错的时机

教师常常会沮丧地发现，自己在口头上、书面上针对某语法规则给学习者纠正过多遍，但学习者还是记不住，或者一提醒就想起来，一不提醒就错。这种"顽固性偏误"现象的存在与多种因素有关。

其中一个因素可能是学习者还没有做好准备。Pienemann（1989）研究证明，学习者有一个内在的习得顺序，每学习一个新语法规则，他们都需要一定的时间，到一定的习得阶段才能掌握。教学只能促进学习者的习得进程，而不能使学习者越过语言发展的某个阶段而直接进入下一个阶段。同一个班级中，不同学习者的就绪状态（ready for learning）是不同的。因此，如果教师所教授的语法项目超越了某个学习者的习得阶段，"顽固性偏误"持续的时间就会更长一些，特别是在以下两种情况下：（1）目的语的语法项目与学习者母语相对应的表达形式之间关系错综复杂，学习者尚未将其关系理清楚，如汉语的"了"、补语等；（2）学习者将不同的语法项目杂糅到一起，如将"是"表让步确认（我是不知道/他是很聪明，但不努力啊）与形容词谓语句（他很聪明）、"是……的"表肯定性断言（他是不知道的，你别问他/他是很聪明的，可以问他）等用法混淆。

另外一个因素可能是语法项目的难度太大。Dekeyser（2005）研究发现，有三种因素会影响二语语法习得的难度：语言形式的复杂性、语言意义的抽象性、语言形式和意义/

功能之间的透明度。因此，教师要根据所教授的语法项目的特点，预见该语法项目对于学习者的难度等级。不能总是期待自己教什么学习者就会什么。对于某些语法项目，教师只能在提供足够支持的前提下，等待学习者慢慢成长。

同时，要想纠错取得预期效果，教师也需要注意选择合适的纠错时机。根据Larsen-Freeman（2007），纠错反馈可取得较好效果的时机有如下一些：

①学习者想要表达某个意思而使用了错误的语法结构时；
②学习者开始频繁使用某个语法结构而出现错误时；
③学习者对某语法规则进行了泛化（过度概括）时；
④学习者出现了严重影响交际的错误时；
⑤在培养表达流利性的练习任务中，教师应延迟对学习者错误的反馈。

是否应该纠错、怎么纠错、纠错效果如何等问题，还可能跟学习者的个人特征（比如学习风格）有关。徐晶凝（2009）发现，学习者对于"写下自己的病句并进行自我纠错"的态度存在较大差异：

（a）不瞒您说，上这门语法课以前，我的汉语、口语老师给我还作业的时候，我常常没注意老师写的。她们指出我的错误，但是，我没注意。所以，以后我常常犯一样的错误。写档案这个办法让我"注意"我的错误，很有用。

（b）说真的，这个档案不太帮助我。语法是特别书面的，而我呢，是通过听学习的这种学生。我错了的话，中国人告诉我我就可以记住了。对我来说，写下来我的错误没有用。

如果我把语法的规定背熟了，考试的时候很帮助我，但是以后，我很快都忘了。不过，学习语法很重要，因为有一些题目和内容是多练习口语也非常难学到的，比如说什么时候用"前后"，什么时候用"左右"，只好知道规定。不得已，要做很多作业，让语法规定成为自然的口语反应，所以，依我看，那个档案不如作业。

（c）汉语语法并不复杂，看懂很容易，但是，怎么用，知道什么时候用，在我看来非常复杂。我不知道最好的学习办法是什么，我相信第一个办法是背。不过，我觉得读书、写作、看电视、聊天可以有很多帮助。这个学期我一定要多读书、多写。

（d）每次我写下一篇作文，和老师讲的内容有关的作文，我才吸收了学习过的内容。

第一个学习者愿意通过纠错的方式进行学习；第二个学习者则明确意识到懂得语法规则并不等于会用，反复练习才是最好的办法，而且书面的纠错方式对她来说效果不大；而第三和第四个学习者更喜欢通过阅读、写作、聊天等方式进行隐性学习。因此，教师还需要根据学习者的不同特点来决定纠不纠错；而对于那些对面子颇为敏感的学习者，教师在课堂上的当众纠错要非常谨慎。

第八节 语法练习怎么设计？

设计语法练习时，首先要非常清楚该练习的目标是帮助学习者关注语法的形式、意义或语篇条件，还是形式、意义、语篇条件兼顾。练习目标不同，练习的形式也就不同。本节介绍语法练习的类型以及语法活动的设计原则。

一、语法练习的类型

可以从机械性练习和交际性练习的角度来考虑练习形式。机械性练习是聚焦于语法形式的练习，也叫作完全受控的操练；而交际性练习则聚焦于意义表达，是不受控制的操练；在机械性练习和交际性练习之间，还存在半机械性练习和准交际性练习。

（一）机械性练习

机械性练习主要用于操练语法形式。

表 3.5 机械性练习的形式及例示

练习形式	例示（或说明）
替换	这是句型操练的常见方法，多用于初级阶段。如： 我 一点儿也不 喜欢 她。 小王　　　　　　语法 马力　　　　　　运动 杰克　　　　　　玩电脑游戏
录音重复/ 听读	多用于初级阶段，一方面帮助学习者巩固语序，另一方面也可练习听力。 1. 听老师读后，学生再重复一遍。或者听录音重复。 2. 变体形式：听老师的问题，然后用完整句回答。
连线搭配	比较适合关联词语的练习。如： 虽然我们毕业后从来没见过面，　　　而且也常常帮助陌生人。 他不但常常帮助朋友，　　　　　　但是见面后很快就熟悉了。
把词语放到句中合适的位置	多用于练习虚词在句中的位置。如： 1. 把"就"填在下面句中合适的位置。 　如果我看见她，（　）我（　）告诉她这个好消息。 2. 根据"的"的使用条件，在下面的短文中，什么地方可以加"的"？什么地方不能加"的"？

(续表)

练习形式	例示（或说明）
把词语放到句中合适的位置	我始终找不到和王眉个别谈话（　　）机会。白天她飞往祖国（　　）各地，把那些（　　）大腹便便（　　）外国人和神态庄重（　　）同胞们运来运去。晚上，她就往我住（　　）地方带人，有时一两个，有时三五个。我曾问过她，是不是这一路上不安全，需要人作伴？她说不是。
改写句子	1. 将下列句子用"是……的"变成强调句。 　玛丽昨天去中华大学玩儿了。 2. 把下列句子变成否定句和疑问句。 3. 仿照例句改写句子。 　例：他1.90m，我1.70m。 　→他比我高。　　→他比我高多了。 　今天32度，昨天25度。 　→　　　　　　　→ 4. 扩展句子。

（二）半机械性练习

半机械性练习主要聚焦于语法形式，兼顾意义理解与表达。学习者在完成这样的练习时，要在理解意义的前提下思考语法形式。

表3.6　半机械性练习的形式及例示

练习形式	例示（或说明）
选择填空	适合对易混淆的相近语法项目进行辨析区分。如： 　　　　　的　地　得 我飞一样（　　）跑进教室，因为我以为我到（　　）太晚了。
判断改错	1. 我跟你不同意。 2. 那次旅行对我很大的影响。
排序	她　地　把　杯子　扔　地上　生气　在
完成句子/对话	1. 用"V不了/ V得了"完成句子。 　对不起，我有事，那个晚会＿＿＿＿＿＿＿＿＿＿＿＿＿＿＿＿＿。 2. 用"时量+也/都+不/没+VP"回答问题。 　问：你来中国以后，是不是忘了你的好朋友？ 　答：＿＿＿＿＿＿＿＿＿＿＿＿＿＿＿＿＿（一天/一分钟/一秒也没+V）
翻译	1. 翻译下列词语，并用"一……就……"造句。 　finish class / go to eat lunch 2. 用可能补语翻译下面的句子。 　I know you can afford it.

(三)准交际性练习

准交际性练习,主要聚焦于意义理解与表达,兼顾语法形式,但交际任务并非生活中的真实任务。

表 3.7　准交际性练习的形式及例示

练习形式	例示(或说明)
看图说话	请学习者根据图片所提供的线索说句子,图片中暗含所要练习的语言结构。
回答问题	如关于结果补语的练习: 1. 你为什么穿这么少?(预设答案"因为天气变暖和了"。) 2. 你昨天晚上做梦了吗?(预设答案"做了,我梦见……"。)
复述课文	提供线索,帮助学习者回忆课文内容。如: 1. (　　),我不吃辣椒。1999年,我到广州工作,认识了一个江西辣妹子。她改变了(　　),也改变了(　　)。 2. 硕士研究生的最后一年　谈恋爱　留学　准备考试 　　可是　10月15日　纸条　写着　交朋友　见面
角色扮演	基于课文内容进行角色扮演,与复述课文的作用相当。如: 学生一人扮演大卫,一人扮演大卫的朋友。聊聊朋友为何汉语水平进步这么快,以及为什么搬家。

(四)交际性练习

这种练习任务完全模拟生活中的真实交际,教师可以要求学习者在完成任务的前提下使用目标语言结构,进行有效输出。

表 3.8　交际性练习的形式及例示

练习形式	例示(或说明)
自由会话/写作	1. 限定所要求使用的语言结构和话题。如: 学生两人一组,谈谈第一次坐飞机的经历。 要求:尽量使用本课所学生词,使用语言点"一……就……""是……的"。 2. 只限定所要求使用的语言结构,话题不限。如: 用本课所学的离合词写一个对话。
编故事	限定所要求使用的语言结构和词汇,请学习者单独编故事,或者集体一起编故事(一人一句)。
课堂讨论	讨论题目的确定,尽量考虑到能否最大限度地使用目标语言结构。如下面这个讨论题目预设的目标结构是状态补语: 谈一谈这节课。
小品表演	限定所要求使用的语言结构和词汇,请学习者分组提前准备,课上表演。

（续表）

练习形式	例示（或说明）
辩论	辩论题目的确定，尽量考虑到能否最大限度地使用目标语言结构。如下面这个辩论题目，用于练习可能补语： 辩论：环境保护的问题 正方：优先发展经济最重要 反方：环境保护最重要
社会语言实践	组织学习者进入社区进行实地练习，如让学习者去商店买东西。
调查报告	请学习者课下就某个话题进行调查，课上汇报。

设计针对某个语法点的练习活动时，教师最好注意搭配使用各种练习形式，既通过机械性练习进行形式操练，也设计一些交际性练习，帮助学习者在恰当的语境中运用某语法结构进行有意义的表达，做到语法形式与意义之间的有机结合。

二、语法活动的设计原则

Penny Ur（1988）指出："设计很好的语法练习活动应该是基于任务的，且任务的目标明确，能让学习者积极运用要练习的结构。要能保持学习者的兴趣和动机，可以通过精心选择话题、利用信息差、角色扮演等来实现。但是，如果不能保证学习者最大量地、均衡地参与进来，那这些效果就会丧失大半。"也就是说，教师在设计语法练习活动时一定要考虑到如下三个因素。

（一）要具有明确的语法结构操练目标

设计某个游戏性的语法练习活动时，这一点是尤其需要注意的。如果设计得不好，语法练习活动就可能变成一个纯粹的游戏，而所要练习的语言结构可能会被忽略。看两个语法练习活动：

活动一	活动二
五个人一组，分别扮演如下角色，根据课文内容进行表演。 A：谢安 B：谢安的朋友 C：谢安的妻子 D：敦请谢安出仕的官员	五个人一组，分别扮演如下角色，根据课文内容进行表演。 A：谢安 B：谢安的朋友 C：谢安的妻子 D：敦请谢安出仕的官员 要求：注意书面词汇、句式的合理运用。 使用如下句式：以……为缘由、得以VP、以……闻名于……

学习者在这样的练习活动中，因为主要关注的是意义表达，很可能在原有语言水平上就可完成任务，所以，教师设计任务时，要有明确的对目标结构进行操练的意识，像活动二的教师那样，明确将希望学习者运用的句式列出来。否则，这个练习的效果就会大打折扣。

（二）要能吸引学习者的兴趣

能吸引学习者的兴趣，换句话说，就是语法练习活动要有趣味性。学界在讨论教材编写原则时提出过"实用性、科学性、针对性、趣味性"等几大原则。其中，李泉（2002）特别指出，对于学习者而言，这四大原则的重要性排序应是"趣味性>实用性>科学性>针对性"。对于语法练习活动的设计来说，这四大原则同样适用。因为趣味性是保持学习者学习动机的重要资源。邓恩明（1998）认为，由学习内容所引起的、在学习过程中产生的直接兴趣，是构成学习动机特别是近景性动机的重要因素。要使学习者保持持久的注意，教学一定要有趣。

1. 内容趣味性

教师可以利用的趣味性材料主要有两个来源。

一是学习者熟知的信息。在语法讲解和练习的过程中，教师可以随时巧妙地利用学习者的个人信息以及他们所熟悉的学校、社区里的信息。当然，前提是不侵犯学习者的隐私、自尊心。比如：

学习结果补语时，如果班上有个学生刚巧新理了发，教师可以问："你的发型变了，是吧？""你为什么要把头发剪短啊？"如果发现一个学生课前在吃东西，教师可以问："我发现你上课以前在吃饼干，你现在怎么样？不饿了吧？"

学习可能补语时，如果班上有一个德国学生，教师可以问："在德国，最能喝酒的人，他一个小时喝得了多少瓶啤酒？你呢？"

学习趋向补语时，教师可以带领学生一起叙述他们早上起床以后的一系列活动，一直叙述到走进教室准备上课。教师开始："叮铃铃，早上我听见了闹钟声，我睁开眼睛，坐起来……"，然后全班同学一起详细地叙述："穿上衣服，跳下床，走进洗手间……把书放在桌子上，准备上课"。

学习表示交替变化的"一会儿……一会儿……"结构时，教师可以拿自己第一次吃西餐时的经历作例子："一会儿用刀，一会儿用叉；一会儿用左手，一会儿用右手；一会儿拿起来，一会儿放下去，好麻烦啊！"在学习状态补语时，教师可以再次利用这个经历："我吃得很累。"

根据研究，教师与学习者之间的这种接近真实交际的互动，总是会引起学习者的学习兴趣（靳洪刚，2011）。因此，教师要尽可能地了解自己的学生，包括他们的爱好、个性、家庭背景、个人经历等，教学中巧妙地利用这些信息与学生互动，有时候可以取得意想不到的效果。来看两位教师对"与其……不如……"和"会、能"的教学处理：

教学点	教师A的教学处理	教师B的教学处理
与其……不如……	（1）尼采认为，与其说上帝死了，不如说上帝从来没有存在过。 （2）与其让农民外出打工，不如由政府把他们组织起来，在家乡工作。 （3）有些事情不能有成见，与其问"你很讨厌她吗""你很喜欢她吗"，不如问"你对她的印象怎么样"。	（1）遇到不懂的问题，与其一个人想半天，不如去问问老师。 （2）与其嫁给一个自己不爱的人，不如一辈子不结婚。 （3）天气这么冷，与其出去逛公园挨冻，不如叫几个朋友来家里一起聚聚。
会、能	学习者两人一组，教师发给他们一张有关工作面试的对话材料，请学习者完成对话。	学习者四人一组，讨论新年晚会的安排。一人做班长，主导讨论，看大家有什么特长，在晚会的筹备过程中能负责哪些工作，晚上可以表演什么节目。

两位教师都认真地准备了教学材料。关于"与其……不如……"，教师A从语料库中找到了真实例句，并根据学习者的水平进行了词汇替换。关于"会、能"，教师A精心准备了一个适合学习者水平的对话材料。但是，这两个教学材料或任务中所提供的信息，均与学习者的个人经验关联甚微。而教师B则从学习者的个人经验出发设计了例句与练习任务。从吸引学习者兴趣的角度来说，教师B的教学处理无疑更好一些。

趣味性材料的第二个来源，可以是包含着所要练习的语法结构的歌曲、有趣的小片段，或者是有一定文化含义的材料。如徐晶凝（2017b）几乎每一讲都提供了一些富含某语言结构、内容有趣的文章：用于理解趋向补语的韩国留学生的作文《要是滚下去怎么办？》、用于理解被动句的《被偷走的一代》（该文内容与澳大利亚政府曾经实行过的"白澳政策"有关）；在讲解时体助词"过、着"等语法项目时，该书还选用了钱锺书、沈从文、顾城等的诗歌作为例句。

在补语的翻译练习中，也特意增加了一些有文化含义的俗语，如"活到老学到老""心急吃不了热豆腐""乐得找不着北"等。

在定语一章，该书还选用了一首英语儿歌，请学习者进行翻译，以帮助学习者注意汉语定语要位于中心语之前这一语序规定，即：

This is the house that Jack built.

This is the malt that lay in the house that Jack built.

This is the rat that ate the malt that lay in the house that Jack built.

This is the cat that chased the rat that ate the malt that lay in the house that Jack built.

This is the dog that worried the cat that chased the rat that ate the malt that lay in the house that Jack built.

这些教学材料的选取，主要目的都是为了增强趣味性。语言教师一定要做一个有心人，平时多留心，随时收集可以用于语法教学的趣味性语言材料。

2. 过程趣味性

除了在教学材料的选取上注意趣味性以外，教学过程也要注意趣味性。教师常常采用的办法是在语法练习活动中增加游戏性成分。比如，学习"某人+在+处所+VP"这一句法结构时，教师可能会设计一个"张冠李戴"的游戏。将学习者分成三组，分别发给他们一些事先裁好的纸条。请一组学生在纸条上写出所学过的表人的名词或名词词组（如：老师、我的朋友），每张纸条上只写一个；一组学生写出所学过的处所表达式（如：教室、卫生间、桌子上）；一组学生写出所学过的动词或动词词组（如：看书、睡觉、打篮球）。然后教师将三组纸条收齐放在讲台上①，请学生一一来到讲台前，随意从三组纸条中各抽取出一张，组成句子。如果所组成的句子中出现了特别怪异的组合，如"我的朋友在卫生间打篮球"，学习者就会哈哈大笑起来。该语法游戏的目的在于帮助学习者注意地点状语的语序以及"在"的使用，实质上是聚焦于语法形式的一个活动，但比枯燥的替换练习更能激发学习者的兴趣。

当然，过程趣味性不仅仅包括教学游戏的运用，最重要的是整个教学过程的设计要符合学习者的习得规律。这要求教师对有关的研究成果或假说有所了解，比如高频率输入、引起学习者有效注意、引导学习者自己发现语法规律、有效输出等。这些问题本章前几节已经讲过。总之，趣味性一定要建立在遵守这些原则的基础之上，这样的语法教学才是有效教学。

3. 难度控制

教师还要注意语法练习任务的难度。如果任务难度远远超过或低于学习者的能力，那么，不管活动的语言材料和过程设计得多么有趣，学习者参与的兴趣都会受到影响。Candlin（1987）谈到，好的语法练习任务要能够让学习者带着自己的个性和态度投入语法学习；任务要有挑战性但不过分，学习者经过努力足以应对；给学习者一定的自由度和灵活性，让他们以自己的方式解决问题，选择自己的策略或技巧；提高学习者对语言运用过程

---

① 注意，要故意将三组纸条的顺序打乱，区别于正确语句中的语序：最左侧的纸条是表人的名词（组），中间的纸条是动作，最右侧的纸条是处所表达式。

的意识，鼓励他们对自己的语言运用进行反思。

看一个教学案例。这个教学案例来自北京某中学的国际教学部，教学对象是初中三年级学生。

语法教学项目：表能力的"会、能"用法的区别

教师：大家说，小鸟会说话吗？
学生：（无语）
教师：不会，小鸟不会说话，对吧？可是，大家看，我的小鸟会不会说话？（播放视频）
教师：我的小鸟会说话。那小狗会算算术吗？
学生：不会。
教师：对，可是，大家看，我的小狗会不会算算术？（播放视频）
……

可以看到，教师备课非常认真，花费了相当多的时间查找并剪辑视频，精心挑选教学材料，并对教学过程进行了循序渐进式的设计，以引出"会"的意义和用法，力求增强趣味性。然而，对于初中学生来说，这个任务中的问题"小鸟会说话吗"，未免过于简单，以致学生一时不明白教师为什么要问这个问题，而当听到教师的自答明白了教学意图后，虽然他们很配合地回答了"小狗会算算术吗"，也是兴致阑珊。这个任务的缺点在于低估了学习者的能力，过于幼稚了。

如果进行如下一些设计调整，教学效果就会稍好一些：

语法教学项目：表能力的"会、能"用法的区别

教师：今天，我给大家看一些有趣的小视频。
（播放视频。一组视频中有两只小鸟，一只小鸟只会叫，另一只鹦鹉会说简单的汉语。另一组视频中有两只小狗，一只小狗只会叫，另一只则会算算术。）
教师：你们可以告诉我，这两只小鸟有什么不同？两只小狗有什么不同？
学生：（回答）
教师：对，这只小鸟会说话，那只小鸟不会说话。这只小狗会算算术，那只小狗不会算算术。那么，这只小鸟为什么会说话呢？
学生：（回答）
教师：这只小狗为什么会算算术？
学生：（回答）
教师：对，"会"的意思是学习以后有这个能力。那么，你们会什么呢？
学生：（回答）
教师：好，那么，我们再来看这只小鸟怎么了？（播放视频，引出"能"的用法）

4. 趣味性不等于娱乐性

课堂教学的"趣味性"并不等同于"课堂气氛活跃"或者"好玩儿"。"气氛活跃、好玩儿"只是带来愉悦性的手段之一，但并不等同于趣味性。如果教师只关注如何在课堂上让学生觉得好玩儿，却在笑声中忽视了教学内容等方面的针对性，那这种所谓的趣味性最多只能算是娱乐性，语法教学活动是失败的。

教师个人特质往往会对教学评估结果产生较大影响（Clayson，1999），幽默、活跃、快乐的课堂往往更受学生欢迎。不过，教师的个人特质是有差异的，个性平和文静的教师，大可不必花费心思在"搞笑"上，在一个娓娓道来的课堂上，教师给学习者创造的"鼓励性、有安全感的课堂气氛"，同样是有利于维持学习动机的良好学习环境。

（三）要能激励全班同学的广泛参与

这是在设计语法练习活动时常被忽略的一点。如果某个语法练习活动只限于某几个学生参与，而其他学生无事可干，那么其他学生可能就会开小差。比如：分组练习对话之后，教师让各小组分别表演，此时其他小组的人可能会埋头继续准备自己的对话，或者心有旁骛、心思完全离开了课堂。如果教师在A组学生表演时，要求B组学生根据A组的对话内容进行提问，并由B组学生来选择其他同学进行回答，那么，这种随时可能被同学点名回答问题的"小压力"就会促使全班同学都集中注意力听A组的对话，全面参与到课堂活动中来。

看下面这个语法活动，你觉得教师在调动全班同学参与方面做得如何？

> 教师请全班同学两人一组，交流上一次课布置的作业"我的宿舍"。然后，教师在巡行答疑过程中，挑选出学生马丁的作业，该作业里"某人/物+在+处所、处所+是+人/物、处所+有+人/物"三个存在句式运用得较多，而且错误较少。
>
> 教师：好，我这里有一个宿舍，我读，你们听，一边听，一边画。哪两位同学愿意到黑板上来画？（两名学生A、B上前）好，谢谢A、B，你们如果不明白，可以问马丁。马丁，如果他们画得不对，你要告诉他们应该在哪里画，好吗？
>
> 教师开始读马丁的作文，全班同学开始画马丁的宿舍。在此过程中，A、B、马丁以及其他同学进行互动，教师适时对错误的句式进行提醒或重铸。

在该教学活动中，教师尽可能地让全班同学都"有事可做"，且该活动中存在的"信息差"也让学习者对探索马丁的宿舍状况充满了好奇，而作为知情者的马丁，则负责提供更精准的信息，以帮助A、B和其他同学了解自己的宿舍布置。总体来说，这个活动在语法目标针对性、趣味性、挑战性和全员参与性方面都还不错。不过，仍然可能有部分学生会游离在活动之外。

三、分组活动的类型

要让全体学习者都参与到活动中,教师常常采取的教学技巧是分组活动。在互动假说[①](interaction hypothesis,Long,1983)影响下所开展的"课堂互动与第二语言习得"的一系列研究发现,分组活动如果设计合理,实施得当,小组中的互动可以为学习者提供不同类型的交流机会[②]。靳洪刚(2006)根据第二语言习得研究的成果,对分组活动的形式进行了一个总结性介绍,将分组活动分为四大类:角色扮演类、信息交换类、问题讨论类及其他类。各大类分组活动的具体实施形式还可以再细分如下:

(一)角色扮演类

表3.9 角色扮演类分组活动的实施形式

实施形式	说明	示例或注意事项
角色扮演(role play)	任务尽量为解决问题型	在饭店吃饭时发现上菜错误,找服务员解决
真实模拟(simulation)	根据学生的文化背景和兴趣确定任务	在商店里购物
采访(interview)	提醒学生考虑采访问题,注意采访双方的说话机会是否平均	记者采访某位名人
演剧(drama)	学生创作剧本,教师对初稿、修改稿及定稿进行修改,之后进行团体排练表演。要鼓励学生尽量用语言进行表达	

(二)信息交换类

表3.10 信息交换类分组活动的实施形式

实施形式	说明	示例或注意事项
头脑风暴(brainstorming)	让学生针对某一主题,进行快速讨论与自由联想	

---

① 互动假说认为,二语习得是学习者与其他人(特别是语言水平比自己高的人)互动的结果。这种互动中最重要的是"意义协商",通过意义协商,输入中所含的新词或新的语法结构会变得易于理解;而且互动还可以诱导重铸(recast)等形式的纠错反馈,这种反馈可以帮助学习者意识到自己的偏误,从而注意引发问题的语言形式,促进习得。

② 据研究,分组活动的主要作用有:增加练习语言的机会;提升学生交流的质量;进行个人化教学;调节课堂气氛;鼓励学生自觉学习,培养学习的责任心及独立性;语言使用多样化;引起讨论及意义协商;澄清疑惑;插入交流;争取说话机会;学会用语言开玩笑等。当然,也有研究者指出,分组活动存在一些问题,如:教师不能管控课堂;学生用母语而不是目的语进行交流;学生的错误会以讹传讹;教师不能同时照顾几个小组;有的学生并不愿意参与分组活动。(Brown,2001)

（续表）

实施形式	说明	示例或注意事项
信息差（information gap）	旨在传达或获取信息；语言形式及信息交流都不可忽视	通过问题，了解小组成员彼此的个人信息，并在图表中填上这些信息
信息拼图（jigsaw）	小组成员所接受的信息不同，通过问答方式交换信息，最后将所有信息组合为一个新的、完整的信息	将一个故事或短文拆成几个句子或段落，打乱顺序，以纸条的形式发给不同的学生。让学生通过各自手中的纸条，读出不同的段落或句子并决定故事的顺序及内容安排

（三）问题讨论类

表3.11 问题讨论类分组活动的实施形式

实施形式	说明	示例或注意事项
解决问题与决策（problem solving and decision making）	让小组集思广益，分析辩论，最后共同解决一个问题或难题	安排旅行线路、侦探破案
讨论/交换意见（opinion exchange）	从学习者的角度出发设计议题；要围绕当天学习的教学内容进行设计；教师适度参与，不可喧宾夺主	堕胎、选择伴侣、同居、女权、战争等
看图讨论（picture discussion）	教师向小组成员提供一幅图片、照片或三四幅有联系的连环画，然后请学生来诠释图意，编故事	
分组辩论（group debate）	最理想的辩论题目是很容易将学生分为对立两派的社会议题。先让小组成员进行一定时间的头脑风暴，然后再引导他们进入辩论	死刑、妓女合法化、好莱坞的演员当州长等

（四）其他类

表3.12 其他类分组活动的实施形式

实施形式	说明	示例或注意事项
语言游戏（language games）	具有比赛性质但又能促进学生之间合作，教师要事先做好周密计划	文字接龙、组词造句、填词编歌、看动作猜字、文字描述等
课题（projects）	要求学生围绕一个主题进行文献探讨、实地采访、问卷调查、结果分析等活动，最后写出课题总结，并口头报告给全班	教师在活动开始之前将课题要求、时间限制、完成方法、阶段性总结、书面限制等事项以书面形式写出发给全班

（续表）

实施形式	说明	示例或注意事项
探宝 （scavenger hunt）	把学生分组送到课外，按照所给的语言暗示寻找实物、信息、地点、建筑或人物	用文字、地图、表格或口头描述的方法给小组成员一个粗略的方向或暗示，然后让学生发挥自己的语言及分析能力，找到目标物
当地探索 （local exploration）	最理想的当地探索活动当然是在目的语国家。学生需要与当地母语者互动	

要保证小组活动能真正对语言学习起到促进作用，教师在设计分组活动时，应该牢记一点：在小组互动中，越能引起互动调整（modified interaction），越有利于语言习得。具体来说，已有研究指出如下一些事项值得教师注意：

A. 双向任务较单向任务更易促进互动调整。所谓双向任务，就是学习者在任务中不但接收信息，而且也提供信息。如在信息差活动"看地图找医院"中，如果两位学习者手中地图上的信息不一致，两人合作找医院时，就需要双方都提供信息。（Pica and Doughty, 1985）

B. 如果任务中的信息交换必不可少，就可以引出更多的互动调整。（Long, 1985）

C. 结论是单一集中型的任务，比多元开放型的更能促进交流。（Long, 1989）

D. 分组活动的任务如果能给学生准备时间，即有计划地实施，比无计划地实施更有效。（Long, 1989）

第九节　语法教学与其他教学内容之间的关系

除了独立的集中式语法教学，在其他课型上，语法教学应在教学的哪个环节进行？与其他教学内容（如词汇教学、课文教学）之间是什么关系？这些问题也是设计教案时必须考虑的。

如果某一课的教学环节安排大致为"词汇教学→课文教学→复习巩固"，那么，语法教学就有两个选择：一是在词汇教学中穿插进语法项目；二是在课文教学阶段讲授语法项目，即在课文理解之后，集中进行语法项目的讲解。究竟该如何做决定？哪种教学安排更好？这取决于所要讲授的语法项目自身的特点。

随着语料库语言学的发展，人们发现，语言系统中词汇与语法之间并不存在截然分界，不能简单地认为词汇就是用来填充语法结构空位的。比如："嫌"作为一个动词，按道理说，应该可以填充到"S+V+O"这个结构中，如"我嫌他"，可是这个句子不合语法，必须说"我嫌他+[怎么样]"才行（比如"我嫌他做事磨蹭、我嫌他话多"）。所以，不是语法结构选择词，而是"嫌"这个词在对结构做出选择。因此，"嫌"的教学必须结合兼语句的句法教学进行。另外，某些词在使用中常常共现，如"为……搭建平台、对……感兴趣、对……进行/加以VP"等。因此，在坚持连接主义（connectionism）语言习得观的学者看来，大量语言是作为一个组块（chunk）存在于人们头脑中的，即语言在大脑中的呈现是大量的共现频率不一的语言单位，或者是二字组合，或者是三字、四字等多词单位（multi-word units），或者是结构型的预制板块（如"不管+疑问表达式+都……""VP也好，不VP也好，都……"等）。特别是对于结构型的预制板块，我们只能将其作为一个整体帮助学习者了解，对其进行句法分析毫无意义。虚词大多数并没有实在的意义，只具有语法功能，如结构助词"的、地、得"、副词"才、就、再"、连词"因为……所以……"等，将其看作语法项目来处理，要好于将它们看作词汇项目。

所以，二语教学其实不必过分强调词汇与语法的分界。讲授某个词语的意义和用法时，教师可以同时将常与该词语共现的词或者结构一起教授给学生。比如，讲授下面三类词语时，最好将它们与介词的组配同时进行教授。

A. 观念/情感类二价抽象名词[①]（袁毓林，1992），如"态度、印象、意见"等。

B. 常与"进行、加以、给予、予以、作"等虚化动词共现的双音节动词，如"编辑、讨论、调查、奖励"等。

C. 某些离合词（组），如"感兴趣、发脾气、敬礼"等。

这三类词语常常要与介词搭配使用，如"对……的态度/印象/意见、对……产生/有疑心、给……留下印象""对……进行编辑/讨论/调查/奖励""对……感兴趣、向……发脾气"等。教师将介词与词语进行组配教学，不但可以帮助学习者学习这些词语的用法，也可以帮助他们掌握相关介词的用法，防止介词遗漏或误用等问题。[②]

"给、替、为、朝、向、往、从"等介词的教学，最好都采取这种办法"顺便"进行学习。因为介词的用法理据复杂而微妙，教师如果试图帮助学习者通过理解它们的用法理

[①] 这些二价名词主要包括"意见、见解、高见、偏见、成见、意思、想法、看法、幻想、答案、答复、结论、定论、感情、真情、情义、热情、恩情、恩德、戒心、爱心、偏心、疑心、顾虑、感觉、直觉、感受、感想、体会、印象、反应、信心、信念、信仰、敌意、敬意、好意、好感、立场、态度、责任、兴趣"等。

[②] 还要注意的一点是，有些动词在汉语里是及物动词，可以直接带宾语，而在学习者的母语里却是不及物动词，如"同意你的看法"和"agree with you"，教师需要提醒学习者不要误加介词，以防出现类似"*我对你不同意"的偏误。

据来推断出其实际用法，简直是不可能的。如"给、替、为"三个介词虽然都可以引出受益者，但有时候可以互换，有时候不可以；"朝、向、往"都可以引出动作的方向，也并非总能互换。因此，倒不如把它们与实词教学结合起来，帮助学习者逐步掌握每个介词常与哪些词语共现，这样日积月累，慢慢学会。我们学习英语时，call on，call at，call by，call for，call forth，call in，call out，call up，call down，call after等的意义，也多是通过"死记硬背"来学习的。因为根据call与for的词汇意义，很难推断出call for的五个意思[①]。另一方面，即便理解了in与out的区别，也很难推断出bring in与bring out的意义，因为这两个短语动词完全不是一对反义词。

表 3.13 **bring in** 与 **bring out** 的义项对比

义项	bring in	bring out
1	收（庄稼）	显示出来、衬托出
2	挣（工资）/获得（利润）	暴露、查出
3	请来、吸收参加（某团体）/采用（某种新式样）	使女儿初次现身社交界
4	抓进（警察局）	出版（书籍）/上演（剧本）
5	（议会中）提出（议案等）	生产出、把……在市场上出售
6	（陪审团）裁决	说出
7	（棒球击球员）使跑垒员得分	引起罢工
8		使（花朵）开放

Lewis（1993）提出了一种教学法，叫作词汇法（lexical approach）。他认为教师不应在课堂上一味单纯地分析语法现象，而要将学习者的注意力集中于词汇的组合，通过观察、感知、体验和重复等手段，提高学生成功"组装"语言的意识和能力。也就是说，该方法将词汇和语法融合起来，词汇学习不再是单纯的词语学习，而是有着某种特定模式、兼有一定语法规则、适用于不同环境而又有特定意义的语言板块的学习。如关于二价名词的教学，教师在教授"对……的NP"以及"对……V+NP"两个结构的同时，也可以将常与二价名词搭配共现的动词（组）一起进行教授。这些动词（组）主要包括如下几类，笼统地说都具有[+有]的语义特征：

A. 有、持（～否定态度）、持有、怀有、怀着、存有、留下（～印象）、留有、

[①] 需要/要求，提倡/号召；去/来取（某物），去/来接（某人同赴某处）；吩咐取来；要求演员出场（接受喝彩）；规定要。

抱（～不信任态度）、抱有、抱着、负（～责任）、负有、感（～兴趣）、带（不～成见）、带着、带有

B. 发生（～兴趣）、产生（～感情）、倾注（～感情）、采取（～不合作态度）、表示（～反对意见）、提出（～看法）、作出（～反应）

C. 没有（～意见）

D. 失去（～兴趣）、丧失（～信心）

这一教学思想周祖谟（1953）也曾指出过，他认为词汇教学要结合着语法和阅读来进行。吴勇毅（2004）也曾倡导语法教学应走"语法词汇化"的路子。李晓琪（2004）主张建立以虚词为核心的词汇–语法教学模式，强化词语搭配和语块的教学模式等。

以上所述都是主张将语法教学与词汇教学进行结合的。某些语法项目，如"连……都""只有……才""只要……就"等结构，"了、着、过"等助词，比较抽象，理解起来比较难，而且与实词之间也不存在明显的倾向性关联，教师也不妨将它们与课文教学结合起来，在确保学习者对课文内容已然理解的前提下，引导他们注意结构的形式与使用条件。

思考题

1. 如果教学语法点是帮助学习者理解"S+在+[place]+V"和"S+（把O）+V在+[place]"两种语序的意义区别以及使用条件，请你分别利用3P、PACE、输入加工教学法设计教学活动。

2. 如果要教结果补语"V完"，请设计一些活动吸引学习者注意并理解其意义，注意用图片、肢体语言等不同呈现方式。

3. 请看下面这些语法教学的具体操作方法，仔细思考它们的教学侧重点，并从显性教学、隐性教学的角度谈谈你对这些教学法的看法。

（1）语法翻译	★教师讲解语法规则，学生运用这些规则进行翻译，或者是翻译成母语或其他媒介语，或者是把母语或其他媒介语翻译成目的语。 ★让学生把某个篇章翻译成目的语或者把目的语的篇章翻译成母语或其他媒介语。在这个过程中，纠错、讨论语法规则并与母语或其他媒介语进行比较。 ★学生用母语表达，教师将其翻译成目的语；然后让学生重复，进行录音，并写下来，再加上对应的母语句。让学生对写下来的句子进行观察，提出问题。

（续表）

（2）从学生的语言输出入手	★教师记录学生在书面作业或口头表达中的错误，然后给学生一系列包含这些错误的句子，让他们纠错，或者是作为作业，或者是课堂上小组一起做。在检查纠错的过程中，可能让学生就某结构进行快速练习。 ★教师将学生用目的语表达的内容写下来，对其进行修改，由学生比较二者的异同。
（3）语法工作室	让学生列出自己关于语法的问题，尽量具体，课前交给教师，教师汇总后课上进行讲解。
（4）个体辅导	教师诊断出个体学生的语法问题，提醒他关注，如标记出其书面作业中屡次出现的错误。给学生单独的语法参考书或练习题。
（5）开处方	让学生做练习，关注某个或某些特定的结构。在检查练习的过程中，教师诊断学生理解该结构的程度，并针对他们存在的问题做进一步的讲解。然后，让学生做一些交际活动，让他们在活动中生成目标结构。在反馈活动中，教师再次诊断学生的掌握情况，再次补充讲解，并给学生一些重复练习的机会。

4. 下面这些语法教学方法是如何在语法形式与意义之间进行平衡的？

（1）引导发现式学习	给学生一些语言数据（有语境的或者脱离语境的），要求他们找出形式或/和意义规则，通常教师会给一些提示或问题，或者让学生填表。接着做不同形式的练习，让学生注意，提高语法意识。
（2）在篇章中学习	★让学生阅读书面篇章，或者听口语语篇，教师将语篇中的某个结构进行凸显，或者让学生把它们找出来并做出标记。接着做练习。比较开放式的练习方法是让学生找出新的结构或他们想问的结构。 ★让学生读或听一个篇章，给他们一些问题让他们回答，这些问题都要求学生注意目标结构的语法意义，如：小王写了一部喜剧/小李写过喜剧。问：他们现在还写吗？ ★教师朗读篇章，学生通过记忆重构篇章，如重复、填空、通过提示复述等。可以独立完成，也可以是小组合作。最后全班一起做。 ★给学生一些词汇提示，让学生合作构建一个篇章，然后给教师看，教师对它进行语法重构。 ★给学生一个语境，让全班学生一起构建一个对话。教师进行语法重构并写在黑板上。
（3）基于任务的教学	学生排练、表演、分析和重复一个任务。教师针对他们的输出给以反馈。可能让学生听或读一个母语者所做的相同任务的版本，让他们注意语言运用中的差异。
（4）功能教学	在功能—意念的标题下引进语法，如讨论计划、假设、义务等。可能同时引进或修改、比较很多结构。学生可能学习一些固定表达式，但不明确地进行分析。通过交际活动进行练习。

5. 设计一个教学活动,引导学习者注意并自己发现"V+形容词+了"表变化这一语法规律。

6. 利用语料库驱动的教学方法教授"有点儿"一词。注意：将在语料库中查找到的"有点儿"的用法进行分类,并在词汇、句式难度上进行适当调整,以减小学习者的归纳难度。

7. 一般认为"连……也"句式中,"连"是一个焦点标记。请根据如下例句归纳一下,有哪些句子成分可以成为焦点信息,并思考教学中如何对此句式进行有条理的教学展示,并吸引学习者的注意,引导学习者自己发现规律。

（1）如果连老人和少女也参与了阴谋,那么这个世界就真的格外荒诞、不可救药了。

（2）当时,有几句民谣一度广为流传,连孩子们都会唱。

（3）在中国共产党领导下的敌后抗日根据地,就连孩子都动员起来了。儿童团站岗放哨,冒着生命危险送"鸡毛信"。

（4）她不仅关心老太太的衣食住行,连老人家要读的书,她都尽力搜罗。

（5）为此,陈涌庆把整个身心都扑在了工程上,就连星期天也可以看到他在工地上忙碌。

（6）为完成该剧,他花了数月时间,连春节都没有休息。

（7）对他们几个进来的人,也不让座,也不递茶递烟,几乎连看也不看,没有任何客套。

（8）何波一关上办公室的门,就急急忙忙地走到电话机旁,连想也没想就拨了一个电话号码。

8. 找一本汉语二语教材,看一看教材对哪些语法教学点是用格式化方式进行呈现的。你觉得还有哪些语法点也可以用格式进行呈现? 如何呈现?

9. 下面是中级阶段学习者常常出现的顽固性语法偏误,请分析一下这些顽固性偏误,从中可以总结出哪些规律或教学注意事项?

规则	例子	学习者的顽固性偏误
S+变+adj	天气变暖和了。	*天气变成暖和了。
NP_1+变成+NP_2	这几天连续下雨,北京的6月也变成了"黄梅天"。	
S+改变+NP	我们改变了旅行计划。	*我们变成了旅行计划。
S+把sth.+V在（了）+place	他把垃圾扔在了垃圾桶里。	*他在垃圾桶里把垃圾扔了。 *他把垃圾扔了在垃圾桶里。

（续表）

规则	例子	学习者的顽固性偏误
S+把sth.+V下	他把衣服脱下，扔在床上。	*他把衣服脱下在床上。
S+把sth.+V掉	他把垃圾扔掉了，扔在垃圾桶里。	*他把垃圾扔掉在垃圾桶里。

10. 找一本教材，分析一下教材里的语法练习，看看教材编写者是如何设计机械性练习与交际性练习的。

11. 设计一个针对小句定语的教学游戏。

12. 选取一个教学语法点，根据本章所讲的原则与方法，设计一个完整的教学方案。

（1）存现句"处所+V+着+NP"（如：墙上挂着一幅画）

（2）反问句"难道……吗？"

（3）又……又……

（4）"就是"表示转折

（5）比较句的否定表达：A没有B+X，A不比B+X

 扩展阅读

1. 罗勃特·W.布莱尔（1987）《外语教学新方法》（许毅译），北京语言学院出版社，北京。

2. Larsen-Freeman, D.（2007）《语言教学：从语法到语法技能》（北京师范大学"认知神经科学与学习"国家重点实验室脑与第二语言学习研究中心译），北京师范大学出版社，北京。

3. 周健主编（2009）《汉语课堂教学技巧325例》，商务印书馆，北京。

4. 杨玉玲（2011）《国际汉语教师语法教学手册》，高等教育出版社，北京。

第四章

做一名有效教师

第一节　语法教学的总要求

无论基于什么样的语法教学理念，采取什么样的语法教学方法，判断一个教师是否成功地完成了语法教学任务，都可以根据一个根本原则来加以考量，那就是教师要做一个有效（effective）教师，语法教学活动应该是有效教学。

有效教学的实现既有赖于教师的教学方法以及对学习者的了解，也有赖于教师对教学内容的准确把握。根据加里·D.鲍里奇（2002），最关键的有效教学行为有如下五种：

表 4.1　有效教学行为及其表现

有效教学行为	具体表现
清晰授课	要点易于理解；口齿清楚；概念解释清楚；有逻辑顺序。
多样化教学	使用吸引注意的技巧；通过变化目光接触、语音和手势来展示热情和活力；变化呈现方式；混合使用奖励和强化物；把学生的想法和参与纳入教学；变化提问的类型。
任务导向	课堂教学与课程目标、课程要求匹配；为教学目标选择最合适的教学模式；用明确限定的事件逐步准备单元成果（如每周或每月一次总结、反馈和考试等）。
引导学生投入学习过程	在教学刺激后立即诱发理想行为；在非评价性气氛中提供反馈；必要时使用个人活动和小组活动；使用有意义的口头表扬；监督课堂作业。
确保学生成功率	单元和课时内容反映先前学习内容；立即予以纠正；把教学刺激分成小块；以容易掌握的步骤安排新材料的引入；变换教学刺激的呈现节奏。

就语法教学来说，教师在讲解并回答学生的问题时，除了要注意耐心、热情以外（这是通常所谓的"好教师"的标准），也不妨时常从以下几个方面来检查、反思自己的教学行为，看看自己的教学是否有利于实现有效教学的目标（徐晶凝，2013）：

① 教学进度是否符合学生的接受能力。
② 是否定期进行阶段性学习成果考查，随时了解学生的学习进度，调整课程安排。
③ 教学内容与教学行为是否与学习者的自我意象（self-image）相容①，让学习者感觉

---
① 这是二语教师需要特别注意的一点。如果教学活动挑战到学习者的自我意象，学习者可能对学习产生抵触情绪。比如说，如果教师让学习者直呼教师的名字，而在学习者的文化传统里，这是绝对不允许的，那么，教师就不要为了显示自己与学习者之间的平等关系而建议学习者这样做。

舒服愉悦。

④ 是否利用各种方法吸引学生的注意（如声调、停顿、手势、板书、目光等）。

⑤ 是否能采取各种办法表扬或激励学生积极参与课内外的学习活动。

⑥ 讲授是否有条理、逻辑清晰。

⑦ 是否以多种不同的方式反复呈现所讲授的内容。

⑧ 是否鼓励合作学习，采用分组任务活动。

⑨ 分组任务是否有利于学习者关注语言形式、意义及功能。

⑩ 是否大量举例，使用已知词语来解释说明新的语言现象。

⑪ 在讲授新的语言现象时，是否能将以前所学语言现象联系起来。

⑫ 是否注重词汇搭配以及交际时常用的预制板块。

⑬ 是否利用各种提问技巧，所问问题是否有利于扩展学生的语言表达。

⑭ 是否及时纠错，并通过有效的纠错方式提醒学生注意语言形式。

以上所提出的这些判断标准，不仅适用于语法教学，也适用于整个二语教学行为，但对于语法教师来说，这些判断标准尤其重要。

第二节　了解学习者的语法信念

课堂教学受到多方面因素的影响，比较直接的一个因素是教师信念（Borg，2003）。每位教师都是带着信念进入课堂的。教师在教学实践中对语法教学目标、教学内容、教学方法、教学测量（assessment）等相关方面所持有的观点、态度和心理倾向等，构成教师的语法教学信念。

学习者进入课堂之前也持有一些固定的、不会轻易发生改变的内在信念（Kern，1995）。这些信念可能是学习者基于自身的语言学习实践而形成的，也可能是受到他所尊敬的人物的影响（Wenden，1987，转引自Polat，2009）。具体到语法学习上，学习者对语法学习的意义、语法学习的方法、教师的教学法等都会有自己的一些固有观念。

教师和学习者所抱有的信念之间往往存在差距。比如，Schulz（1996）对美国一所大学里92位EFL老师和他们的824名学生所做的调查发现，94%的学生不赞同"老师不应该在课堂上纠错"这一论述，而只有48%的老师持此观点。80%的学生相信"语法形式的学习对于掌握一门语言是必需的"，但只有64%的老师认同此观点。Schulz（2001）对哥伦比亚的122名教师和607名学生进行了同样的调查，结果与他1996年的研究发现高度一致，而且教师与学生信念的差别更大，比如76%的学生说他们喜欢语法，但只有30%的教师感觉学生喜欢语法。这个现实对于教师来说是颇具挑战性的，教学中应当如何处理师生信念的差异？

教师与学习者之间存在信念差异，有可能降低学习者对语法教学效果的感知，甚至降低学习者的学习动机。Polat（2009）研究发现，师生关于语言教学与学习的信念一致时，学习者的语法成绩更好。因此，教师进入一个语法课堂时，如果能采取积极的行动，主动发现学习者关于语法、语法教学法与语法学习等方面的信念，并尽量缩小自己与学习者信念间的差异，对语法教学活动的顺利进行无疑会有助益。不过，学习者对教师语法教学的方法以及适合自己的语法学习方法的认知，有可能并不清晰。我们在教学实践中对学习者进行过一个调查，发现有不少学习者并不清楚究竟哪一种语法教学方法对自己更为有效。因此，在这个问题上，教师也不必完全迁就学习者，可以引导学习者拓展学习路径。

另外，教师还要具有反思自己的信念与教学实践的习惯。因为研究发现，教师在实际课堂教学活动中的做法与其所持有的信念之间并不总是一致的（安然，2015），不少教师的课堂教学实践比他们的信念传统（Borg，2003；高强，2007）。比如，教师可能在信念上认为应该引导学习者发现语法规律，而在教学中却常常自己先讲明语法点，然后举例或请学生举例。另一方面，即便教师持有同样的语法教学信念，他们的实际教学效果也可能存在较大差异（Tsui，2003）。所以，教师最好能够经常反思自己的语法教学行为与自己的信念是否一致，及时调整教学决策或者修正信念，不断提高自己的语法教学效果。

第三节　加强语法研究素养

Shulman（1987）认为教师应具备七个方面的素养，其中之一就是了解学科内容知识。对于汉语二语教师来说，掌握必要的学科内容知识，自然也是很有必要的。因为对于学生的问题，我们不能总是简单地回答"汉语就是这样"。虽然语言从本质上说是约定俗成的，但绝大部分的语言现象，都是有规律可循、有道理可讲的，尤其是语法。教师如果在教学中能将语法的理据性讲清楚，无疑会提高语法教学的效果（李宝贵，2004）。但遗憾的是，李泉（2003）曾经指出，汉语二语教学界存在一种现象，即很多教师缺乏汉语知识，甚至乱讲汉语。目前这种现象已有很大改观，但从业者将加强自己对汉语自身规律的理解与探索作为重要的职业发展诉求，还是怎么强调都不会过分的。

本书下编将基于已有语法研究成果，对汉语二语教学中常用的教学语法知识进行梳理总结。不过，教师在教学中还时常会遇到学生提出的一些问题，是本书未涉及的，或者是已有研究成果不足以提供解答的，甚至尚未被研究过的。这时候，教师就需要自己进行一些阅读或研究。

一、跟踪了解语法研究的相关成果

日语母语学习者学习汉语被动句，常常会出现以下错误：

（1）*小王被铃木老师教了错误的东西。

（2）*小张被父亲死得上不了大学了。

（3）*小张被一个女孩把花瓶碰倒了。

（4）*小王用尼龙绳被勒死了。

同时，他们也常常很难理解如下被动句：

（5）下第二场大雨的时候，大杂院的下水道让一只死猫堵住了。

（6）李编辑走了，他那杯没有喝过的茶，后来让我给喝了。

（7）觉民正要向她扑过去，他的膀子被觉慧抓住了。

（8）她看到旁边空出一个座位，刚要去抢，ø就被一个肥胖的中年妇女捷足先登了。

这是为什么呢？日语母语者学习汉语被动句时，难点在哪里？杉村博文（2003）对此进行过分析。他指出，日语被动句的语义动因主要来源于"说话人的主观感受"，而汉语被动句的语义动因则来自"客观世界中的施受关系"。如例（1）—（3）中，小王和小张都不是客观世界中的受事者，而只是遭受到事件影响的人，可以看作是"间接受事者（indirect patient）"。汉语中，间接受事者不能进入被动句的话题位置；但日语中，间接受事者可以进入话题位置。因此，日本学习者在理解例（8）时，会将空位ø理解为"她"，而不是"座位"。

从句法特征上来看，日语被动句要求施事者具有施动性（agency），"尼龙绳、死猫"等缺乏明显施动性的事物很难进入被动句。所以，例（4）学习者选用了工具格标记"用"；日语母语学习者也很难理解例（5），因为在日语中，"死猫"后会用一个表达原因的格助词，即"下水道因为一只死猫堵住了"。

因为日语被动句主要用于表达说话人的主观感受，第一人称代词多用于话题位置，而不能充当施事者，所以，例（6）这样的被动句，日语母语学习者在初次接触时也很难理解。

最后，汉语既可以有例（7）这样的表达，也可以有如下的表达：

（9）他好像被人窥探了心里的秘密似的，脸上热辣辣的。

（10）当他听到余虎的名字，就像被绳子捆住了双脚，一步也离不开了。

这三个被动句都包含着一个整体（他）和部分（膀子、秘密、双脚），日语只能采用例（9）、例（10）这样的句式，因为在日语母语者看来，只有"他"才具有主观感受能力，作为部分的"膀子、秘密、双脚"只能位于语句的后面。

在主动句中，汉语既可以有例（11）的说法，也可以有例（12）的说法；而日语只能用例（12）表达。

（11）猫在我的手上抓了一下。

（12）猫抓了一下我的手。

了解了杉村博文（2003）的研究，我们就会知道汉语与日语被动表达的差异，就能够理解学习者偏误产生的原因并预测他们的学习难点以及可能出现的偏误。

在有关汉语被动句的用法上，教师常常被问到的一个问题是，什么时候"被"可以略而不说？如：

（13）窗户打破了。

（14）信寄走了。

关于这个问题，一般教材给出的回答是：不引起误解时，"被"可以不用。如"窗户"不可能发出"打"这个动作，"信"不可能做出"寄"这个行为，它们的生命度都很低，所以以上两例"被"可以不用。陆丙甫（2001）指出，越是语义上不容易混淆的施受关系，越不需要形式标记，越是语义上容易引起角色混淆的，越需要强制性的显性语法形式去明确语法角色，这种情况在人类语言中是普遍存在的。

不过，还有一些无生命的被动句中，"被"不可以省略，如：

（15）这家工厂厕所就设在车间里，窗户被焊死，玻璃上涂了漆，工作时间车间的大铁门锁着，下班才开。

（16）征文说全国选20名登在杂志上，而且请明星亲笔回信，后来我的信被选中了，可是我估计他们压根就没转给他。

（17）那送信的兵士被重打十军棍，信被没收了，才放他回到杜松军里去。

那么，受事主语句①与"被"字句之间究竟有何区别呢？董秀芳（2006）认为，受事主语句表达的是受事主语（或者说前置的宾语）所处的状态，而"被"字句重在表示事件。所以，受事主语句不能处于叙述主线上，主要用于交代背景性信息。例（15）—（17）三句都表达一个动态的事件，而不是状态，所以要用"被"。也就是说，生命度这

---

① 本节出现了三个概念：被动句、受事主语句、"被"字句。受事主语句指不带被动标记"被"的被动句（如"信寄走了"），"被"字句指带被动标记"被"的被动句（如"信被寄走了"）。

一控制因素只是表面的，真正决定受事主语句合法与否的因素是：动词性短语能不能解释为描述提前作话题的NP所处的状态。如果动词短语可以看作是对NP话题的状态描写，句子就可以成立，即使NP受事主语是高生命度的。如：

（18）张三大家都喜欢。

反之，即使NP受事主语是低生命度的，也要用"被"。如：

（19）*我们家的那只鸡，邻居家的狗咬了。

受事主语句与"被"字句的这种区别，似乎与英语中的be被动句和get被动句的区别有些共通之处。如：

（20）John was hurt in the accident.

（21）John got hurt in the accident.

get被动句强调的是过程，而be被动句则报道一个状态。get被动句只能同表示动作、过程的动词连用，不能同表示状态的动词连用。如：

（22）*The answer got known to all of us.

汉语被动意义还可以通过"遭、受到"等词来表达，它们在表义、语体等方面，与"被"字句也有很多不同（刁晏斌，2012、2018等）。"遭"只能用于不幸、不如意事件，而当代汉语中高于30%的"被"字句用例是表顺意或中性事件，[意外]特征已消失。

以上这些内容已有教材大都尚未纳入。因此，二语教师最好能追踪学界的研究进展，及时了解最新研究成果，它们都是宝贵的教学资源。日积月累，才能加深对汉语自身语法规律的理解，提高自己的专业素养。

二、培养利用语料库进行研究的能力

虽然理论语法的研究成果可以为语法教学提供诸多支持和指导，但理论语法研究的诉求不同于教学语法，二语教师在教学中所遇到的问题，有时候在已有研究中找不到现成答案。比如趋向补语与无定受事NP宾语共现时，有两种表达方式："他拿来（了）一本书"（A式）和"他拿（了）一本书来"（B式）。它们的区别是什么？为什么"拿来（了）一本书""拿（了）一本书来"都可以说，而"飘来（了）一股香味儿"却没有对应的B式"*飘（了）一股香味儿来"，相反，"炒（了）个木须肉来"却只有B式，而没有A式"*炒来（了）个木须肉"。陆俭明（1990）提出了这个问题，但尚无答案。

进入语篇之后，趋向补语中的"来/去"有时候必须出现，有时候一定不能出现，有时候可隐可现，决定这种语法现象的因素是什么？

同样都是用疑问句形式表达请求，"能不能……""可以不可以……"和"能……吗""可以……吗"有没有区别？

同样用于引出说话人的看法，"我觉得、我想、我看、我认为"等有什么区别？

……

语法教学所面临的问题大都是诸如此类的"一词一语、一个格式、一个句式"的具体用法。在已有研究尚不能提供答案的情况下，教师就有必要自行进行一些研究。为满足教学需要而进行的语法研究，应当是基于语料库的。因为面向二语学习者的教学语法，在一定程度上必须是描写语法，教师只有通过观察大量的语言使用实例，才能将用法或使用条件描写清楚。

比如多项定语的语序安排以及定语标记"的"在语篇中的使用规律，是学习者的难点，他们会产生如下各种偏误：

（1）*日日鼓励<u>幼小的我们三姐妹</u>。

（2）*综合"代沟"<u>主要产生的</u>原因，不离文化、年龄、教育、生活环境、沟通几个因素。

（3）*一天他走去工作，遇到了<u>不舒服的一位</u>女人。

（4）*她是<u>我的最好的</u>姐姐。

（5）*我见到了一名<u>退休了法律学生</u>，就跟他说这个<u>公开秘密</u>。

例（1）—（3）是语序错误；例（4）"我"后多用了一个"的"；例（5）中，"退休了"和"公开"后少用了"的"。

多项定语语序的安排原则，下编第五章将会涉及，这里只谈"的"的隐现问题。汉语语法学界对此问题的基本认识是：A. 单项定语中，"的"的使用规律基本上是由定语项的语法类别来决定的（刘月华等，2001）；B. 多项定语中，"的"的使用规律会依据语篇表达的需要出现变异，受到韵律、称谓性、凸显修饰语、句法位置、结构的平行性等各种因素的影响（陈琼瓒，1955；陆丙甫，2003；张敏，1998；徐阳春，2003；王光全、柳英绿，2006；刘丹青，2008）。这些研究多是从事语言学本体研究的学者所进行的，虽然有理论解释力，却很难应用于汉语二语语法教学。徐晶凝等（2015）从教学需要出发，对大规模语料库中的多项定语及"的"的使用情况进行了描写，结果发现：

A. 多项定语的不同序列在使用频率上存在差异。如："数量+单音节形容词"序列（如：一个小狗）要远远高于"名词+名词"序列（如：中国诗歌朗诵）。使用频率最高的前十个序列是：

表 4.2　不同序列的多项定语的使用频率

排序	多项定语序列描述	语料数量	例子
1	数量+单音节形容词	216	一个小教室
2	数量+双音节形容词+的	180	一个有趣的故事
3	数量+名词	88	一个作家朋友
4	数量+动词带体宾+的	80	一个有经验的律师
5	指量+单音节形容词	55	那个老东西
6	名词+的+名词	54	人的精神病态
7	小句+的+指量	49	我借给你的那些书
8	数量+程度副词+双音节形容词+的	48	一个十分可爱的世界
9	数量+名词+的	48	一件蓝色的衬衫
10	人称代词+的+名词	45	他们的历史背景

B. 至少在双项定语的优势序列中，"的"的使用规律基本上还是由定语项的语法类别来决定的，出现变异的情况比较少见。变异主要见于如下几种情况：

a. 人称代词定语。人称代词充当领属定语时，一般要带"的"，但在"人称代词+介宾结构+的"（如：我对这个问题的看法）、"人称代词+指量"（如：我那辆自行车）以及"人称代词+指示代词"（如：我这妹妹）三个多项定语优势序列中，人称代词往往不带"的"。

b. 双音节形容词定语。一般来说，双音节形容词单独做定语时，倾向于带"的"；但在多项定语中，充当第二个定语项的双音节形容词带"的"与不带"的"的分布比例是完全一致的，不带"的"的优势序列主要有三种："定（名）+的+双音节形容词"（如：日常生活的琐碎问题）、"名词+的+双音节形容词"（如：主人公的悲惨命运）、"数量+双音节形容词"（如：一点糊涂事）。前两种优势序列中，第一个定语项都是表示领属关系的组合式定语。

另外，还有一类指示代词定语，在多项定语中的使用也与单项定语有所不同。在单项定语中，指示代词一般需要后加量词才可充当定语（如：这个消息），但在"指示代词+双音节形容词+的"（如：那美丽的脸庞）、"指示代词+单音节形容词"（如：这小狗）、"人称代词+指示代词"（如：我这妹妹）三种多项定语优势序列中，量词却是常常省略的。

因此，徐晶凝等（2015）指出，有必要在初级和中级阶段有计划地将使用频率高的多项定语优势序列呈现在教材中，并且将学习者容易出错的，尤其是涉及"的"的使用规律发生变异的那些序列作为语法点，进行专门操练。

回头看一下学习者的偏误用例。现代汉语中，包含数量类的多项定语，均以数量词语居首位为常态，优势序列中有多达13种序列，因此属于无标记形式；而"X+（的）+数量词"的序列仅3种。而例（3）的学习者恰恰使用了"形容词+的+数量"这种非常见语序。当然，这一序列并非完全不可以，只是要有特殊的语篇上下文的限制条件。例（4）中，学习者多使用了一个"的"。单独来看，"我的姐姐""最好的姐姐"都是合乎语法的，但将两者合并时，"人称代词+双音节形容词+的+中心语"的序列却是高频出现的。

因此，汉语二语教师如果能从教学需要出发进行一些研究，所得结论往往会更适用于教学实践，也可以补充完善二语教学语法体系。胡明扬（2005）指出，"只有对外汉语教学第一线的教师最了解外国学生学习汉语的困难在哪些地方，并且他们都是中国人，即使不是语言专业毕业的，也完全有条件进行这类用法研究，反正并不是要求他们大谈什么理论问题"。

另外，如果具备了利用语料库进行研究的能力，教师还可以利用语料库进行教学设计，确定语法教学的重点、每一个具体语法项目的教学内容等。如关于"把"字句的教学，在诸多的"把"字句句型中，究竟哪一种"把"字句的使用频率高，意义易于理解？张旺熹（2001）基于大规模语料库的调查，发现明确表示物体发生位移的VP结构在"把"字句中占到一半，而且又基本上以方位介词短语和趋向动词作为补语标记，如果把其他意义小类中以介词短语和趋向动词作补语的"把"字句也包括进来的话，这个比例还要更高。因此，他建议将"位移"作为"把"字句的典型形式。算上结果补语、状态补语类"把"字句的用法，就不妨将"把"字句的意义概括为"宾语NP经过某个动作后发生了状态改变"，学习者理解起来，就比"（主观）处置"等概括容易多了。陈珺、周小兵（2005）也参照汉语母语者语料和留学生作文中的比较句使用频率和偏误，测量了语法项目的常用度和难易度，对"比"字句的教学安排进行了讨论，详见第二章，不再赘引。

从更高的追求来说，从事汉语二语教学工作的一线教师所做的研究，虽然是为了满足课堂教学和教材编写的需要，但也可为揭示汉语的语法特点提供新的研究视角。作为母语说话人，我们往往对自己的母语"知其然而不知其所以然"，或者对某些现象司空见惯。而学习者所提出的问题或者所产出的我们一时回答不出原因的偏误现象，可以为我们关注并理解那些司空见惯、想当然的语法现象提供更多的可能。比如，关于"了"的研究，理论语法研究界的学者关注的问题是：有一个"了"还是两个"了"、它们是时（tense）

标记还是体（aspect）标记、它们的语法意义是什么、"了"的隐现规律、"了"在语篇中的作用等。在这些研究中，只有后两项研究与汉语二语语法教学具有密切关联。因为教师要解决的问题就是：何时用"了"？何时用"了$_1$"何时用"了$_2$"？研究清楚这两个问题，不但可以满足教学的需要，也可以进一步揭示汉语中时体表达形式在语篇中的分布规律，并从语言类型学的角度观察汉语与英语等其他语言在这一个问题上是否具有不同的特点。所以，吕叔湘（1979）说过，"这种研究看上去好像琐碎，好像'无关宏旨'，实际上极其重要。首先，教学上需要。一个词语，一个格式，怎么用是合乎汉语的语法，怎么用是不合汉语的语法，要教给学生的不正是这些个吗？其次，这种个别词语、个别格式的研究和语法体系的研究是互相支持、互相促进的"。邵敬敏、罗晓英（2005）也进一步明确指出，汉语语法研究必须从对外汉语语法教学中发现问题并获得灵感。

语言总是处于发展演变之中，某些已有研究结论，特别是规定语法中的一些语法规律，可能会面临真实语言使用情况的挑战。如某些名词受程度副词"很"的修饰（如"很女人、很中国"），以及进入"被"字结构（如"被慈善、被弟子、被冠军"）等。学习者在课堂外的环境中接触到新的变异用法时，会发现与课堂上所讲的不同。这时，教师也最好能够利用真实语料进行必要的调研，选取合适的回答策略，帮助学习者理解语言规范与发展的关系。

总之，具备利用语料库进行研究的能力，是成长为一个有发展潜力的优秀语言教师的必备条件。在从事研究的过程中，教师不仅可以更清楚地认识某个具体的语法现象，还可以更有依据地进行教学的整体设计，甚至可以为理论语言学提供来自二语语法研究的视角。

三、具备必要的语言类型学知识

二语教师所面临的教学对象，具有不同的母语背景。学习者关于母语语法的知识会对其二语语法规则的建立产生迁移作用，教师如果能对其母语语法有一定的了解，便可以更好地理解学习者的偏误。而如果具备了一定的语言类型学知识，还可以让教师在处理相关语法教学点时，有一个更高的视野。

语言类型分类可以从不同的角度进行。最常见的分类是根据形态分为黏着语、孤立语、分析语、复综语等。了解了这些知识，教师就可以理解为什么西班牙语母语者在学习汉语时，句子中常常省略第一人称主语，因为西班牙语有丰富的动词屈折形式，可以表示主语的人称和数。

从语序的角度所进行的语言类型分类，对于二语教师来说也是很有价值的。汉语、英语属于SVO型语言，而日语、韩国语、波斯语属于SOV型语言。此外，还有VSO型语言，如马来-波利尼西亚语系的语言（他加禄语）、闪米特语族的语言（如希伯来语、阿拉伯语）以及凯尔特语族的威尔士语等。还有少数语言的语序似乎属于OSV型。教师有必要了解学习者的母语属于哪种类型，如果他们的母语和汉语存在着基本的语序差异，组词成句时他们就会遇到困难。

其他角度的语言类型分类，诸如话题凸显型语言与主语凸显型语言，对于我们了解学习者在语篇层面的偏误也是有助益的。比如，日语、韩国语是话题凸显型语言，来自这些语言背景的学习者，会在汉语语篇中过多省略句子主语。

语言在类型上的差异还体现在一些具体语法结构上。比如被动句。大多数语言具有被动句，但有的语言被动句的使用受限较多，比如汉语，被动句通常带有消极语义，也常常直接通过词序（即受事主语句）表达被动意义。而英语被动句的使用却相对广泛得多，尤其是在科技语体的篇章中大量使用。有的语言被动表达比英语还要广泛，甚至可以用方位词组作为被动句的主语（Celce-Murcia and Larsen-Freeman，2002）。因此，教师如果能对不同语言的被动表达有所了解的话，教学中就可以更好地理解学习者的偏误，设计有效的教学方案。

当然，语言之间除了有差异点，也存在着相似点。了解学习者母语和汉语在某些语法现象上的相似点，对于教学来说，无疑也是有益的。比如汉语中存在一类名词谓语句，如例（1）—（6），也存在一些无主句，如例（7）—（8）：

（1）今年2020年。　　　　　（5）今天晴天。
（2）今天星期三。　　　　　（6）今天30度。
（3）今天6月16日。　　　　（7）下雨了。
（4）现在九点半。　　　　　（8）刮风了。

这些句子与典型的"NP+谓词"类主谓句存在着明显差异。从语义上来说，这些句子主要用于表达日期、时间、天气、温度等。这种所谓特殊的句子，在英语中也是特殊的，通常用形式主语it引出，如"It is sunny"，这里的it是句法上必需的，但并无词汇意义，要依据上下文才能知道所指究竟是什么。当然，英语中的这种句型所涵盖的意义，与汉语并不完全一样，比如英语还常常用来指距离"It is 200 miles to Paris"，或者其他一些依据交际环境可以推知it所指的情况，如"It's never crowded at the hotel"。而汉语的名词谓语句，还可以用来表达籍贯，如"老王山东人"；说明活动安排，如"今天下午全校大会"等。但是，总体而言，依赖世界知识以及上下文便可推知所谈论的对象是汉语和英语的这种特殊句式共同具备的特点。

构建汉语教学语法体系时，在对某些具体问题的处理上，了解语言类型方面的知识，也可以提供一些思考的维度。

比如"动词+时量词"，究竟是一种述补结构，还是述宾结构，理论语法学界有不同的意见。赵元任（1979）、朱德熙（1982）将其看作是述宾结构；而黄伯荣、廖序东（1997）、北大版《现代汉语》（2005）则认为是述补结构。从二语教学的角度来看，我们倾向于将其看作是述宾结构，将它与其他数量结构典型受事宾语趋同处理，即"看两本（书）"和"看两个小时（书）"都是从数量的角度对"看"加以说明。从语言类型学的角度来看，这样的处理也不无道理。因为在Haspelmath（1997）所调查的49种语言中，时量表达使用宾格标记的语言有11种，包括俄语、德语、阿拉伯语等。如果把受事的各种形式标记都考虑进来，包括作格结构中的"通格"[①]，那么，时量表达使用受事标记的语言则多达24种。因此，宾格是时量表达最主要的形式标记（转引自陆丙甫，2001）。

再如，"助动词+VP"究竟是述宾结构还是偏正结构，学界观点也是不同的。朱德熙（1982）将其看作是述宾结构，而黄伯荣、廖序东（1997）将其看作是状中式偏正结构。从语言类型学的角度来看，很多有形态变化的语言中，时和人称等语法标记都是发生在助动词上的，如：

（9）Mary can help you in the library.

（10）Mary could help you in the library.

而且，"助动词+VP"与"介+宾"的语序一致。因此，将"助动词+VP"看作是一种述宾结构可能更有利于学习者接受。

总之，汉语二语教师如果了解语言类型学的相关知识，在处理某些语法问题时就可能具有更开阔的视野，就可能更好地从有利于学习者理解接受的角度思考汉语的语法现象。

四、适当了解二语习得研究的成果

教师要设计出好的语法教学方案，除了要对所要教授的语法项目自身的使用规律具有准确、透彻的把握，还要了解学习者的习得规律，这样，才能更好地预估学习者的学习难点。因此，适当了解有关语法习得的研究成果，也是很有必要的。

比如，教师要能预判所教授的语法项目对于学习者来说难度如何。看一下下面这些语法项目，你觉得相比而言哪个难度更高？

[①] 在作格语言（ergative language）中，不及物动词的主语和及物动词的宾语在语法或形态上相同，称为通格（absolutive），而及物动词的主语的格则叫作作格。

第一组	所有人他都联系好了。 他所有人都联系好了。 他把所有人都联系好了。	他联系好了所有人。
第二组	是他联系好了所有人。（是+主+VP+宾） 他是上周买的那辆车。（主+是+时间+VP） 再这样作下去，你就等着被炒鱿鱼吧。	他联系好了所有人。 他上周买了那辆车，可是，这周他就不喜欢了。 我不管，就是火坑我也要跳下去。
第三组	要早点来。 这个比那个要大一些。	不要哭。 我要回家。
第四组	关上/打开 穿上/脱下 喜欢上/? 联系上/? 吃上好饭/?	跑上/跑下 飞上/飞下
第五组	都十二点了。 你才笨呢!	我们都是学生。 我才十二岁。

邓守信（2003）综合二语习得研究的一些成果，提出了判断语法项目难度的四条原则：

1. 结构越复杂，难度越高

第一组左列中的句子，相比于右列，结构上要复杂一些。语义上的受事宾语都位于动词前，这与汉语SVO语序相悖。同时，这三个句式在难度上又是依次递增的。第一个属于话题句，很多语言也存在着话题句，而且据研究，二语者的中介语系统中话题句似乎是一个普遍现象，因此，这个句式的难度实际上稍微低一点。而第三个句子中，不仅受事宾语提前了，而且要用介词"把"加以凸显。

2. 语义越复杂，难度越高

第二组左列中的句子，前两个句子不仅表达了事件已然发生，而且增加了对比焦点，用"是……（的）"凸显强调了某些信息，在语义上比右列中的"SV了O"句更为复杂；左列的第三句中"作下去"表达的是趋向补语的引申意义，与时间表达有关；而右列对应的"跳下去"虽然用于一个比喻的表达，但仍表达了趋向意义。两相比较，左列的难度要大得多。

3. 跨语言差距越大，难度越高

目的语中的语法项目是否可以在母语中找到对应的表达式，如果不能的话，习得难度就会大一些。第三组左列中，状语"早点、比那个"皆位于中心语之前，而在英语中的语序却恰恰相反；右列中的句子语序与英语完全一样。因此，左列难度高。

4. 越不易类化，难度越高

例外现象越多，或者不规则现象越多，则习得越难。第四组左列"上、下"作为趋向补语，是一对反义词，可是，在其引申用法中，它们却不总是构成反义关系。而右列中的趋向用法，则总是构成反义关系。左列中的用法不易类化，基本上需要逐一理解学习，难度更高。

5. 语用功能越强，难度越高

第五组左列中的句式都带有某种态度语气，对语境有特别的要求；而右列中的没有。所以，左列比右列难。

教师如果了解了这些习得研究的结论，教学中就可以更好地确定教学难点和重点。要注意的是，习得研究的结论大都具有跨语言的共性，教师要在整个二语语法研究的大背景下了解习得研究的成果，而不要仅仅局限于汉语。比如，英语二语习得研究界关于语法结构的难度（linguistic difficulty）判定进行了诸多研究（Hulstijn and De Graaff，1994；Goldschneider and DeKeyser，2001；Ellis，2006；等等）。其中，DeKeyser（2005）基于二语实证研究中所涉及的因素，将影响语法结构习得难度的因素归纳为如下几个：形式的复杂度（complexity of form）、意义的复杂度（complexity of meaning）、形式—意义关系的复杂度（complexity of meaning-form relationships）、输入频率（frequency of input）以及感知凸显度（salience）。Spada and Tomita（2010）对以往研究中所涉及的判断语法结构难易度的指标进行了总结分析。这些研究成果都值得汉语二语教师借鉴。

总之，要成长为一个优秀的有效教师，我们不但要掌握一定的教学理论和教学方法，而且必须对所教语言的语法系统与规则有深刻的理解。朱德熙（1989）在《纪念〈语言教学与研究〉创刊10周年座谈会发言（摘登）》中说道："根本问题是汉语研究问题。上课许多问题说不清，是因为基础研究不够。……离开汉语研究，对外汉语教学就没法前进。"

纵观二语教学的历史我们也可以发现两个现象，可以充分表明语法教师加强自身研究素养的重要性。（1）许多著名的语言学家同时也是著名的语言教学专家，如：帕默（Harold Palmer），在日本从事英语教学达十四年之久；弗斯（John Rupert Firth）1920年到1928年在印度旁遮普大学教授英语，二战期间回到伦敦大学从事日语教学，培养了不少英国所急需的日语人才；韩礼德（M. H. K. Halliday）1963年任伦敦大学语言学教授，主持该校的英语教学和研究工作。（2）最成功的语言教材的编写者大都是从事语言研究的语言学家。如：布隆菲尔德（Leonard Bloomfield）曾经编写过三种外语教材，其中两种荷兰语教材，一种俄语教材；梅耶（A. Antoine Meillet）编写过斯拉夫语教材和亚美尼亚语教材；施莱歇尔（A. August Schleicher）曾经编写过《立陶宛语手册》，成为立陶宛语教材编写的重要参考文献;耶斯帕森(Otto Jespersen)1895年编写的英语教材,前后连续出版了19版,丹麦英语教学史上无出其右者。(金立鑫,2009)

思考题

1. 仔细分析下面这些整理好的语料,总结"V到+程度/结果"与"V得+程度/结果"的用法区别,并设计教学方案以帮助学习者理解两个句式的意义区别以及它们的语篇分布特点。

V到+程度/结果

(1) 从清晨吵到傍黑。

(2) 大家就这么叫着、嚷着,一直吵到深夜才散。

(3) 那一年,张朴正临近毕业,父母因为家庭琐事经常争吵,吵到后来甚至要打离婚。

(4) 我们大吵特吵,吵到最后,合唱团就宣布解散了。

(5) 十之八九,吵到下不来台的时候,就归罪于我的大姐,一致进行讨伐。

(6) 我们见面就吵,电话里也吵,一直吵到他的手机没有电了。

(7) 晚上,当当睡了之后,夫妻俩开始吵,吵到不想吵了,林小枫拿出车钥匙掀开门帘向外走,宋建平追出去拦她。

(8) 通常马利华是不撕稿子的,平常也就是吵到摔砸锅碗瓢盆的程度。

(9) 他们极力表示:他们的吵架,不管吵到什么地步,也不会影响到我,这种吵架和我一点关系也没有。

V得+程度/结果

(1) 男方家长指责女方家长没教育好自己的孩子,一时间两家人吵得不可开交。

(2) 我们闹得最凶吵得最激烈的那几次,起因都是猜疑吃醋。

(3) 贝尔和她朋友的争吵声音,顺着风雪传到他的耳中,而且两个人似乎吵得越来越厉害。

(4) 梅桃说,你该吵,你吵得对,你还该吵得狠一些。

(5) 其实,这架应该吵,且吵得越热闹越好。

(6) 甚至有一次,坐在意大利里窝那的船上,两人吵得几乎翻船掉到水中,因为雪莱就在风暴中溺死在这里。

（7）他们两人有矛盾是事实，也经常吵得几天不说话，不过，他们两人有些事还是一致的。

（8）如果让她看见自己外出偷鸡，一定会吵得全世界都知道。

（9）他们一直吵架，吵得我整夜睡不着觉。

（10）不料对面长椅上的一对男女突然爆发了内战，你来我往，直吵得脸红脖子粗，几乎每句话里都带脏字。

（11）双方家人闻讯出门，各自助阵，直吵得天昏地暗。

（12）我还知道，我不会长时间忍受这种状态，所以就会跟你吵，直到吵得你发烦。

2. 仔细分析下面的语言事实，总结"A比B更X"句式中数量短语的特征。

可以说	不可以说
长江比黄河更长一些。 她必须在对手采取行动之前，比他更快一步。 一个暑假过完，她的腰更粗了一些。 他的思想比我的更深一层。	*长江比黄河更长八百多千米。 *她的速度比对手更快两秒。 *一个暑假过完，她的腰更粗了一寸。 *这座楼比那座楼更高一层。

3. 在语料库中检索"一向"与"一直"的用法，总结出它们的区别。

4. 如果有学生问你"我有去过""我有听过"对不对，你怎么回答？

5. 英语中存在大量的无施事者被动句，可以用来描述所做过的事情，如：

How ice cream was made

This is how ice cream was made. First two eggs were broken into the bowl. Then one cup of sugar and two teaspoons of vanilla were added and everything was blended together. After this, three cups of light cream were added and the mixture was stirred well.

如果有英语母语者用汉语介绍一个菜是如何做好的，也使用了大量被动句，你会如何跟他解释？

扩展阅读

1. Croft, W. (1990) *Typology and Universals.* Cambridge: Cambridge University Press. 国内原文引进版，沈家煊导读，中文名《语言类型学与普遍语法特征》，外语教学与研究出版社，2000，北京。

2. Whaley, L. (1997) *Introduction to Typology: The Unity and Diversity of Language*. Thousand Oaks, California, USA: Sage Publications. 国内原文引进版，刘丹青导读，中文名《类型学导论——语言的共性和差异》，世界图书出版公司，2009，北京。

3. 刘丹青（2008）《语法调查研究手册》，上海教育出版社，上海。

4. Gass, S. and Selinker, L.（2011）《第二语言习得》（第3版）（赵杨译），北京大学出版社，北京。

5. 马真（2016）《现代汉语虚词研究方法论》（修订本），商务印书馆，北京。

6. 陆俭明（2019）《现代汉语语法研究教程》（第五版），北京大学出版社，北京。

下编　教学语法知识

第一章

理论语法与教学语法的接口

Shulman（1986）指出，教师教育的课程设置，应该改变以往将学科知识与教育学知识分立的思路，而探索学科教学法（subject-specific pedagogy）。教师应该具备"学科教学知识（pedagogical content knowledge）"，而非单纯的学科理论知识。从语法教学的角度来说，汉语二语教师不仅要掌握中文专业《现代汉语》教材以及研究论著中所谈到的汉语语法的"学科内容知识（subject matter knowledge）"，还要掌握"可用于教"的语法知识，要知道如何根据学习者的学习目的、汉语水平、母语背景和习得规律等因素，将学科内容知识"教学化"。

本编主要介绍教师在教学中需要了解的"教学语法知识"。这些知识可以帮助教师更好地解答教学中所遇到的问题，也可以帮助学习者更好地监控自己的语言产出。具体来说，本章主要围绕名词、动词、代词、形容词、副词、连词以及句子几个方面展开。关于词类和句子，《现代汉语》教材都有详细描述，其中大部分知识本书都不再赘述，而主要介绍与学习者习得汉语密切相关的一些知识，这些知识大都散见在各种学术论著之中，我们将其汇总整理出来，并结合学习者的学习难点和偏误加以系统化呈现，作为汉语二语教学语法知识的一个框架模式。精力学力有限，难免挂一漏万，权作抛砖引玉，期待学界同仁不断补充完善。

讨论二语语法教学，有个问题是不可回避的，那就是教学语法和理论语法如何实现接口。根据许国璋（1988），理论语法是"供语言学研究的语法"，教学语法是"供教学用的语法"，二者存在如下区别：

表1.1 理论语法与教学语法的区别

区别项	理论语法	教学语法
目标	明语法的理	致语法的用
分类	分类要求有概括性和排他性	分类不要求严格，以说明用途为主
举例	以最少而又足够的例子说明类别	力求翔实；例子本身就是学习材料
对象	语言的研究者，他们具有比较一致的学术兴趣	语言的学习者，他们的学习条件不尽相同

理论语法与教学语法的接口，主要体现在两个方面：一是教师在日常教学中如何将理论语法的最新研究成果应用于教学；二是在教学语法体系的构建中如何发挥理论语法的作用。对外汉语教学界曾对此问题进行过广泛讨论（刘月华，1987；赵金铭，1996；陆俭

明，1997；崔希亮，2002、2003）。崔希亮（2003）指出，各种理论语法，包括格语法、配价语法、认知语法、功能语法、范畴语法、词汇语法等，都可以为教学语法提供为我所用的知识。如：

（1）门口站着两个孩子。

（2）门上贴着一副对联。

（3）他（鼻子上）架着一副白框眼镜。

（4）南边来了一个喇嘛。

（5）厨房里飘出来（了）一股香味儿。

从传统的理论语法的角度来看，这5个句子都属于"主+谓+宾"结构的存现句，例（1）（2）（3）表达静态存在，例（4）（5）表达动态的存现。"两个孩子""一个喇嘛"和"一股香味儿"虽然是施事（动作的发出者），但与其他各例中的"一副对联""一副白框眼镜"的语法地位相同，都是宾语。

从20世纪80年代兴盛起来的构式语法（construction grammar）的角度来看，这组句子都属于一种构式，即"存在场所+存在方式+着/了+存在物"。如果将这种观点引进教学，那无疑更方便学生理解并掌握该句式的使用规则，苏丹洁（2010）对此进行了专文论述。

再比如学习者理解起来更加困难的另外两种句式：

（6）这顿饭吃了我一千多块！

（7）这顿饭吃了我三个钟头！

（8）论文写得我头昏脑涨。

（9）那顿酒喝得我三天没下床。

如果将它们也看作是构式，即"客体+动作+主体+损失/变化"，其意义是"主体因为某种行为遭受到了某种损失或变化，而且强调数多量大"，教师就不必纠结于究竟哪个是主语、哪个是宾语的问题，只要能让学习者充分理解句式的用法和意义便好。

因此，教材编写或课堂教学等实际操作中，教学语法与理论语法的接口体现在每一个具体的语言项目上。对于每一个语言项目，如何在注释与练习设计中将理论语法的研究成果转化为学习者易于接受的教学语法，是需要我们逐一进行思考的问题。教师在日常的语法教学中要知道如何依据教学的需要，对理论语法知识进行重构。再看几个例子：

（10）我骑自行车去。　　　（14）我坐出租车去。

（11）我坐公共汽车去。　　（15）我和朋友一起去。

（12）我走路去。　　　　　（16）我自己一个人去。

（13）我坐地铁去。　　　　（17）我笑着去。

如果严格按照理论语法，这8种结构是不同的：例（10）—（14）属于连谓结构，例（15）—（16）属于状中结构，例（17）在大多数的语法专著中也被看作是连谓结构。但从汉语二语教学的教学语法知识角度来看，我们不妨将它们都处理为状中结构，以方便学习者理解这些结构的语序规则。因为从语义上来说，前一成分均是说明主要谓语动词"去"的方式或状态的，都可以用来回答"怎么去"；从句法位置来说，前一成分都必须位于"去"之前——完全符合状语的规定。

再看汉语学习者的如下偏误：

（18）*这个问题我不会，你去老师问一下。

（19）*我们到船看看。

学习者出现这样的偏误，可能是因为母语的负迁移。因为英语可以说go to your teacher/come to the boat等，而汉语的"去/来/到"等动词后应是一个表达处所的词语。"老师""船"是事物名词，"老师"只能后加"那儿"才可用于"去"之后，"船"必须后加"上"才能表达处所。可见，"这儿、那儿"的用法其实与合成方位词非常接近：可以单用；可以做"在、到、往"的宾语；可以加在普通名词、人称代词之后表达处所，如"老师那儿、桌子那儿、我这儿"。那么，"这儿、那儿"究竟是什么词呢？

朱德熙（1982）涉及"这儿、那儿"的两处论述是这样的：

处所词是能做"在、到、往（wàng）"的宾语并且能用"哪儿"提问、用"这儿、那儿"指代的体词。包括三类：地名、可以看成是地方的机构（"学校、公园"等）、合成方位词（"上头、下边、里头"等）。（朱德熙，1982：42—43）

"这儿、那儿"是处所词，因为它们都有替代作用，所以又都是代词。（朱德熙，1982：86）。

可见，朱德熙（1982）是把"这儿、那儿"当作处所词和代词兼类处理的，并没有把它们处理为方位词，同时还把合成方位词看作是处所词的一个小类。这并非没有道理。不过，从汉语二语教学的实践来说，将"这儿、那儿"放在合成方位词之下进行教学，更有利于学习者掌握它们的用法。事实上，赵元任（1979）的词类体系中，"这儿、那儿"就是被当作方位词的。因此，语言教师有时候需要根据二语学习者的学习难点，对理论语法知识进行分析重构。

再如，如果涉及离合词这个语法项目，理论语法所关心的核心问题是：离合词是词还是词组，抑或是韵律词（王洪君，2000）；离合词直接带宾语的用法（如：出台政策、起草文件、列席会议）反映了什么样的句法机制；等等。而教学语法关心的核心问题则是：离合词"可合可离"的用法规则是什么。比如："见面、帮忙、考试"引进受事宾语时使用什么样的语法手段？什么情况下可以用领格宾语（即"V+X的O"）形式引进宾语，什么时候需要借助虚词"为、给、和"等？为什么可以说"见朋友的面、帮朋友的忙"，却不能说"考汉语的试""考学生的试"？① 什么情况下说"见朋友、帮朋友"，什么情况下必须说"见朋友的面""帮朋友的忙"？② 不同母语背景的留学生在使用离合词时常有哪些问题？等等。

总之，汉语二语教师所应掌握的语法知识，是与学习者的学习需求密切相关的，是能够有效帮助学习者掌握汉语使用规则并生成准确语句的语法知识。而且为满足教学需要，这些知识不必拘泥于理论语法研究的已有结论，可以依据教学的需要进行适当调整。具体来说，教师在教学中要思考如下问题：

① 最容易使学生理解的表征和阐述方法是什么？

② 哪些因素会导致学习变得容易或者困难？

③ 不同母语背景的学习者在学习这些知识时有哪些概念和前概念？

④ 如果这些前概念是错误的，教师需要哪些相关的策略知识来有效重组学生的理解？

思考题

1. 如果学习者问你，下面两组用法为什么不同，你该如何回答？

第一组	
a. 现在不去看电影情有可原。	他这样做合情合理。
b. *现在不去看电影是情有可原。	*他这样做是合情合理。
c. 现在不去看电影是情有可原的。	他这样做是合情合理的。
第二组	
a. ?财主抢阿凡提的粮食为富不仁。	?他这样做偏听偏信。
b. 财主抢阿凡提的粮食是为富不仁。	他这样做是偏听偏信。
c. *财主抢阿凡提的粮食是为富不仁的。	*他这样做是偏听偏信的。
d. 财主为富不仁。	他偏听偏信。

---

① 一般来说，如果离合词中的O是抽象名词，可以使用领格宾语形式，如：帮他的忙、生他的气、见他的面、告我的密、听老师的话。否则，就需要借助虚词引进，如：给他照相、为他理发、为他叹气、给他鼓掌、为友谊干杯。

② 用"V+X的O"形式引进宾语时，多用于负面语境，即上下文语境中多含有不如意的主观态度（完权，2017），如：姓梅的，你是什么意思？莫非认为我不配敬你的酒？

2. 汉语补语是一个很复杂的系统,特别是数量补语、介词短语补语,究竟怎么处理,学界观点是不一致的。请你考察一下经典论著以及教学语法大纲,谈谈你觉得教学语法中应该如何处理补语系统。

第二章

与体词有关的教学语法知识

第一节　与名词有关的教学语法知识

如果用英语说出两个句子：The student who holds three books is Alice. She is very smart，我们需要在大脑里进行一系列的判断：

① 能不能确切地知道student是哪个人？能，这是一个有定名词，要用定冠词the，而不是不定冠词a/an。

② student是几个人？一个人，不需要加复数标记s，用单数名词就可以。

③ book是几本？三本，多于一了，需要加复数标记s。

④ 不知道究竟是哪三本书，books前不需要用定冠词the。

⑤ 这个student叫Alice，是个女的，得用代词she，而不是he。

⑥ 在主语位置上，要说she，而不能说her。

……

这些判断实际上是针对有关名词的语法范畴进行选择：

a/an和the 的区别，与名词的有定（definite）和无定（indefinite）有关。

book和books的区别，属于"数（number）"范畴。在很多语言里，名词进入句子要有单数、双数、复数等区别。说英语时，只要可数名词所代表的事物多于一，不管有定还是无定，都需要用复数形式，如three books（无定），these books（有定）。

he和she的区别，属于"性（gender）"范畴。在德语、俄语等很多语言里，名词要区分阴性、阳性等，而英语的性范畴已经弱化，只保留在第三人称代词里。

另外，很多语言的名词进入句子后，还需要确定是主格、宾格、与格（dative）还是所有格（possessive）等。英语名词的格范畴也已经弱化，只保留在人称代词里。

汉语名词没有性、格的区别，不过，存在有定/无定和数的区分。

一、名词的有定/无定

看学习者的语句，错在何处？

（1）*有一个人看见一匹马，他给一匹马念南无阿弥陀佛，但是一匹马没听。

第一个小句用无定NP"一匹马"引入一个实体之后，其后两个小句应该使用有定NP"这匹马"或"它"来回指，否则，语篇就是不连贯的。而这位学习者没有正确区分名词的有定与无定。

在已有研究文献的术语使用上，有定和无定既可以指NP在语言形式上的特征，也可以指NP所指称的实体的特征，即是否可被听话人识别。陈平（1987a）是这样阐述的：如果说话人使用某个名词成分时预设听话人可以将该成分的指称对象确定为语境中某个特定的事物，则该成分为有定；反之，则为无定。如：

（2）"这个很容易，出去一天就可以弄个百八十块的……"一个28岁、叫刘金顺的农民说。

在这个语句中，NP"一个28岁、叫刘金顺的农民"，从语言形式上看，是一个无定NP；但从它所指称的实体而言，这个NP是有所指的（referential）。现在学界一般用有指和无指来加以区分。

NP在语言形式上的有定/无定与它有无具体所指之间的对应关系，并不是绝对的。范继淹（1985）通过举例说明这种对应关系存在着一种连续统现象，如：

"一位医生"和"一位女医生"大概是无定无指的；

"一位姓侯的女医生"和"首都医院一位女医生"也还可以算是无定无指的；

"首都医院血液组一位姓侯的女医生"恐怕就要算是有定有指的了，因为在那里只有一位女医生姓侯。

本书在语言形式特征的含义上使用"有定/无定"这一对概念，而用"有指/无指"来区分语言形式所指称的实体是否在客观世界中有具体的指称对象[①]，用"定指（identifiable）/不定指（unidentifiable）"涵盖这两方面的含义。

关于名词的有定/无定，陈平（1987a）是一项经典研究。他将汉语NP的有定/无定特征描述如下：

表2.1　汉语NP的有定/无定特征

NP	有定	无定	例示
人称代词	+	-	我/你/他
专有名词	+	-	太平洋/中国/北京/鲁迅

---

① 根据Lyons（1999）、陈平（2016）等，有指主要有四种辨识途径。（1）物理同现：这部手机。（说话人手举一部手机现场对听话人讲话）（2）语篇同现：我家后院有一条狗和一只猫，这条狗老是喜欢逗那只猫。（3）共有背景知识/认知框架下的关联共现：他昨天买了辆旧车，喇叭不响。（4）自含式有指：你认识昨晚同她一起吃晚饭的那个男人吗？

(续表)

NP	有定	无定	例示
这/那+（量词）+名词	+	-	这（位）老师
光杆普通名词	(+)	(+)	老师/熊猫/书
数词+（量词）+名词	(+)	(+)	两（位）老师
一+（量词）+名词	-	+	一（个）人
量词+名词	-	+	个人/棵树

位于两端的NP天然带有有定或无定特征，相应地也天然带有有指或无指的特征。值得一提的是量词"（一）个"。口语中，"（一）个"具有类似英语不定冠词的作用，除了用于可以计数的事物，也可用于不可计数的事物（吕叔湘，1984a），而且"一"常常省略，"个+NP"只能用于宾语位置。如：

（3）有空儿的时候给我来个电话。

（4）请你做个人情，帮个忙。

（5）我上这儿来搞个采访。

这种用法甚至已经扩展到用于动作与性状，可以用在动词、形容词性词语等之前，如：讨了个没趣、摔了个粉碎、杀他个片甲不留。

在现代北京口语中，"个"也可以省略，只用"一+NP"的形式。方梅（2002）认为，"一"也发展出不定冠词的用法。如：

（6）甲：这女的是你妹妹？

乙：不是。

甲：你姐姐？

乙：一亲戚。

位于上述连续统中间位置的NP[光杆普通名词、数词+（量词）+名词]，在语言形式上是无定的，但在实际语境中是不是有确定所指并不一定，主要受到它在句中所充当的句法成分的影响。汉语中，动词前的NP（一般就是指主语位置上的NP）倾向于是定指的，而动词后宾语位置上的NP倾向于是不定指的。这一点赵元任（1979）早已指出，他讨论过的经典例句是：

（7）客人来了。

（8）来客人了。

如果我们在家等一个约好的客人，这时门铃响了，我们会说："客人来了，快去开门。"因为我们知道是哪个客人，这个主语位置上的"客人"具有定指特征。如果我们在家里看电视，并没有事先约好要来拜访的客人，这时门铃响了，我们可能会说："（是不是）来客人了，快去开门。"这里的"客人"具有不定指的特征，处于宾语位置。① 也就是说，在英语等语言中，如果NP是定指的，在语言形式上一般就会有所标记，如使用定冠词the、指示代词this/these等；但在汉语中，名词的定指/不定指则与句法位置关联紧密。②

NP的定指/不定指特征与其在句子中的句法位置存在着密切联系，这是汉语名词的一个重要特点。了解了这一语法知识，就可以解释为什么无定NP在主语位置上出现时，其前常会加上"有"，使该无定NP变成"有"的宾语。如：

（9）有时我很累，写在脸上，但广告牌24小时都在笑。<u>有（一）个记者</u>问我，你的照片到处都是，你感觉如何。我说，现实中的我永远不会比照片里的姚明好看。

汉语的某些句式对NP的有定/无定具有倾向性规定。如：

表2.2 汉语句式对NP有定/无定的倾向性规定

句式	例子
处所+有+无定NP	（10）在台湾有<u>一个电视台</u>，叫作TVBS，他们做了一个栏目……
处所+V+着+无定NP	（11）我先进去的那间摆着<u>一张大床</u>，摆着几只樟木箱子，床头还有一幅梳着五十年代发式的年轻男女的合影，显然这是男女主人的卧室。
处所+V+趋向补语+无定NP	（12）奇怪，屋里走出<u>一个晾衣服的中年妇女</u>，……
处所+位移动词+无定NP	（13）午后家里来了<u>一个陌生人</u>。
S+V+趋向补语+无定NP	（14）医生叫护士端进来<u>一盆热水</u>。
S+V+有定NP+无定NP（双宾句）	（15）他递给我<u>一条刚刚洗干净的毛巾</u>，无言地望着我。 （16）他从床下费力地拖出一只木箱子，眼睛看着玉珍，踢了那只木箱<u>两脚</u>。 （17）<u>盛碗里两条鱼</u>。

---

① 周韧（2020）对"客人来了"进行过讨论，发现了如下用例：

镇山村有个民族歌舞演出队，客人来了，"寨老"就会组织大家唱山歌，跳布依族舞蹈，让客人玩个尽兴。

他认为这种用法里，"客人来了"中的"客人"是接近无指义的虚指成分，"客人来了"作为一个整体充当话题成分。

② 陈平（1987a）还发现，NP所带有的修饰性成分，也会影响到它的定指性/不定指性。如：

a.？小敏兴冲冲地奔到桌前，拉开抽屉，抽出那本《江苏画刊》，翻开，几页掉了下来。

b. 小敏兴冲冲地奔到桌前，拉开抽屉，抽出那本《江苏画刊》，翻开，印着彩色图画的几页掉了下来。

c. 小敏兴冲冲地奔到桌前，拉开抽屉，抽出那本《江苏画刊》，翻开，印着张顺义《太湖风情》组画的几页掉了下来。

a句中"几页"作为一个定指/不定指特征不明朗的NP出现在主语位置，读来不甚合格；但在b、c中，"几页"前增加了修饰性成分，其定指性增强，语句的合法性也增强了。

前四种句式都属于存现句，高频率地要求宾语为无定NP。英语等语言中，存现句也具有同样的语法限制。①如英语there存在句中的宾语位置也多为无定NP：

（18）There is a new development on the internet.

（19）There are a lot of editors available that help in putting the tags to create the page.

当然，"有定NP+V+无定NP"仅是一种倾向性，并非绝对的强制性要求。如：

（20）我没办法，只好随便扭几下，那个女孩笑嘻嘻地和我对扭。一个护士探头进来，我跳着跟她笑笑，她也笑笑走了。

（21）崇祯以为爱将已经殉国，于是在前门外的这座关帝庙里，给洪承畴建了座塑像，……只可惜，多情总被无情伤。一个太监把洪承畴降清的消息带回了京城。这回，崇祯可是伤透了心。一赌气，砸了塑像，大卸八块。

（22）文绣离婚以后回到了北京，找到了一所小学当老师。但总有人跟踪骚扰她。……在兵荒马乱的年月里，一个离了婚的单身女人想过安生日子并不容易。……各种各样的男人，不断地到刘海胡同来骚扰文绣。

例（20）—（22）皆为无定NP主语句。不过，"一个护士"和"一个太监"指称的是个体，而"一个离了婚的单身女人"则是类指，即指称某一类人或事物，其前可以添加"作为"。范继淹（1985），唐翠菊（2005），魏红、储泽祥（2007），方梅（2019）等都对无定NP主语句进行过细致观察。根据已有研究，在现实性（realis）②的语句中，无定NP主语句以[+有生]主语居多，而且有生无定NP主语句的谓语部分一定是肯定陈述，往往比较复杂，要对动作进行细化陈述。另外，从语篇宏观角度来看，无定NP主语句大多并非叙事的主线，而是提供背景信息，如原因、伴随状态、评价信息等，因此NP的话题性弱，往往不处于语篇的话题链上。

当然，有定NP也会出现在宾语位置。如：

（23）老张总是能给人惊喜，我就喜欢这样的人。

（24）我看到门卫穿着拖鞋从家门内出来，急忙叫住他。

张伯江、方梅（1996：10—11）指出，有定NP宾语句具有较强的承前性，如这两例中的有定NP宾语，分别与其前的名词"老张"和"门卫"存在共指关系（co-referential）。而无定NP宾语句则有很强的启后性，高度倾向于出现后续小句，如例（25）中"在台湾有一个电视台"将"电视台"引进语篇后，其后续语句对该电视台进行

---

① 不过并非所有语言皆如此。比如日语，可以说"会議室に（会议室里）林さんが（小林）います（有）"。

② 就无定NP主语句而言，以下三种情况都属于非现实性的："一锅饭吃十个人"（数量配比）、"一个人也不来"（周遍否定）、"一个男人应该想办法满足妻子的合理要求"（非动态、假设）。

了相关的介绍：

（25）究竟台湾这位首例超级细菌的带原者是怎么产生的？原来是有两位记者，<u>在台湾有一个电视台</u>，叫作TVBS，他们做了一个栏目，以美食为主，叫"食尚玩家"，谈美食跟谈风尚的，他们在2010年的9月19号，在早上11点的时候，也就是台北下午时间1点10分左右，在印度的新德里拍外景，……就在这个时候，刚好有两个骑摩托车的歹徒拿着冲锋枪随机枪击，两位记者分别中弹，其中有一位柯强先生他是摄影记者，他的腹部中弹，于是就紧急送到医院去。……治疗之后竟然发现他感染了另外一个超级细菌，也就是我们刚刚所谈的"末日细菌"。

有定NP做主语和无定NP做宾语的现象，究其实质是新旧信息在语篇中的分布规律的体现，详见下节。

二、有定/无定与已知信息/未知信息

看下面语句中画线部分的NP，哪些是听话人已经知道的信息？
（1）<u>这个本子</u>已经用完了，再买一个吧。
（2）<u>李老师</u>今天不来了吗？
（3）你知道吗？我今天买了<u>一个银镯子</u>，<u>我妈</u>生日的时候，我准备把<u>这个银镯子</u>送给她。

例（1）中的有定NP"这个本子"是在现实语境中以实物展现出来的，例（2）中的有定NP"李老师"和例（3）中的有定NP"我妈"都是听说双方心理语境中共知的，例（3）中的有定NP"这个银镯子"是在上文中已经提及的。这四个有定NP都是已知信息，即说话人认为听话人已经知道的信息（Brown and Yule，1983）。表示已知信息的NP包含着"指别"和"激活"两个特征，在交际语境中听话人原本就知道其所指，或者可以根据语境激活其所指。而例（3）中的无定NP"一个银镯子"则是说话人告知听话人的一个新信息，也叫作未知信息。

已知信息和未知信息在语句中的安排就构成一个语句的信息结构。一般来说，每个语句都要包含已知信息和未知信息：语句中有听话人不知道的新内容，听话人才会觉得交流有价值；同时，也得有一些听话人早已知道的内容，否则交流也无法进行。汉语默认的信息结构是：已知信息在前，未知信息在后。有定NP通常与已知信息无标记关联，无定NP则与未知信息无标记关联。因此，汉语中"动词前的NP多为有定，动词后的NP多为无定"这一关联倾向性实际上是汉语语句信息结构的要求与反映。

不过，实际语句中NP代表的究竟是已知信息还是未知信息，还取决于说话人对听说

双方共有背景知识的估量或判断。比如：

（4）安心去吧，家里有我呢！

（5）一统六国的始皇帝身边有李斯、赵高等人，唐高祖身边也有裴寂。

（6）杨迅闷哼道："这是说如果只是由我们办理，就不明不白的了？"郭璞道："我并没有这样说。"杨迅道："只是心里有这个意思？"郭璞道："岂敢！"

（7）家里有这个很有用，以防火灾或盗贼。

在这些"处所+有+NP"的语句中，宾语位置的NP皆为有定，说话人之所以将其置于宾语位置，就是要凸显它们对听话人来说的"未知性"。比如例（4），听话人担心家里，而说话人提醒他"你可能没想到的、可以信赖托付的一个人"是"我"。例（5），说话人认为听话人可能并不清楚秦始皇和唐高祖之所以获得成功，是因为有李斯、赵高、裴寂等人的协助，他将这三个专有名词处理为新信息，置于宾语位置。因此，"处所+有+NP"存在句式中，虽然高达97.5%的实际用例中都为无定NP，但仍有2.5%的用例中出现了有定NP，这一现象李临定（2011：110）、刘月华等（2001：714）早已指出过。

而无定NP位于动词前主语/话题位置时，屈承熹（2006）指出，其信息价值往往是被说话人降级处理的。如：

（8）这完全是商业上的事，没必要针对个人。当一个记者问我对受到的攻击怎么看，我保持着积极的态度。

（9）在今天的表演中有两个摔跤项目，但一个是真摔，另一个是"假摔"。

（10）据了解，"天宫"号客轮始发时就已严重超员，当时船舱的巷道上、餐厅内都挤满了旅客。

例（8）中，无论是谁对说话人进行提问，实际上都不重要。因此，"一个记者"虽然是一个新信息，但信息价值并不高，将它置于动词前主语/话题位置时，其信息价值便被降级，说话人便可引导听话人关注后面的重要信息。例（9）中，"一个"和"另一个"都回指前句中的"摔跤节目"，其信息价值也不高，放在句首位置上，它们的信息价值也被降低了。从新旧信息的角度看，例（8）—（10）句首的无定NP虽然都是首次进入语篇，但却可以依据上下文语境推断出来，属于易激活信息（accessible information），例（10）中，"客轮"与"船舱、巷道、餐厅"之间具有整体—部分的关系，依据关于世界的百科知识便可推知，"客轮"有"船舱"，因此，无定NP"船舱的巷道上、餐厅内"可以从语境提供的信息通过联想而辨认出来，它们作为已知信息而被置于句首。

因此，上一部分所谈到的一些句式与宾语NP有定/无定特征之间的关联，只是一种倾向性，而非强制性，除了"处所+有+NP"不完全排斥有定NP宾语，其他一些句式也不绝对排斥有定NP的出现，但均与说话人对新旧信息的处理有关系。如：

处所+V着+NP

（11）我相信，身上穿着这件乡村少女织成的夏衫，就该是一个懂得廉耻的男人。

S+V+趋向补语+NP

（12）我大嫂这样好，你偏偏从外边领进来这样一个妖精，倒霉吧，大哥，迟早有你后悔的那一天。

处所+位移动词+NP

（13）老门房退休了，厂里就来了这个韦志远。韦志远跟他爸一点儿都不像，从不站在院子当中喊。

双宾句

（14）今天他开的仍是"红旗"，一汽以很低的价格卖给他这部车，上牌子时他选了一个吉利号码：97868。

三、汉语里为什么有那么多量词？

汉语拥有丰富的量词，常用量词达600多个，[①]是汉语二语学习者的学习难点之一。学习者的偏误主要表现在两个方面：一是名量搭配错误，尤其是意义近似的量词；二是量词缺省或冗余。如：

（1）*我的一双朋友来看我。（量词用错）

（2）*他的一对手套都破了。（量词用错）

（3）*我买了一双眼镜。（量词用错）

（4）*他穿了一副袜子。（量词用错）

（5）*为了两女儿光明的前程，不辞劳苦，日夜工作。（缺省量词"个"）

（6）*他有好妈妈。[缺省量词"（一）个"]

---

① 虽然现代汉语量词系统很发达，但汉语并非自古就有量词，上古汉语是以"数+名"为主的。公元前一世纪的文献里有了"数+量+名"的用法，经历了大概一千五百年的发展，量词才成为一个强制性出现的语法现象。李讷、石毓智（1998）对量词的历时发展情况进行过统计，如下：

文献	年代	数+名	数+量+名
世说新语	5世纪	88%	12%
敦煌变文	9世纪	75%	25%
朱子语类	12世纪	40%	60%
老乞大	14世纪	1%	99%

从这个统计数据可以看到，量词这个语法现象的发展历程还是相当漫长的。

(7)*我家门前有河。[缺省量词"（一）条"]

(8)*因此，希望有这个机会能加入贵公司，为其业务的扩充尽一份力。（"这个"冗余）

那么，理解学习者的这些偏误所需要的教学语法知识主要包括哪些内容呢？

（一）名量搭配规律复杂

产生第一种偏误例（1）—（4）的原因，主要与汉语量词众多、名量搭配规律复杂有关。

1. 名量搭配理据的复杂性与不透明性

大多数量词与名词的搭配是有理据性的。汉民族注重从事物外部形体的各个维度之间的比例来区别事物的外部特征（石毓智，2001），很多量词与名词所表事物的形状有关，如长而细的用"支"，长而扁的用"条"，长而宽的用"张"。还有一些量词是选取事物的一个局部特征，如"一头牛、一口井"。这种理据性使得量词往往具备某种形象色彩义，如"一轮明月、一叶扁舟、一方手帕、一条蛇；一头蒜、一瓣蒜、一峰骆驼、一面鼓"等，都可以让人联想到事物自身的形体特征。"双、对、副、套"等则可以明示事物的数量特征。

说话人还可以从不同的维度观察事物，所以，某些名词有可能与多个量词搭配，如"一朵花、一枝花、一束花、一盆花、一簇花、一丛花"等。利用比喻的办法进行计量时，也存在同样的现象，如"一轮明月、一弯明月、一钩月、一泓月"等。因此，在量词的实际运用中，还要注意依据语境中意义表达的需要选择合适的量词，如：

(9)风刮过草地，草儿便像一泓清水，泛起层层涟漪；若是它刮过<u>一片麦田</u>，麦田便像一片海洋，生出阵阵波浪。

(10)6月4日上午，这台新机器在东七乡谷多村<u>一块麦田</u>里试机，记者与几十位农民头顶烈日前去观看。

例（9）最好用"片"，要突出的是麦田的长与宽所构成的表层，例（10）最好用"块"，要突出麦田的深度，也就是说，量词"片"多用于厚度小的事物，而"块"用于厚度大的事物。

但名量搭配的理据性在很多情况下并不总是那么透明。比如，例（1）—（4）中，同是从数量角度来说明事物，"双、对、副"与名词的选择限制便很难说清楚，都可翻译为英语的a pair of。再如，为什么"桌子"要说"一张"，"镜子"要说"一面"？如果说"镜子"用"面"是因为镜子最凸显的特点就是镜面，那么，桌子也主要利用的是桌面，为什么不说"一面桌子"呢？而"一张弓"就更为费解了。另外，汉语说话人还喜欢利用联想的办法，将本不具有形体特征的抽象事物甚至某种性状具体化，使其具有一定的形态感，如"一股热情、一丝凉意、一缕辛酸、一线希望、一团乱、一团和气、一片苍凉"等，这些名量搭配理解起来就更不容易了。甚至还有一些修辞性的临时的名量搭配，如"雪地里立着一株少女，水仙花似的""从这扇半翕半开的木窗望去，天上还有一梳月牙"，学习者需要具备相当的文学理解力才能读懂，更不用说自己创造性地运用了。

总之，某些名量搭配的理据，语法研究者尚且需要依据文献和大规模语料才能概括清楚，如周芍、邵敬敏（2014）对"条、根、道"的专门研究，储泽祥、魏红（2005）对"片"的探讨等，学习者要进行类推使用几乎是不可能的。

2. 量词的感情色彩与语体色彩

有些量词还附带感情色彩、语体色彩上的限制，学习者如果不了解这些特点，也很容易用错。如：

常表示厌恶、轻视义的：一窝贼、一帮傻瓜、一撮野心家

常表示郑重、珍惜义的：一尊塑像、一幢高楼、一捧家乡土、一颗心

常用于书面语的：一幅古画、一弯新月、一丝希望、一株白杨、一首小诗

常用于口语的：一摞报纸、一嘟噜葡萄、一绺头发、一把香菜、一块草地

3. 量词的多义性

有些量词具有多个意义，如："把"做名量词时，可以用于能用手把握的东西，如"一把伞、一把椅子"以及"（拿了）一把花生、一把鼻涕一把泪、（瘦得只剩）一把骨头"等。同时，"把"还可以用作动量词，如"拉他一把、赌上一把、努一把力"等。

4. 其他

有些名词一般没有适用的专用个体量词与之搭配，包括表示自然现象、社会现象等的抽象名词（大自然、天空、海洋、金融、商业、政治、人类、外表、心灵、眼界）以及集合名词（书本、车辆、布匹）等。

某些情况下，NP可直接受数词修饰，如"十四亿中国人民、三兄弟、七大奇迹"等。其限制条件主要是大整数修饰名词（十四亿）、修饰集合名词（兄弟）、文言格式等。

临时量词（一桌子土、一院子花儿、一屋子人）、准量词/自足量词（两站、一天、一分钟、一秒）的用法，对于学习者来说也是一大难点，他们会出现如下偏误：

（11）*从那个天以来，我们常常见面。

（12）*一个院子的花儿开了，漂亮极了。

如果学习者是在北京之外的其他方言区学习汉语，他们还会因方言影响而用错。方言里很多名词和量词的选择关系与普通话是不同的。比如，西南官话说"一台车"，而不是"一辆车"；广东话对量词"对"的使用要多于普通话等。

总之，以上种种复杂的限制情况，加大了学习者量词学习的负担。

（二）量词的语法功用

例（5）缺省量词的偏误也是很常见的，因为英语等其他语言中数词可以直接用于名词前进行计量（如two daughters），所以，不少学习者即便到了中高级水平，仍然没有内化汉语的"数+量+名"这一语法规定。

而例（6）—（8）的偏误原因则更为复杂一些，解释这些偏误所需要的教学语法知识与名词的数和有定/无定特征有关。我们来看看下面一组语言实例：

表 2.3 名词的数与有定/无定特征

数	有定		无定	
单数	这/那+一+个体量词+名词	这/那一本书	一+个体量词+名词	一本书
	这/那+个体量词+名词	这/那本书		
	这/那+名词	这/那书		
复数	这/那+（一）些+名词	这/那（一）些书	一些+名词	一些书
	这/那+数词+集合量词+名词	这/那（一）堆书 这/那两堆书	数词+集合量词+名词	一堆书 两堆书
	这/那+数词+个体量词+名词	这/那六本书	数词+个体量词+名词	六本书

汉语可以用"数词（一）+个体量词"标明名词是单数，"数词+集合量词"标明名词是复数。同时，还可以用"这/那+（量词）+名词"来对有定名词加以标明，而无定名词不需要任何标记。也就是说，汉语名词有定/无定的特征表达要与数量特征结合在一起（石毓智，2002）。

因此，"数词+量词"虽然表面上看是从语义上对名词所指称的事物或人物进行计量，实际上还是汉语里一种重要的语法手段。某些句式中，"一+量词"只是起到句法上的足句作用，计数功能似乎是冗余的。如例（6）和例（7），在通常的情理下，"他"只有一个妈妈，"我"家门前只有一条河，即便不用"一+量词"，这个意义也是可以推理出来的。所以，这里的"一+量词"的计数功能其实是很微弱的，主要起到足句的作用。如果不出现的话，句子不自足，必须有后续语句。如：

（13）他有好妈妈，我有好爸爸，我们都很幸运。

（14）我家门前有河，房后有山，风景秀丽。

而在同样拥有丰富的量词系统的泰语中，这两个句子中的"一+量词"通常是不必出现的，所以，泰语母语学习者在这样的句式中通常会出现数量词缺失的偏误。

某些句式对数量词有选择限制，陆俭明（1988）、古川裕（2001）、石毓智（2002）等对此进行过细致的观察。如：

表 2.4　汉语句式对数量词的选择限制

句式	例子	错例
动词重叠不可带数量宾语	星期天在家里洗洗衣服	*星期天在家里洗洗一件衣服
持续体标记"着"排斥数量宾语	他正吃着饭	*他正吃着三碗饭
状态形容词可以修饰数量词中心语	干干净净一双鞋 孤零零一个人	*干干净净鞋 *孤零零人
结果宾语倾向于是数量词	酽酽地沏了一壶茶 大衣被火星烧了几个窟窿	*酽酽地沏了茶 *大衣被火星烧了窟窿
带虚指宾语"他"的双宾句，倾向于带数量词	吃他一天大米饭 搞他一个底朝天	*吃他大米饭 *搞他底朝天

某些副词在使用时，也必须与数量词搭配。如范围副词中"一共、就、才"等，聚焦的就是数量；副词"一连"也必须后接数量词。如：

（15）他所列的令人印象深刻的词条中，一共有56条用例，出现在不同的句法层级上。

（16）俄罗斯人说英语，常常把r一连打几个滚儿，这是用颤音代替了闪音。

"一连"必须后接数量词，而与之近义的"连连"没有这种语法上的限制，可以说"连连点头、连连称赞、连连失利、连连道歉、连连发生"等。这些就是教学中教师需要明确为学习者指出来的用法上的限制。

因此，量词教学中教师除了要告诉学习者常用的名量搭配外，还要强调某些与"数词+量词"相关的句法现象，必要时提醒学习者注意。

（三）量词重叠

12%左右的个体量词可以重叠使用。（陆俭明，1986）

宋玉柱（1981）指出，量词重叠后，表示周遍意义，一般只能用在话题或次话题的位置上，不能用于宾语位置。如：

（17）条条大路通罗马。

　　*通罗马条条大路。

（18）祝你年年有今朝，岁岁有今日。

　　*祝你有年年今朝，有岁岁今日。

（19）这些衣服我件件都喜欢。

*这些衣服我喜欢件件。

少数情况下，量词重叠可以做谓语、宾语里的定语、独语句里的定语，表示"多"的意义。如：

（20）秋风阵阵。（谓语）

（21）逆风望去，东山口外，薄雾里透出点点微红。（宾语里的定语）

（22）站在千里堤上一望，片片树林，簇簇村庄。（独语句里的定语）

此外，量词重叠也可以出现在状语位置上，表示"逐一、连绵"的意义。如：

（23）孔乙己便涨红了脸，额上的青筋条条绽出。

（24）当前之敌有十一个师之众，又采取壁垒战术，步步为营，节节进逼。

不可重叠的量词，与数词的搭配一般来说是受限的，比如只能与"一"共现或与"一/两"共现。这些量词多为：

A. 临时借用量词，如"一脸汗、一头白发、一嘴瞎话、一身泥"等。

B. 某些修饰抽象名词的量词，如"一记耳光、一番说教、一把鼻涕一把泪、一副笑脸、一阵风[①]、一/两码事、一团和气、一片混乱"等。

（四）量词的使用与名词的指称

一般来说，当名词在句中并无具体所指，或者表达类指时，量词是不可以使用的。如：

（25）下课后，孩子们喜欢踢足球。

（26）熊猫喜欢吃竹子。

例（25）中，"足球"并无所指，因此其后不可以接续"这个足球……"；而"下课后，孩子们喜欢踢一个足球"中，"足球"应当是某个大家知道的球，是有指的，其后便可以接续"这个足球……"。例（26）中的"熊猫"表达类指，其前也不可以加"一个"。

部分学习者在了解了汉语"数+量+名"这一语法规定后，往往会过度使用量词，其偏误就是将量词用于无指名词和类指名词前。如：

（27）*她喜欢买一个东西。每周末她带回几双鞋、几件衣服。

（28）*从那天起到现在我的心里一直不舒服，又不敢给你们打个电话，现在时间长了更不好说了。

[①] 值得注意的是可重叠使用的"阵阵掌声"中，"阵阵"并不表示周遍义，而是"一阵一阵的掌声"。

（29）*按照传统的观念，一个韩国人一结婚就要一辈子跟那个人在一起。

（30）*对一个还没有成家的一对年轻人，爱情当然是很重要的，结了婚是另一回事了。

四、名词的数

说到名词的数，大家可能马上会想到一个词"们"，比如"我们、你们、他/她们、学生们、老师们"等都是复数含义。不过，"们"与英语等语言中的复数标记具有较大差别，在使用上存在诸多限制（储泽祥，2000；石毓智，2003）。

首先，"们"只能用于指人的名词，除了在童话故事等拟人语境之外，一般是不能用于其他名词的。如：

（1）学生们跑进了教室。

（2）*绵羊们跑进了羊圈。

（3）*桌子们被搬进了教室。

即便是指称人的名词，如果前面已经有了个体量词类数量短语或者名词本身的词汇语义具备复数含义，"们"也要略而不用。如：

（4）*三个学生们跑进了教室。

（5）*我认识了五个好朋友们。

（6）*要学北京人们的京腔，就得在北京留学。

"们"之所以不与个体量词类数量短语共现，是因为汉语中"个体量词+N"是对N进行计量与个体化，表示确定数量（大河内康宪，1993）[①]，而"N+们"则将N当作一个整体看待，表示的是不定量。因此，从语义上来说，这两个语法手段是彼此抵触的（张斌，1998）。可以与"们"共现的数量短语必须是表示不定量的，如"一些、一帮、一班、这些、那些"等，"许多、任何、所有、好多"等词语也表示不定量，也不排斥与"们"共现。（邢福义，1965）

另外，"N+们"似乎天然具备定指的语义特征，一般来说只能出现在主语位置上，带上修饰性成分后才可能较为自由地出现在宾语位置上。如：

（7）<u>学生们</u>都跑进了教室。

（8）<u>这些孩子们</u>真调皮。

（9）她一向不搭理<u>院中的人们</u>。

[①] 因此，汉语学界一般不认同西方学者将汉语个体量词叫作分类词（classifier）。

例（7）（8）里，"N+们"出现在主语位置，都含有定指的语义。虽然例（7）里"学生们"前面并没有"这/那"等表明有定性的标记，但在具体语境中，说话人一定知道"学生们"指称的是哪些学生。例（9）里，"N+们"虽然出现在宾语位置，但带有修饰性的词语。

徐杰、李英哲（1993）发现，如果在一句话或一个语段中，"数量+N"与"N+们"指称同一个对象，那么，"数量+N"总是先于"N+们"出现。如：

（10）丰收当年领着几个学生开餐厅的时候，学生们感觉是在跟着丰收参加社会实践，所以仍管丰收叫"赵老师"。

（11）几十个孩子围坐着，老师给亦池点燃蜡烛，然后我们和老师和孩子们一道拍手高唱"祝你生日快乐"。

因此，语篇中"N们"的数量是以"数量+N"的数量为参照的。说"几个学生"或"几十个孩子"时，数量还是新信息，说"学生们"或"孩子们"时，数量已不是新信息了。这就是"N+们"多用作主语的原因。

学习者往往会将"们"无条件地等同于复数标记，出现冗余/泛化和句法位置错误等偏误，如例（2）—（6）。不过，"们"自十至十一世纪产生以来[①]，其使用频率似乎有提高的趋势，最终能否发展为一个无条件的复数标记还有待时间的检验。

五、特殊的名词小类

名词可以从不同角度进行语义小类划分，最常见的是根据与量词的组配关系而进行的分类（朱德熙，1982），包括：

集合名词——只能跟表示群体的集合量词组合，如：一部分师生。

个体名词——可以跟个体量词组合，如：一位老师。

抽象名词——只能跟"种、类、些、点儿"等名量词或"次、回、趟"等动量词组合，如：一种风气、一场车祸。

不可数名词——只能跟度量词、临时量词、不定量词组合，如：一桶水。

专有名词——一般不跟量词组合，如"一个雷锋"组合有很强的语篇语用限制，不自由。

大家都很熟悉的名词语义小类还有处所名词、时间名词、方位名词。这三个名词小类在句法上与其他典型名词存在较大差别，朱德熙（1982）《语法讲义》，黄伯荣、李炜

[①] 至于它是如何产生的，学界有不同的意见，一说来自"等"，一说来自"每"和"人"的合音，一说来自"物"，还有说来自"门"（李艳惠、石毓智，2000），等等。

（2012）《现代汉语》等教材论著中都有较为充分的介绍，此处不赘。本节主要介绍其他三个名词小类。

（一）顺序义名词

名词的句法分布主要有：可直接修饰其他名词或接受其他名词修饰，可接受数量词修饰，不接受否定副词"不"的修饰，不受程度副词修饰，不直接做谓语，等等。不过，有一些名词和名词短语的句法分布却比较特别。如以下用例中，NP直接做谓语：

（1）春天了，可以郊游去了。

（2）都总经理了，还这么抠门！

（3）都大学生了，该懂事了！

（4）大姑娘了，矜持点儿！

（5）九点了！快起床！

（6）21世纪了，怎么还这么保守？

这些NP都具有[+推移性]（邢福义，1984）或者说[+顺序性]（马庆株，1991）语义特征，即它们与同一聚合中的其他成员可以构成一个时间上推进的序列，如：春天、夏天、秋天、冬天；实习生、公司职员、组长、科长、处长、部门经理、总经理；小学生、中学生、大学生；等等。因此，这些NP可以与"了₂"共现，表达变化或者说进入某个阶段。

（二）具有描述性特征的名词

在下面这些用例中，NP接受程度副词的修饰：

（1）她记起阿美的叮咛，很淑女地走过去。

（2）"其实，中国有很男人的男人，很女人的女人，很儿童的儿童……"碧雅羚侃侃而谈。

（3）我喜欢古筝的声音，非常古典，非常高山流水。

（4）这种"很美国"的场景当然不会出现在中国。那么我们出现了"很中国"的场景没有？当然有。

邢福义（1997）认为，名词进入"很X"一类结构槽后，该名词在特定的结构槽中已经形容词化了。并非所有名词都具备进入该类结构槽的潜在可能性，只有具备[+描述性]语义特征的名词才有可能，"淑女、男人、女人、儿童、高山流水、美国、中国"这些NP所指称的实物，都具备某种显著属性，而且该属性与社会大众的刻板印象有关，因此进入"很X"一类结构槽后，这些名词语义内涵中起描写、修饰等形容作用的评价性内容便凸显出来。同理，这些名词也可以用于"越来越……""A比B还/更……""像X一样……"等形容词常出现的结构中。

某些"有+NP"结构带有特殊的含义，也与NP自身的[+描述性]语义特征有关。如：

（5）这个人<u>有头脑</u>，<u>有风度</u>，<u>有能力</u>，简直完美！

（6）苹果<u>有营养</u>，可是我<u>有日子</u>没吃了。

"有头脑、有风度、有能力、有营养、有日子"所表达的意义都比字面意义要多，带有量大、程度深等正向的凸显性。"有头脑"指的是头脑聪明，"有风度"指的是风度好，"有能力"指的是能力强，"有营养"指的是营养好，"有日子"指的是日子长。这种正向的凸显性也是基于社会评价的，即超出了社会平均值。能进入这类"有+NP"结构的NP主要有如下几类：

抽象名词：名气、学问、水平、品位、成就、见识、福分、风度……

名词或谓词带类后缀：女人味、学生气、建设性、同情心、安全感、收视率……

表示身体部位的具体名词：头脑、身材、肌肉、腰身……

时间名词：日子、年头……

其他名词：钱、营养、学历、身高、票房、后台、味道、意思、纪律、义务……

还有一部分"有+N"结构表达负向意义，如"有意见、有脾气、有味儿"等。这些名词的共同特点也在于，它们能对人或事物的属性、特征或特定表现进行说明，而且包含着量度差别。（施春宏，2001；刘文秀，2017）

另外，具有[+描述性]语义特征的NP，还可以用于名词谓语句中，用来描写句子主语所具有的特征或性状。如：

（7）那孩子<u>黄头发</u>，<u>八字眉</u>，不太好看。

"黄头发、八字眉"这样的NP谓语都具有描写性，对主语的属性进行描述，如果去掉描写性定语"黄、八字"，句子就很难成立。

（三）事件名词

Vendler指出，英语中有些名词及名词短语是"伪装的名词语（disguised nominals）"，它们表示事件（event）而非事物（object），具有起点和终点，在句法上也具有一些不同于典型名词的分布①。如：fires（火灾），blizzards，breakfast，meal，party，entertainment，theft，crime，quick breakfast，birthday party等。（转引自韩蕾，2016）汉语学界将这类名词称为事件名词。

汉语典型的事件名词具有如下三种句法分布：（韩蕾，2016）

---

① 特殊的句法分布，包括：（1）可以与begin，finish，last，happen，occur，take place，produce 等搭配；（2）可以与时量词搭配，如an hour of class；（3）可以跟体介词短语（aspectual prepositional phrases）组配，如in the middle of，at（in）the end of，until the end of，from the beginning of等。

A. 与动量词组配。如：一阵暴风雨。

B. 用于"（在）+N+前（之前、以前）/后（之后、以后）"以及"（在）+N+中（之中、时、期间）"格式。如：暴风雨之前。

C. 与"开始、持续、结束、进行、发生"等动词组配。如：暴风雨结束了。

事件名词通常包括自然现象、战争、疾病、文体娱乐、课程考试、节假日等。

如果从时间性的角度给名词分类，可以得到如下三类，它们在用法上差别较大：

事物名词：桌子、面包……

事件名词：会议、球赛、战争……

动名词：计划、活动、考试、比赛、影响……

要注意的是，有些事物名词加上数量词之后也可表达事件，如：

（1）三杯酒之后，大家就无话不说了。

某些专有名词若代表了有影响力的典型事件，也可以与时间名词"之前、之后"等组合，如：

（2）《红高粱》之后，大家都认识了巩俐。

事件名词的意义并不难理解，但对于学习者来说，这类名词也是一个难点，因为不同语言对名词的编码方式并不相同，事件名词的具体成员不完全一致（陆丙甫，2012）。如英语tea，school也可以与after等表时间的词组配，而汉语的"茶、学校"是典型的事物名词：

（3）Shall we go to park after tea?

（4）Come back home at once after school.

如果学习者不了解汉语事件名词的成员，就可能把母语里的用法负迁移到汉语中来。

第二节　与代词有关的教学语法知识

本节所介绍的教学语法知识，主要参考文献为吕叔湘（1984b）、方梅（2002、2016），陈妍妍、徐晶凝（2016），石毓智（2015）等。

一、指示代词

（一）"这"与"那"

指示代词"这"与"那"的用法并不总是对称的，特别是用于篇章层面的指代时，

"这、那"都可用于指代上文,如例(1),但只有"这"可以指代下文,如例(2)(吕叔湘,1984b):

(1)要说他到现在还一点不知道,那/这就奇怪了。

(2)你给我评评这个理:我的车随便他骑,他的车一次也不让我骑。

"这"可以在主语和宾语位置上进行回指,而"那"只能在主语位置上进行回指,如:

(3)你这/那哭太管用了,问题都解决了。

(4)我就佩服他这吃,他可真能吃。

方梅(2002)认为,口语中"这"的用法比"那"更抽象,还发展出一个类似于定冠词的用法,而"那"没有,如:

(5)你以为呢,这雷锋可不是那么好当的。

(6)在中国你要做炸酱面,那也是,把这肉搁里面,噼里啪啦一爆……

Himmelmann(1996)认为,指示词与定冠词有两个区别:A.指示词不可用于唯一的指称对象(*this Summer Palace),而定冠词可以(the Summer Palace)。例(5)中的"这"用在"雷锋"前,接近定冠词的用法。B.指示词不用于因为概念关联而确定的对象,定冠词可以。例(6)中的"这"用在"肉"之前,"肉"因为与其前的"炸酱面"之间存在概念关联从而是确定的,因此,"这"的用法也接近定冠词。

不过,例(5)(6)中的"这"换用为"那"的话,似乎也可接受。再如:

(7)并不知道那马克思《路易·波拿巴的雾月十八日》说了些什么。

(8)我昨儿买了本书,那封面啊,别提设计得多好看了。

在大多数拥有冠词体系的语言中,定冠词都是从表示距离的指示词演变而来的,如英语的the是从that演变而来的。汉语指示词"那"发展出定冠词用法应当也是很有可能的。

(二)"这"与"这个"

以下语句中的指示代词"这、这个",它们能否互换?可互换的话,意思是否完全一样?你能否通过对这些语句的观察,总结出"这、这个"的用法有何不同?

(1)你带上这个,路上用得着。

(2)这是我们店里最贵的腕表,您看看这个。

(3)这个和那个是我们店里最贵的两款腕表。

(4)我尝了这菜,味道不错。

通过例(1)—(4)可以知道:从句法位置上来看,"这"一般不能单独做宾语,而"这个"可以。在主语位置上时,"这个"可以和"那个"并列,而"这"不可以和

"那"并列。从语义上看,无论是可以替换还是不可以替换,这些例句都显示出"这个"具有很强的指别功能,即用于区分"哪一个",而"这"的指别功能弱。所以,例(2)主语位置上的"这"和例(4)宾语位置上的"这",若替换为"这个"后,语义上就会有所不同。

下面例(5)—(7)中的"这"都不可以替换为"这个",因为在这些例句中,"这"与其后所修饰的名词性词语之间构成描写性的语义关系,而不是指别。

(5)姑娘,你爷爷年轻的时候对不住你奶奶,他这心里头就够难受的了。你把你这亲爹给他留下,多少对他心里是个安慰呀。

(6)他们这年轻人基本功差点儿,能帮我就帮一把。

(7)爸,瞧您这吞吞吐吐的,您是不是嫌我妈烦哪?

例(7)中的"这"指代方式,甚至可以替换为"这么、这样"。同时,"这"位于人称代词后,还体现出较强的主观性意义,带有说话人的一种情感。

例(8)—(11)显示了"这、这个"在口语中发展出的语篇功能。

(8)我这不活得好好的吗,你不还没守寡呢吗?什么时候我不在了,你再看圆圆信解闷儿吧啊。

(9)这外国人呐说话都没有四声,跟感冒了似的。

(10)这装病啊也有技术含量,得会装才行。

(11)这个当时是跟那个元朝有关系。元朝的时候儿,那个这个很多回族人就给当色目人哪,所谓二等人,……所以他部队里还有很多,就是从这个东亚带回来的很多,东亚不是把很多妇女都杀掉了吗?

例(8)中的"这"凸显了当下性,意义相当于"现在";而例(9)和例(10)中的"这"用于引进一个新的话题;例(11)中的"这个"是口语中的填充语(filler)用法,即填补思考时的语言空白,减少沉默时间,占据话轮,"这"则没有这样的功能。

总之,指示代词"这、这个"的用法看似简单,却有着一些独特之处。例(1)—(4)所反映出的"这、这个"的用法差异,教师有必要在初级阶段教学中提醒学习者注意。而当学习者进入高级阶段,与汉语母语者有了更广泛深入的日常接触时,他们就需要了解并掌握"这、这个"的扩展用法,即例(5)到例(11)所包含的用法。

(三)"那"与"那个"

远指的指示代词"那"与"那个"的用法差异,与近指指示代词"这"与"这个"的差异大致相似,可以通过我们上一节的介绍类推得知。不过,"这/这个"与"那/那个"在用法上并不是完全对称的。比如:

（1）甲：您原来在哪儿上学？

乙：六十六中。

甲：六十六中在哪儿？

乙：就在广安门那边儿。

甲：用坐车去吗？

乙：走就行啦。那儿上下够不着。

甲：<u>那</u>您毕业之后就开始就干这个了吗？

乙：毕业之后干临时工。

甲：您都干过什么？

乙：跑临时工干……那会儿干过……起重。嗯，起重挺累，印花，印花厂那块儿印花。

甲：<u>那</u>他以后……街道给分配吗？

乙：街道啊，上回招了，没去。

甲：<u>那</u>过……过两年不是还是得找工作吗？

乙：先干着呗，到时候到时候再说吧，别在家待着。

（2）甲：就是前一阵子不就是，好像是国家还是哪儿就是做了一个统计，就是国家，就是那个每家职工有多少什么电视机啦什么这个那个的统计。好像……都是提高的吧。

乙：<u>那</u>那要是都是这个厂子，每个月三千多块钱，要是这……还好一点儿，这要是这结婚了就，他就……就麻烦了，那么点儿钱就麻烦了。

这两个例子中的"那"的用法都是"这"所不具备的。例（1）中的"那"用于始发语，引出一个新的话题，该话题与前面话语的相关程度较高。而例（2）中的"那"用于应答语，所在的语句主要为搪塞、质疑、反对等，"那"主要起到对前后话语的连贯作用。

"那个"也可以用于这两种情况，不过，多带有说话人不确定、不自信的态度。也就是说，当说话人在发问、提出请求、拒绝、搪塞等时，若感到"难以开口"，一般会选择使用"那个"开始话轮，而不会选择"那"。如：

（3）甲：嗯，反正我……我们家事儿，我全都比你……我听的很……每天都有……都有E-mail往来，所以……

乙：是吗？啊？

甲：嗯。

乙：哦，昨天，……

甲：那个，你那个花儿，你养的那盆……那盆小的，快死了。

（4）甲：你们见那阿訇是不是就得跟他们说这话啊，说汉语行不行，就咱们说的话。

乙：那个，我没跟他们接触过，长这么大没跟那阿訇接触过。

"那个"的这种用法与它的填充语用法也有关联。如：

（5）现在因为国内的那个……那个……那个……嗯……金融市场还没到那步嘛。

此外，"那"还有很多习惯用法，如用于应答的"那是、那当然、那自然、那还用说、那敢情好"等。在这些习惯用法中，"那个"是不可以使用的。

（四）指示代词的类定语从句标记功能

如果定语是一个VP，那么定语和中心名词之间要使用结构助词"的"，如：

（1）挂墙上的画儿，你知道是谁画的？

（2）一屁股坐在刚离去的人的座位上。

（3）这儿是我前天看见她的地方。

（4）我们初次见面的时候，她很羞涩。

（5）请你把切菜的刀拿来。

不过，如果中心语是"这/那+NP"的话，结构助词"的"就往往略而不用，这似乎表明指示代词发展出了一个类从句标记的用法（吕叔湘，1985），如：

（6）挂墙上这画儿，你知道是谁画的？

（7）一屁股坐在刚离去那人的座位上。

（8）这儿是我前天看见她那地方。

（9）我们初次见面那时候，她很羞涩。

（10）请你把切菜那刀拿来。

在下面这些情况下，指示代词与结构助词"的"也在一定程度上可以替换，如：

（11）我哭丧着脸对我那不知名的女友说。

（12）黄头发那孩子是我弟弟。

例（11）表示领有关系，例（12）表示属性关系。它们可以变换为：

（13）我哭丧着脸对我的不知名的女友说。

（14）黄头发的孩子是我弟弟。

因此，石毓智、李讷（2001）认为，现代汉语的指示代词与结构助词具有一定的语法共性。原因在于，指示代词的功能是确指中心语概念外延的成员，限制与缩小了中心语的外延，而定语的功能也是从行为、性质、领属等方面限制中心语概念的外延，所以，作为定语标记的结构助词"的"在表达功能上与指示代词具有相似性,这为两者之间的语法共性提供了基础。

(五)指示代词与时间距离、心理距离

通常来说,指示代词是依据指称对象(referent)与说话人之间在物理空间距离上的远近进行区分的:离说话人近,使用近指形式"这",离说话人远,则使用远指形式"那"。此外,说话人也可以在时间上进行远近定位,空间与时间之间存在隐喻关系,是人类语言的普遍现象。比如:

(1)你就当这一切是一场梦,我第一次出现的那一刻,还有现在消失的这一刻,你就当都是一场梦,当作是梦的话,睁开眼睛就不会难过了。

(2)这一圈走下来,也就明白中秋小长假最高兴的不是看满月,而是今天上午带儿子检查视力,发现其双眼视力依然保持着去年暑假配镜的度数。心里那个喜啊,终于在跨出医院大门那一刻"耶"了出来……儿子非常不理解,说你耶什么呀,又不是你的眼睛。他又怎能理解父母心啊!

(3)你们踱步从桥的那一端走来,儿孙们站在桥的这一端大声喊着"牵手牵手!"你羞涩地把手搭在了在身边陪伴了你五十年的女人肩上,笑得像个孩子!当时的我多希望快乐就定格在这一刻……爷爷,对不起,国庆不回来看望你们,寒假我一定早点回家陪你们。

例(1)以说话时间作为参照,"现在"是"这一刻","第一次出现的时刻"是"那一刻"。例(2)和例(3)都是对过去事件的叙述,以说话时间作为参照的话,"跨出医院大门的时刻""我希望的时刻"都应该是"那一刻",但例(3)作者选择使用了"这一刻",说话人穿越时空,直接表述了当时的心理状态。

因此,"这、那"的使用,实际上还带有一定程度的主观性,特别是用来表达心理距离时,如:

(4)老板还是那个老板,味道还是这个味道。

(5)今天又阴天,不过心情好,画展真心不错,看得我这高兴心里这个美!

(6)中秋爸爸可以陪着玩儿,心里那个美!

这三个例句来自微博、微信朋友圈,其中的"这、那"表达的不是空间距离和时间距离,而是心理距离。例(4)的说话人时隔半年后再到某个饭店吃饭,发现老板与味道皆未改变,欣喜之余发出感叹。他对"那、这"的使用,反映了其心理空间上对"老板"与"味道"的距离定位。例(5)(6)表达的都是一种高兴的心情,例(5)说话人选择了近指代词"这(个)",例(6)选择了远指代词"那(个)"。这些用法中的"这、

那"虽然可以互换,但仍存在微妙的语义差别。

二、人称代词

说到人称代词的教学,你想到的几个知识点可能是:A. 第二人称"你"与"您"的区别;B. 第一人称复数"我们"与"咱们"的区别;C. 人称代词"人家"的用法(参看郭继懋、沈红丹,2004;张旺熹、韩超,2011;等等)[①]。似乎没有多少难点,实际上并非如此。

(一)不同语言的人称代词系统可能不同

人称代词的使用与颇为复杂的交际目的相关。比如,法语第二人称代词有tu和vous两种形式,其基本使用规则是:

地位高(superior)且关系亲密(solidary):T

地位高但关系不亲密:T/V

地位平等(equal)且关系亲密:T

地位平等且关系不亲密:V

地位低(inferior)且关系亲密:T/V

地位低且关系不亲密:V

普通话第二人称代词"你"和"您"的区分,也与交际双方之间的威权性(entitlement)和同盟性(solidarity)有关(唐正大,2019)。"您"标识着"尊敬+疏远"双重社会性取值,而且,"你—您"的对立中,同盟性指标的权重要高于尊卑指标。如下面两个用法中,说话人通过对"您"的使用明示了一种疏远:

(1)(晚辈对长辈)您瞎掺和什么呀?我的事儿您甭管。

(2)(同辈之间)您这样说,不觉得愧对秀秀对您的钟情?

老北京话中,甚至第三人称代词也有"他"和"怹"的对立。但并非所有语言都区分所谓的T形式和V形式,比如英语。对于来自这些母语背景的学习者来说,理解并使用"你"和"您"就会面临困难。

也有研究指出,在社会性指示(social deixis)范畴显赫的语言中,一般都会有特别的

[①] 吕叔湘(1949,转引自完权,2019)认为,"以现代口语而论,'人家'比'我'要婉转些,也俏皮些"。后来的学者进一步对其用法进行了分析,指出说话人使用"人家"是为了凸显其所指对象本身具有某种特定角色特征,从而要求听话人与自己一起对该对象进行移情,以达到对听话人进行劝解的交际意图。劝解场景的具体类别是:劝说、夸赞、教育、解释、感慨。

编码方式，以尽量避免或减少第一、二人称代词的直接使用，并以此作为礼貌原则的重要体现。比如至少从晋朝开始，中国各级官僚已经不习惯使用第一人称代词来指代自己而自称"下官、卑职"等，古汉语中存在的大量的尊称现象，也都源于这样的原因。王力（1984：273—276）指出："中国自古就以径用人称代词称呼尊辈或平辈为一种没有礼貌的行为。自称'吾''我'之类也是不客气的。因此古人对于称呼有一种礼貌式，就是不用人称代词，而用名词。称人则用一种尊称，自称则用一种谦辞。……直到现代，对于自己所尊敬的人，仍旧是避免'你''我'的字样的。"学习者对于这样的用法也可能会觉得难以理解。

不同语言的人称代词体系可能是不同的，具体使用中的限制也可能有所不同。比如，汉语第一人称代词复数形式区分内包式（inclusive form）"我们"和外排式（exclusive form）"咱们"[①]，而英语却无这种区分。但英语人称代词系统中所有格形式和物主代词形式的对立，汉语是没有的。

（3）John is one of our friends. 约翰是我们的朋友之一。（暗示我们有若干朋友。）

（4）John is a friend of ours. 约翰是我们的一个朋友。（暗示约翰也是其他人的朋友。）

虽然汉语和日语的第一人称复数都有两个，不过，区分维度却有很大差异：汉语中，"我们"可以只指说话人，也可以包括听话人在内，而"咱们"则一定包含听话人在内；而日语中，"私たち"则通常包括听话人，也可以不包括；"私ども"则要明确排除听话人。就第三人称代词而言，汉语的"他"既跟"咱们"对立，又跟说话人"我"对立；而日语的第三人称"彼"，只跟包括听话人的"私たち"对立，不单独跟说话人"私"对立。就具体用法来说，日语只根据被提及的第三方跟说话人、听话人之间的内外、上下关系来判断能否使用第三人称代词，而不管第三方是否在交际现场（方经民，2004）。如：

（5）照片中间的是王校长，他是国际上著名的语言学家。

（6）写真の真ん中の方は王学長です。ø世界で有名な言語学者です。

"王校长"不在交际现场的情况下，汉语用"他"来回指，如例（5）；而日语则通常都是用零形式回指的，如例（6）。只有确认这位校长跟所有在场的听话人都没有上下关系时，才允许用第三人称代词回指。

因此，汉语二语教师如果发现学习者在人称代词的用法上出现了偏误，可以试着先了解一下学习者母语中的人称代词系统及其使用限制。

[①] 马来-波利尼西亚语系（Malayo-Polynesian family）的语言也区分这两种形式。

（二）人称代词与话题链

人称代词的教学难点，主要是语篇中的用法，即话题的推进。请看下面这段话：

（1a）*从1月16号开始我的寒假。平时，我一个人住在京都，一个人过得很无聊，我很想回家去，但是因为我要在奈良考英语考试，我不得不留在京都。

这段话，单独看每个句子都是合乎语法的，但合成一个段落，就不那么地道了，原因在于有的小句中的人称代词"我"冗余。按照汉语的表达规约，这段话应该是：

（1b）从1月16号开始我的寒假。<u>平时，我一个人住在京都，过得很无聊，很想回家去</u>，但是因为要在奈良考英语考试，我不得不留在京都。

汉语中，紧邻的几个小句如果主语同指，后续小句的主语往往使用零形式。上例中画线部分都是对"我"进行陈述的，所以，不必每个小句都使用显性主语"我"。

这种话题的启后连续性，甚至可以跨越小句实现，比如：

（2）a王亦东推了自行车进了门，b瞧见<u>李贵在刷油漆，c他的老伴儿陪在一旁给打扇子</u>，d真是从心眼里羡慕。

陈平（1987b）指出，因为画线部分属于"瞧见"的宾语，与前面的小句不在同一个结构层次上，所以，即便中间插了一些小句，d小句也仍然可以用零形式来延续话题。

不过，在陈述同一话题的连续几个小句中，用NP引入话题后，也会使用人称代词进行回指，如下例的c句和f句均用第三人称代词"他"回指"刘乡长"：

（3）a刘乡长ᵢ没有很高的学历，bø学识也不渊博。c他ᵢ在当选乡长以前，dø是一个笃实的农夫，eø在乡里是一个名不见经传的人物。f大概是他ᵢ做人过于忠厚老实，g所以竞选期间，hø不必花费金钱，iø终能高票当选。

那么，第一个小句使用NP引入话题后，后续小句何时用零形式（也叫零形代词），何时用人称代词进行回指以延续话题呢？这是个很复杂的问题。

1. 对话题的回指

李樱（1985，转引自屈承熹，2006）研究认为，零形式用于把小句组成话题链；代词用于话题链之间，提示同一个话题下的两个话题链的界限；而NP用于导入一个新的指涉对象，或者导入前文已经提及过的指涉对象，并标示一个新段落的开始。

上引例（3）中，NP刘乡长在段落开头引进一个话题，该话题贯穿了整个段落，不过，这个段落由三个话题链组成：a、b两句组成一个话题链，简述刘乡长的学历背景；c—e三句组成一个话题链，介绍他的所作所为；f—i四句又组成一个话题链，讲述他如何当选为乡长。因此，代词和零形式的交替运用就把语篇的语义结构层次区分得非常清楚。

在同一个语义单元（话题链）里，接续小句共同陈述同一个对象时，甚至也可以零形式先行。如：

（4）ø脱得光光的，ø看着自己的肢体，祥子觉得非常的羞愧。

（5）ø无缘无故的丢了车，ø无缘无故的又来了这层缠绕，祥子觉得这一辈子大概就这么完了，无论自己怎么要强，全算白饶。

这两例中，前面小句使用了零形式，与后一个小句中的"祥子"共指。方梅（2008）认为，在这种零形主语反指的小句群中，零形主语小句相当于英语中的从句，与后一个显性主语小句构成主从关系复句。

汉语语篇中人称代词的使用实际上带有一定的随机性。Li and Thompson（1979）曾做过一个实验，把《儒林外史》一段话里的"他"都隐去，然后请50个人（加上作者一人）填上他们认为需要加的"他"，结果发现只有两个位置超过50%的人填了"他"，其他位置上的答案则极为分散，而且没有一个人填得跟原文完全一样。然而，学者们还是发现了一些较为普遍的规律，比如在以下几种情况下，倾向于用人称代词进行回指。

第一种情况是，紧随连词和时间词之后的小句，倾向于采用代词进行回指。（Li and Thompson，1981；徐赳赳，1990）如：

（6）这王冕天性聪明，年纪不满二十岁，就把那天文、地理、经史上的大学问无一不贯通，但他性情不同，既不求官爵……

（7）司机小万就住在这个居民区中。那天他被宫自悦使唤到深夜才得下工，他没把车开到单位存放，直接开回了这个居民区，以前他逢到类似情况，也曾这样做过。

不过，这一条规律并不具有普遍的解释力。因为语料中还会发现不少例外，即紧邻的两个小句主语同指，而连词之后却使用了零形式。如：

（8）人在地上打了几个滚，但马上就站了起来。因为ø不会由于痛楚而感到畏怯，他不顾一切地伸手向戍子抓去。

（9）对于他们会不会获得援助，其实她一点把握都没有，但她身边有楚克，只要ø一想到有他在，她就安心了，就算去天涯海角也无妨，……

这种分布规律究竟受到哪些因素的制约，尚不清楚，小句之间的距离或许是一个影响因素。徐赳赳（2003：112）统计，代词和其前具有同指关系的NP平均间隔距离为2.52个小句。

学习者可能会出现过多使用代词主语的情况，如：

（10）*我爸爸妈妈每天都要工作，无论他们的工作多忙，他们都留周末的时间给我们。

（11）*如果我们不去打保龄球，我们就去咖啡厅，或在朋友家看影碟。

这两个句子中，加下划线的代词如果略去会更合乎汉语的习惯。

第二种情况是，如果间隔太长，或者陈述语句的内容与前述语句之间发生了较大的转移，也会启用人称代词进行回指。如：

（12）二姐站起来，ø往手心里啐了几口唾沫，ø重新抓起锤柄，ø举起大锤，ø砸下去。但ø只砸了两下，她便再次跌倒在冰面上。

（13）ø吸着了烟，他扔了火柴梗儿，ø用拇指压压烟锅里的火头，ø"滋滋"地吸了几口，两股白烟从他的鼻孔里钻出。他把烟锅里的残灰，ø放在板凳腿上磕掉。

这两个例子中，人称代词与其先行词之间的间隔都比较长。例（12）中，"但"转折后，使用人称代词回指；例（13）在叙述过程中，出现"两股白烟"句，接下来使用人称代词进行回指。

第三种情况是，接续小句之间如果在时间特征上有所不同，后续句也倾向于用人称代词进行回指（王灿龙，2000）。如：

（14）a仲哥正在给病床上的妻子扎针。b他自学针灸按摩推拿拔火罐点耳穴掐脚穴，颇有一定水平，在工段上邻居中都有相当口碑。

（15）a陈新梦觉得鼻息中还有宫自悦身上的气息，b她梦游似的去取了一大一小两个改锥。

例（14）中，小句a和小句b所表达的时（tense）不同，分别是简单现在时和先事现在时；而例（15）中，小句a和小句b所表达的体（aspect）不同。据王灿龙（2000），如果始发句是状态情状，而后续句是结束情状、复变情状等其他情状的，一般也要用代词照应。

要注意的是，零形式和人称代词既可以回指主语/话题位置上的NP（例1—15），也可以回指宾语或定语位置上的NP。如：

（16）屋里走出一个脸孔黄瘦的女人，ø也顾不得跟大妈打招呼，ø在牲口棚里找出一个黑瓷油瓶，ø提着到梢门外面去了。

（17）祥子的脸忽然紫了，ø挺了挺腰，ø好像头要顶住房梁，ø一把抓起那张毛票，ø摔在太太的胖脸上："给我四天的工钱！"

这两个例句中，始发句中的宾语"女人"和定语"祥子"在后续句中都被提升为小句话题，同时，也成为语篇话题，用零形式进行回指。从话题示踪（tracking）的角度来看，零形式或代词多用于回指语篇话题。值得注意的是，例（16）第一个小句是存现句，这是汉语中非常常见的一种引进话题的办法，其后小句往往以零形式主语出现，继续陈述该话题。

如果有两个及两个以上人物出现在同一段落或篇章里，而且变化频繁，则趋向于用名词来进行回指（徐赳赳，2010）。如：

（18）<u>老兵</u>不慌不忙，轻轻一扣扳机，叭勾一声，<u>那奔跑的人</u>便一头栽倒了。<u>老兵</u>拉了一下枪栓，一粒弹壳翻着筋斗弹出来。

（19）<u>母亲</u>上前，ø摸起一个碗，ø用袖子擦擦灰土，ø抄起木勺，ø盛上一碗汤，递给<u>大姐</u>。<u>大姐</u>不接。

据廖秋忠（1986）和陈平（1991）的统计，汉语书面语中零形式做主语的比例要高于代词做主语。学习者在大量接触到了汉语语篇中的这一现象时，也可能会过度使用零形式（肖奚强等，2008）。如：

（20）*a他的外貌不吸引别人的兴趣，b个子高，c瘦瘦的，d短黑发，e有高高的鼻梁。f很少说话，g上课时候常常在最后座位上，h看某一种书。

（21）*我不好意思地向她道歉说："对不起，我认错人了，对不起。"她说："没关系，我也遇到过这种事。"她说完就走了。到现在一想起那天的事来，忍不住笑起来。

例（20）中a—e小句讲述"他"的外貌，f—h小句讲述"他"的行为，分为两个意义单元。所以，"很少说话"前最好使用人称代词进行回指，开启一个新的话题链。例（21）最后一个小句最好使用人称代词"我"回指。这是韩国留学生的一个偏误用例，也可能是受到韩国语语篇话题省略规律的影响（李榕，2020）。

2. 定语位置上的代词省略

对于定语位置上的代词，还有一点需要特别注意，那就是汉语中存在领属性代词省略的特点（赵元任，1979）。如：

（22）a一些吉卜赛女人打扮得更鲜艳，b（她们的）头顶上高高支起尖顶的绸子披巾，c（她们的）两鬓插着珠子花，d（她们的）鼻子的左面挂着环子，也有的嵌着一朵小小的金梅花，e（她们的）脖脖子上戴着几串小铃铛，一走路哗啦哗啦响，好听得很。

根据高宁慧（1996），在以下两种情况下，人称代词定语要省略：

A. 处于同一话题链内部的几个小句中的NP所表示的人或事物，如果从属于话题所表示的人或事物，其定语常常省略，如例（22），b—e小句描述的"头顶、两鬓、鼻子、脖脖子"都从属于a小句的NP话题"吉卜赛女人"，所以b—e省略掉代词定语。

B. 在记叙一个与"我"有着某种特殊关系的人物时，包括亲属朋友等，一般只在题目中或文章的开头交代一下这种领属关系，有时甚至表领属的代词全部省略，如朱自清《背影》：

（23）我与父亲不相见已二年余了，我最不能忘记的是他的背影。那年冬天，祖母死了，父亲的差使也交卸了，正是祸不单行的日子。我从北京到徐州，打算跟着父亲奔丧回家。到徐州见着父亲，看见满院狼藉的东西，又想起祖母，不禁簌簌地流下眼泪。父亲说："事已如此，不必难过，好在天无绝人之路！"

学习者往往会因为不了解这一点而过多使用代词定语。如：

（24）*我考完了以后，我妈妈从三重开了两个小时车迎接我。我回我老家后，过得很轻松，也努力地学汉语和英语。我最开心的时间就是跟我弟弟一起玩儿游戏，……我每次回京都的时候，我妈妈都让我带她做的饭，我很高兴，因为我回去以后也可以吃我妈做的菜。

人称代词在语篇中的使用，还受到表达者的个人风格或语言习惯的影响（陈平，1987b；王灿龙，2000；许余龙，2004；等等）。Li and Thompson（1979）认为"语篇绝对长度（the sheer length of the text）"也影响人称代词的使用，即作者对"他"的使用一般都倾向于有一定数目的小句间隔。但至于间隔几个小句，以及何处用"他"，目前尚未找到明显的控制原则。

总之，人称代词在语篇中的隐现规律相当复杂，是各方面因素综合平衡的结果，学界尚未完全研究清楚。汉语二语教师最好能在教学中帮助学习者提升意识，通过大量阅读，"注意"人称代词的分布，逐渐培养起近似汉语母语者的语感。

（三）人称代词的活用

人称代词可以分为第一人称（我、我们、咱们）、第二人称（你、您、你们）和第三人称（他、她、他们）。实际运用中人称代词存在着"移指"用法。如：

（1）活到老学到老，对任何人来讲，都是不以你的意志为转移的，你有意无意都必须接受终身受教育这个现实。

（2）在我的心里，他是一个很好很热情很诚恳的朋友。他把你当作朋友以后，他从不忘记你，他从各方面关心你；你有了过失，他一面耐心地劝告你，一面严厉地指责你。

（3）桃树、杏树、梨树，你不让我，我不让你，都开满了花赶趟儿。

（4）任你风浪起，稳坐钓鱼台。

例（1）中的"你"泛指任何人，赵元任（1979）便指出过这种用法；例（2）中的"你"实际指称说话人自己；例（3）中的"你"与"我"对举使用，只起区分两个不同事物的作用；例（4）中的"你"则完全虚指。

有时候人称代词在单复数上也会发生转换，如：

（5）好孩子，咱们把药吃了，肚子就不疼了。

（6）我嫂嫂说："娘，咱可不能卷着舌头说话。是你不让大江来的呀！"

（7）"你懂得什么！"潘先生颇怀着鄙薄的意思，"这种话只配躲在家里，伏在床角里，由你这种女人去说；你道我们也说得出口么！你切不要拦阻我……"

例（5）（6）中的"咱们"和"咱"实际上指称的都是"你"。这样运用人称代词时，说话人有较强的移情代入（empathy），往往带有拉近情感的交际目的。而例（7）中，"我们"实际上指称的是"我"。用第一人称复数"我们"指称第一人称"我"，可以传递相对客观化的意义。该例中，潘先生从男性群体的观点表达自身行为的合理性，淡化了自我，表达出似乎天下男人皆如此的客观立场。在学术论文、公众演讲、新闻报道、广告文案等语篇中，也常常用"我们"来指称"我"，避免主观性，增强观点的客观性并激发受话人的心理参与意识。如：

（8）这里，我们还要提及的是，林纾不仅有中外小说的比较研究，且还有意识地对所译外国小说大胆作了"外外"比较——这在当时文坛似较少见。

（9）这两个问题，我们在上一堂都已讲过。此刻我们认为《左传》并不是左丘明作，《左传》成书应在战国，要到秦孝公时。

总之，实际使用中，第一人称可以不同程度地指示他人，第二、第三人称也可以不同程度地指示自我。这是人们对自我与他人、主体与客体的认知体验，反映了人们的自我客观化和客体主观化能力。具体来说，当认同或移情于受话人或其他参与者时，说话人倾向于近指，把指称客体拉近，主观性提高；当认同程度降低时，说话人倾向于远指，把指称客体推远，降低其主观性（王义娜，2008）。看一个综合用例：

（10）旅客们爱买她的货，因为她是那么信任地瞧着你，那洁如水晶的眼睛告诉你，站在车窗下的这个女孩子还不知道什么叫骗人。……你不忍心跟这样的小姑娘耍滑头，在她面前，再爱计较的人也会变得慷慨大度。

在这个用例中，第二人称单数"你"可以移指故事空间里的"旅客们"，也可以包括现实话语空间的读者、作者、叙事者，或者都包括。因为该语篇对指称客体"她"是抱有高主观移情的，所以，使用第二人称"你"就拉近了读者与指称客体"旅客"的心理距离，让读者融入故事空间去分享旅客的经历。

第三人称代词"他"在北京口语中还发展出了近似英语中引导非限定性关系从句的who的用法，如：

（11）你比如说你跟着那种水平不高的英语老师，他根本不知道那个纯正的英语发音，他英语语法也不怎么样，你就全完了。

在这个例子中，第二小句和第三小句的主语是第三人称单数"他"，而实际上第一小句的"英语老师"显然指的是一类人，所以，"他"的作用更像是英语中引导关系从句的

who，起着把一个大块头的修饰性成分后置的作用。

三、疑问代词

疑问代词的主要作用在于参与疑问表达，形成特指问句，问句中只能附加语气助词"呢"和"啊"。此外，疑问代词还有非疑问用法，即用于虚指和任指等。如：

（1）谁都得吃饭，你也一样。（任指）

（2）我不找谁，就是来看看。（虚指）

疑问代词的非疑问用法使用频率不低，据倪兰（2005）统计，疑问代词"谁"在实际语料中只有25%表示疑问。

非疑问用法最多的疑问代词是"什么"，邵敬敏（1996）将其用法总结为八种，我们对其做些合并与增补，罗列如下：

全称性用法：什么也不行，什么也不会。

例指性用法：小偷儿什么的，差不多快断了根儿。

　　　　　　什么作业计划呀，操作规程呀，一律作废，全用不着了。

承指性用法：对，跟他一块儿去，他干什么，我干什么。

借指性用法：生个不太聪明的孩子，就有好多人说我们什么什么的……

虚指性用法：不知最近他对什么发生了兴趣，老往那儿跑。

否定反诘性用法：见下表。

表2.5 "什么"的否定反诘性用法

结构	用例
什么X	什么好事！一去就两三个钟头，太腻人啦。
什么（呀）就X	A：就这么办吧。 B：什么就这么办吧？你到底懂不懂？
什么X Y	什么日内瓦日外瓦，我一点儿也不知道。 什么新车旧车的！只要车份儿小就行。
什么X不X（的）	只要想到能体面地办婚礼，就没有什么苦不苦的念头。
有什么X不X（的）	有什么生气不生气的，主要看谁的主意多。 哪儿工作都是一样，有什么愿意不愿意呢！
有什么好/可/值得X的	这有什么好生气的。

（续表）

结构	用例
X什么	急，急，急什么！ 我们人多力量大，怕什么！
X什么X	好什么好，这工作一点都不好。 瞅什么瞅，再瞅揍你。
X什么Y	这事情错不在你，你道什么歉！
有什么X（的）	"乌纱帽"有什么了不起！戴，我是为人民服务；不戴，我也要为人民服务！
什么呀	什么呀！她竟然敢动手打你？
什么跟什么呀	现在这样的一切不是我想要的，我宁可一个人过，什么跟什么呀！

可以看到，"什么"的非疑问用法，不少都用于某些语块（chunk）之中，特别是否定反诘性用法。其他疑问代词也有语块用法，如：

（3）难熬的都会过去，这才<u>哪儿跟哪儿</u>呀！

（4）哥，相信你弟弟，我会帮你的，咱俩<u>谁跟谁</u>呀！

（5）无所谓，管他谁会爱上谁，<u>爱谁谁</u>！

（6）我只想说，去你的感冒，<u>爱哪儿哪儿</u>！

全称周遍性用法则多用于"无论……都（也）"句式中，如：

（7）<u>无论谁</u>，在<u>哪里</u>，再提及你的消息，我都可以笑笑，毫不在乎。

虚指性用法多用于对举句式，如：

（8）<u>谁</u>喜欢，<u>谁</u>就去。

（9）你喜欢<u>哪里</u>就去<u>哪里</u>。

将这些语块用法作为一个整体进行教学，并且讲清楚它们在语体、感情色彩等方面的特点，对于帮助学习者理解疑问代词的非疑问用法更为有利。

思考题

第一节　与名词有关的教学语法知识

1. 对下面两个英文句子，你会选择哪种句式进行翻译？为什么？

S+V+趋向补语+NP+（来/去）

S+把NP+V+趋向补语

（1）I wonder if I can get the money back.

（2）She ran into an adjoining room and returned with a small child.

2. 下面这几组句子,为什么a句合语法,b句不合语法?

（1）a. 孩子们我都安顿好了。

　　b. *我都安顿好了孩子们。

（2）a. 同学们我都问过了。

　　b. *我问过了同学们。

（3）a. 人们都看见了。

　　b. *我看见了人们。

（4）a. 准备的菜太多了,鸡就不吃了,放冰箱里吧。

　　b. *准备的菜太多了,就不吃鸡了,放冰箱里吧。

3. 无定NP主语句,有时候可以前加"有",有时候不可以。如下例中的"一个NP"都不可以换用为"有一个NP"：

（1）这时,一个穿红拖鞋的姑娘娉娉婷婷走进来,坐在我旁边。

（2）一个头发蓬乱的姑娘穿着睡裙迷迷糊糊从厕所出来,看我一眼,进了隔壁房间用力把门摔上。

（3）围观的人看了,纷纷夸赞。"画得太像了,画得太像了,这真是绝妙之作!"一位商人称赞道。"画活了,画活了,只有神笔才能画这样的画!"一位教书先生赞扬道。"画错啦,画错啦!"一个牧童挤进来喊着。

（4）我笑着脑筋一松想起要给个人打电话。电话铃响了半天,一个女人拿起电话问我是哪儿,我说是公安局。

你能否根据例句简单概括一下,无定NP主语句与"有(一)个NP+VP"的用法区别?

4. 请你解释一下下列句子现象。

客人来了。　　　来客人了。

客人走了。　　　*走客人了。

下雨了。　　　　*雨下了。

*停雨了。　　　　雨停了。

5. 某留学生用"既……又……"结构造出了这样一个句子："这家咖啡厅既咖啡很好喝又气氛很好。"实习教师将它改成了："这家咖啡厅既有好喝的咖啡,又有很好的气氛。"你觉得这样的改正好吗?

6. 请在语料库中查找动量词"番"与"通"的用例,总结一下二者的用法区别。

7. 依据下面这些例子，总结一下汉语里制约"定中短语"成立与否的因素。

*煤商店	煤炭店	煤炭商店	煤店	小商店	小店	?微小商店	*微小店
*技工人	技术工	技术工人	技工	软头发	软发	?柔软头发	*柔软发
草房子	茅草房	茅草房子	草房	新蔬菜	新菜	新鲜蔬菜	新鲜菜

第二节　与代词有关的教学语法知识

1. 请看学习者的语篇，加以改正，并说明原因。

（1）我现在在中国，所以我非常遗憾不能看见你们孩子的脸，我可以想象孩子一定非常可爱，我回国的时候，我一定到你的家里去看孩子。

（2）弘法是一个人的名字，他是九世纪中叶日本的一个僧侣，他到过唐代的中国来学习佛教，他在日本也是很著名的大书法家，他书法写得好极了。

2. 分析一下这段话里人称代词的用法。

韩红：必须说话低调，不然会让别人错误地理解你，会扭曲你的原委，也会越来越看不清你。其实我人很好的。但车出一点小麻烦，老百姓就恨不得把你弄死，实际上犯不上这样。你们也不想想老韩做了多少公益，救了多少人，捐了多少钱，她为了做公益是不是都快死了？你们要想起她的一点好都不至于这么踩她，她不过是违反了交通法规，受处罚、受罚款、受批评就可以了。老百姓这么踩她干什么？没有必要。比如，她开路虎，钱是她偷来的吗？她也是《天路》一遍一遍地唱，甚至唱了上千遍，换来一个路虎。你认为这跟她这个人的身份不等吗？可能开一个劳斯莱斯你会觉得不等，但我只不过是开个路虎，一个吉普车。比如接电话，你能保证你开车没有接过一个电话吗？老百姓拿手机在路上拍，拍完之后@北京交警，你说这是什么心理？我承认自己是一个放大镜，好事也被人无限放大，坏事也同样，所以我接受，并且认错。

第三章

与谓词有关的教学语法知识

第一节 与动词有关的教学语法知识

动词是非常重要的一个词类。学过现代汉语课或者看过朱德熙《语法讲义》等语法专著的话,你会知道有关动词的很多知识。比如及物动词和不及物动词,及物动词还可以分为谓宾动词和非谓宾动词,等等。这些语法知识在汉语二语教学中都是很有帮助的。比如,"帮忙"与"帮、帮助"的区别在于,"帮忙"是个离合词,是不及物动词,不能带宾语,而"帮、帮助"可以。"进行"和"加以"是两个真谓宾动词,都可以后接双音节动词,不过,"进行"除了后接动词外,也可以后接部分事件名词,如"进行一场革命","革命"是一个名词,但表达的是一个事件意义。

一般现代汉语教材里所介绍的有关动词的知识,本书不再重复,而是选取了九个与学习者动词习得密切相关的教学知识进行介绍。

一、单音节动词与双音节动词

下面这些词组,有的能说,有的不能说,你能总结出影响因素有哪些吗?

*电脑修部		电脑维修部	
*种地点		种植地点	
读书	读报纸	阅读报纸	*阅读书
修车	修自行车	修理自行车	*修理车

比较明显的一点是:动词的音节不同。"修、种、读"都是单音节动词,"修理/维修、种植、阅读"都是双音节动词,而它们所表达的意思差不多。

作为汉语母语者,你或许可以体会到这里有语体的差别。双音节动词一般用在正式的书面语体里,而随便的口语语体里倾向于使用单音节动词。不过,单音节动词和双音节动词的成系统对立,其意义远不止于此。

从语法的角度来看,双音节动词就好像英语里的动名词(gerund,如studying),可以直接做定语,如"维修部、种植地点"等。董秀芳(2007)发现,双音节动词直接做定语的定中短语中，双音节动词与中心语之间的语义关系主要有三类，而且这三类的分布频率存在差异。

"动作+非论元成分"这一语义类型最为能产，是历时发展中最为稳定的一类，从古至今一直使用广泛。如：

A. 2+2 韵律模式

研究状况、发展模式、研究方法、使用情况、调查结果、比赛规则、创作时间、解决方案、演出地点、表演技巧、睡眠姿势、运行状态、工作条件、演讲提纲、就餐环境、休闲场所、运动款式、推销策略、应用次序、进攻路线

B. 2+1 韵律模式

治疗费、取款机、登记处、寄宿制

"动作+施事"类在现代汉语中使用也比较多，但是充当定语的双音节动词多为不及物动词，如"游行队伍、示威群众、谈判专家、执勤民警、值班护士、主管院长、参加人员、访问学者、检察人员"等。

"动作+受事"类在现代汉语中的使用最为受限，仅有少量用例。如"考察对象、关注焦点、研究课题、遗留问题"等。

而单音节动词的动词性极强，一般只能充当谓语，直接做定语非常受限，基本只限于构词平面（如"站票、睡衣；看客、行人；炒饭、烙饼"），在短语平面则必须依靠结构助词"的"，如"种的地点"。

另外，表格中的例子还反映了一个很有趣的语法现象，就是动词的音节还会影响到词语的组合是否合法。在"动+宾"的结构里，"1+1（读书）""1+2（读报纸）""1+3（修自行车）""2+2（阅读报纸）"的音节组合都相当自由，可是"2+1（*阅读书）"的音节组合一般不能成立。

所以说，动词的音节对立实际上有着深刻的语法作用，而不仅仅是语体差异。再比如，现代汉语置放类双宾语句中的动词一般都是单音节的，同义的双音节形式无法进入（董秀芳，2013），如：

（1）a. 安　　　桌子底下　　一个窃听器。

　　　b. *安装　　桌子底下　　一个窃听器。

（2）a. 挂　　　墙上　　　　三幅画。

　　　b. *悬挂　　墙上　　　　三幅画。

甚至，时体助词"了₁"的隐现，也与动词的单双音节有关系。如：

（3）a. 曾经跟我要好过的姑娘也成为（了）别人的妻子。

　　　b. 曾经跟我要好过的姑娘也成了别人的妻子。

（4）a. 他气得愣怔（了）半晌，才喊出一声……

　　　b. 他气得愣了半晌，才喊出一声……

这两组句子都只是动词在音节上有差异，（3a）和（4a）句中，动词是双音节，"了"可以省略不说；而（3b）和（4b）句中，动词是单音节，"了"不可以省略。当然，"了"能否省略的限制条件还是非常复杂的，但动词的音节数至少是影响因素之一。

二、动词（组）的情状体

动词可以从不同的角度进行内部小类的划分。对于不同的句式或语法现象，需要运用不同的动词小类知识才能加以解释。比如，"了、着、过、在"是汉语二语学习者的难点，甚至汉语水平已接近母语者的学习者，还是会在这些词语的使用上出现偏误。如：

（1）*我以前试一试看书学习汉语语法，但是，这个书本没有练习问题，这个方法没有用了。

（2）*去年我跟姐姐一起去过英国旅行。

（3）*在书店里我看到朋友。看起来他找着书，但是，他找不到。

语言教师除了要告诉学习者该怎么对这些错误进行改正以外，也得明白这些现象背后的道理，并在教学中有针对性地设计教学点。对于时体助词"了、着、过"以及副词"在"的用法来说，最重要的知识就是动词的情状体（lexical aspect, situation aspect）类型。

（一）动词（组）的情状体类型

所谓情状体，就是动词或动词性短语自身所具有的时间特性，或者说动作在内部时间过程上的特点。比如，"找"是动态的，可以持续，而且从理论上来说可以一直持续没有终结，而"找到"也是动态的，但不可持续，一旦发生便告终结。Vendler（1967）根据是否具有动态性（dynamicity）、持续性（duration）和终结性（telicity）三个标准，将动词的情状体分为如下四类：

表3.1　Vendler（1967）对动词情状体的分类

情状体类型	示例	动态性	持续性	终结性
状态（states）	是、像	-	+	-
活动（activities）	走、找、看	+	+	-
终结（accomplishments）	建一座桥	+	+	+
瞬间终结（achievements）	打破、找到	+	-	+

郭锐（1993、1997）、邓守信（1985）等基于Vendler的这个分类框架对汉语动词的情状体进行了研究。但Rappaport（2008）指出，Vendler（1967）没有严格区分动词与动词所在的动词性短语（主要是动词及其论元），所提出的三个判断情状体的标准，其实并非都是应用于动词自身，而是应用在动词性短语上。比如，动词"建"不具有终结性，可以一直持续，而"建一座桥"则是终结情状。①因此，她主张要依据动词自身的语义特征进行情状体分类。杨素英（2000）对汉语动词情状体的分类就尽量只关注动词的内部词汇语义，她将汉语动词分为五类：

状态动词[-动态][-时限]：爱　相信　像　住　高兴　气　恨

活动动词[+动态][-时限]：跑　推　按　笑　散步　爬

有时限活动动词[+动态][+/-时限]②：敲　闪　眨眼　咳嗽　跳

有结果指向动词[+动态][-结果实现]：修　造　写　打　煮　杀　想象

有结果实现动词[+动态][+结果实现]：赢　死　到　毁　忘　输

徐晶凝（2012a）认为，这一分类比较全面地涵盖了汉语动词的意义类型，不过，有三点值得注意：（a）这五类情状体并不是在同一个标准下分出来的；（b）活动动词（"跑"类词）与有时限活动动词（"敲"类）其实更多只是意义上的细微差别，在句法上并没有截然的区别；（c）活动动词（"跑""敲"类）和有结果指向动词（"修"类），其实都可以看作是有结果指向的，只是结果的性质不同，"修"类动词的结果，可能是"一条路、一座桥"等，而"跑"类动词的结果可能是"一身汗"等。因此，徐晶凝（2012a）从与"了"的分布和意义是否相关的角度，将该分类体系调整如下：

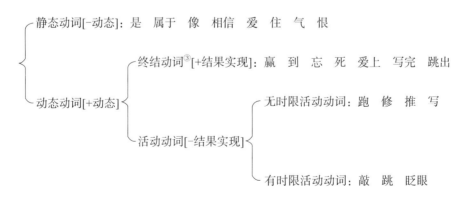

---

① 以往学者们也观察到这种现象，并采用情状体转换（aspectual class shift）的办法进行解释，即"建"是活动动词，但是在"建一座桥"中具有了终结性。

② 相当于Smith（1991）所提出的单变情状（semelfactive）。

③ 静态动词与活动动词如果后加表结果、完成、趋向、接触类补语，则可以变成终结动词。（杨素英，2000）

动词（组）情状体小类的区分，之所以对了解时体助词/时体副词"在、了、着"等的用法至关重要，是因为"在、了、着"等属于语法体（grammatical aspect），或者叫视点体（viewpoint aspect），而情状体与语法体之间具有选择关系，即情状体的类型决定着它能否与"在、了、着"等共现，并影响共现后的意义解读。

（二）"了₁"与情状体

"了₁"是一个完整体标记（perfective aspect，Li and Thompson，1981），表达完成义。它不是过去时（past tense）标记，因为它既可以用于说话时间之前发生的事件，也可以用于说话时间之后发生的事件，还可以用于通常发生的事件。如：

（1）我昨天就到了上海。

（2）明天这个时候我就到了上海了，别担心。

（3）他每次到了上海都要吃灌汤包。

不过，在没有其他解释成分（如时间状语"昨天、明天、每次"）的孤立语境中，完整体的默认解读是过去完成（Bybee et al.，1994），如"我到了上海"的默认理解是"到上海"在说话时间之前已然完成。据赵世开、沈家煊（1984）的研究，75%的"了"用于过去已然事件句。但是，"了₁"不是强制性语法范畴，它是在将语汇单位带到交际场景中时，根据语用、语篇的要求而决定的（吕叔湘，1980；吴福祥，2005）。所以，实际语篇中并非所有的过去已然事件句都使用"了₁"。如：

（4）a 王眉把我领到招待所，b 给我吃，c 给我喝，d 还让我洗了个舒畅的热水澡。e 晚餐我吃掉一大盘子烧肉芥蓝菜，f 然后把香蕉直塞到嗓子眼那儿才罢手。g 我感到自己像个少爷。

在这七个过去已然事件小句中，作者仅在 d 小句中使用了"了₁"。这一现象学者们早已发现，并归纳出诸多影响"了₁"隐现的因素（李兴亚，1989；沈家煊，1995；杨素英、黄月圆，2013等）。根据已有研究，总体来说，"了₁"在过去已然事件句中的隐现规律，有一个显著特点，即：如果动词（组）是一个具有内在终结特性的情状，则"了₁"具备隐去不用的潜在可能性。比如，在王朔小说《空中小姐》中，"了₁"的使用情况如下：

表 3.2 《空中小姐》中"了₁"的使用情况

动词性短语	"了₁"可隐去	"了₁"可补出	"了₁"不可隐去
动词+结果补语+宾语	18	91	7
动词+趋向补语+（宾语）	23	110	5

（续表）

动词性短语	"了₁"可隐去	"了₁"可补出	"了₁"不可隐去
动词+在+宾语	1	13	0
动词+数量宾语	2	6	61
动词+宾语	4	13	93
双宾结构	1	5	3
动词重叠	5	2	7
合计	54	240	176

在前三种动词性短语中，"了₁"可隐可现似乎相当自由，这三种动词性短语都属于有确定结果的终结情状。在过去已然发生的事件语境下，终结情状必然实现终结，情状体自身的时间过程特性可以涵盖视点体标记"了₁"的完成义，因此"了₁"成为冗余成分，可以不出现。"完成、抵达、产生、放弃、受到、感到、得到、获得、陷入"等动词也包含着确定结果，具有终结性，用于过去已然事件时，"了₁"的隐现也比较自由。我们来分析几个实际用例：

（5）回到基地，我们舰进了坞。不久，一批受过充分现代化训练的……接替了那些……军官们的职务。

（6）她们机场连着出了两次事故。一个水箱没扣上，起飞时，一箱开水都浇到坐在下面的乘务员头上。一架飞机着陆时起火，烧死一些人，乘务员从紧急出口跌出来，摔断了腰椎。阿眉的情绪受了一些影响。

在语篇（5）中，"回到基地"属于"动补结构+宾语"型动词性短语，"了₁"隐去；而"进坞""接替职务"为"动词+宾语"型动词性短语，"了₁"出现。

在语篇（6）中，"出两次事故""受一些影响"为"动词+数量宾语"型动词性短语，"了₁"出现。"浇到乘务员头上""烧死一些人""从紧急出口跌出来""摔断腰椎"皆为述补短语型VP，均满足可省略"了₁"的句法条件，前三个都省略"了₁"，但最后一个则使用"了₁"。这是因为：在后一个事故中，叙述者对故事的发展有一个叙述，故事发展的结果是"摔断腰椎"，作为一个关键峰事件（peak event），叙述者用"了₁"

做了标记（徐晶凝，2022）。①

基于动词的情状体特征来观察"了"，还有其他一些发现：

A."了$_1$""了$_2$"与不同情状体结合，具有不同的隐含意义。如：

（7）我的休闲时间几乎都用于一件事：读书！除了我一向热爱的文学书籍，现在我也<u>喜欢</u>读一些名人传记之类的书籍<u>了</u>，比如海伦·凯勒的《假如给我三天光明》……

（8）他也逐渐适应了、<u>喜欢了</u>美兰给他安排的舒适而又合理的生活。

（9）此时，他发现他已经不在瑞典的南部了，队伍行进得如此迅速，他们已经<u>到达</u>斯维亚兰<u>了</u>。

（10）1486年，葡萄牙人迪亚士沿非洲西海岸向南航行，<u>到达了</u>非洲最南端的好望角。

（11）我向爸爸妈妈打了个招呼，爸爸的眼皮向上一掀，什么也没说，仍然埋头吃饭。妈妈瞥了我一眼，勉强笑了笑，匆匆说了句"你快去盛饭吧"，也低下头<u>吃</u>饭<u>了</u>。

（12）他的朋友来了，等了很久，还不见牛顿出来，于是就自己先<u>吃了</u>饭，还把吃剩的鸡骨头放在牛顿位置上的盘子里，然后悄悄离去。

例（7）和例（8）中，静态动词"喜欢"与"了$_1$""了$_2$"组合，都表达状态变化，即进入喜欢的状态，而在例（9）和例（10）中，终结动词"到达"与"了$_1$""了$_2$"组合，都表达事件终结。②可是在例（11）（12）中，活动动词"吃"与"了$_1$""了$_2$"组合后，意义却有显著差别：例（11）表示"吃饭"这个事件处于由一系列不同事件所组成的事件进展的链条之中，即"妈妈瞥我一眼→笑→说→吃"，并不强调"吃"是否终结；而例（12）中，"吃了"虽然在"等了很久"这个事件之后发生，但说话人并不强调它们之

---

① 当然还有其他一些影响因素，比如，汉语的双音步韵律特点及副词"又、已"等对"了$_1$"的隐现也起着一定的制约作用。比如：

a. 有的已成为工作单位的骨干，曾经和我要好过的一个女同学已<u>成了别人的妻子</u>。

b. 多布村54户人家有50户<u>买了电视机</u>，并有了25部固定电话和手机。

c. 全世界还有148个国家购买了本场比赛的电视转播权。

在语句a中，前一分句中的动词是双音节光杆动词"成为"，后一个是单音节光杆动词"成"，它们语义相近，且都是包含确定结果的动词，后面的"了$_1$"都可自由隐现。但这里的关键是"成"与另外一个单音节时间副词"已"构成了双音步韵律单位。若将"已"去掉，或者将"已"换为"已经"，则"成"后的"了$_1$"不可隐去。语句b、c中，动词"买""购买"皆为指向结果动词，后面的"了$_1$"都不可以自由隐去。但若在"买""购买"前加上已然时间副词"已"，则"了$_1$"也可隐去。因此，"已""已经"等已然时间副词，也会影响到"了$_1$"的隐现。述补式VP中"了$_1$"的使用规律，可以参看徐晶凝（2022）。

② 但这并不表明它们的语篇意义也完全一样。"喜欢……了$_2$"表示状态A→状态B的变化，即喜欢文学书籍到喜欢传记的变化，而"喜欢了……"表示非状态A→状态A的变化，即不喜欢美兰安排的生活到喜欢这种生活。"到达……了$_2$"表示到达了预期的目的地，而"到达了$_1$……"中的目的地可能是非预期的。

间的进展关系,"吃了"只强调"吃"的终结。

B. 动词的情状体很大程度上影响了"VO了"与"V了O"对宾语的选择限制。当动词为活动动词时,"了$_1$"要求宾语有定或有指,多为复杂NP;而"了$_2$"则一般要求宾语无定或无指,多为光杆名词(Li and Thompson,1981;徐晶凝,2012)。以活动动词"吃"为例,徐晶凝(2012a)在CCL语料库中检索到6700多例"吃了O",如:

(13)据测定,它的甜度比食糖要高上千百倍。果内有一粒较大的种子。吃了这种果子,嘴里会保持长时间的甜美爽口的味道,使人久久不能忘怀。

(14)30年代前,精白米是菲律宾人的主要口粮,也正是吃了精白米,当地的脚气病死亡率曾高达11%~15%。

(15)相传,有一位牧羊人偶然发现羊吃了咖啡豆便不停地蹦跳,他好奇地品尝了几颗,果然兴奋不已。

而在检索"吃O了"时却发现,当限制O为四个字或更长的词语时,检索不到用例。而O为两个或三个字时,所检索到的用例也相当少,且多为三字词,如:

(16)1988年除夕,徐虎照旧在晚上7时去开箱服务。发现3只报修箱里没有一张纸条,就放心回家吃年夜饭了。女儿看到这么"早"回家的父亲,高兴得不得了。

(17)怎么说呢,就是变成国家的,变成管国家的库了。那么变成管库了,后来叫"库冯"。管库以后呢,就吃俸禄了。因为清朝的时候就给他吃俸禄。

可以看出,"吃了O"中的O都可以获得回指上的有指解释,例(15)中的"咖啡豆"在上文虽然没有提及,但整个语篇的话题就是咖啡豆,实际上它也是有指的。而在"吃O了"中,O皆无任何修饰成分,没有限定性或描写性定语,也没有数量词修饰,都无具体所指。

不过,当动词为静态动词和终结动词时,"了$_1$"和"了$_2$"对句子宾语的选择并无显著差异。如前文的例(7)(8),"喜欢O了"和"喜欢了O"中的O皆为复杂形式,而例(9)(10)中,"到达O了"和"到达了O"中的O皆为有定有指成分。

C. 动词为静态动词时,"V了O"与"VO了"的使用频率都比较低。一般研究所观察到的静态动词与"了$_1$"不能共现的现象,其实与现实世界的意义表达有关,而非句法本身的限制。当有意义表达的需要时,静态动词几乎随时都可以与"了$_1$"共现。郭锐(1993)用"了"作为第一条标准所界定出的最典型的状态动词中,"等于、作为、像、记得"等在适当的条件下都可以与"了$_1$"共现。如:

(18)像主席像了多年,饰演主席这还是第一次。

(19)扮看守的演员想看看扮犯人的演员是否已经记得了这封信的内容。

（三）"在""着"与情状体

"在"与"着"的语法意义比较接近，不过，"在"侧重表达动态的进行，而"着"侧重表达静态的持续。因此，它们在与动词情状体的共现上也有一定的差异。我们根据郭锐（1993、1997）的动词情状体分类来观察这个问题。郭锐（1993、1997）的汉语动词分类体系如下：

表 3.3　动词的过程结构分类

静态动词 （stative verbs）	状态动词 （state verbs）	① 是 等于 以为 作为 当
		② 知道 认识 熟悉 了解 当心
		③ 喜欢 姓 相信 懂 重视 放心 害怕 忽视 讲究 轻视 顺从 误解 拥护 准许
		④ 爱护 保留 保持 有 跟随 留心 盼望 佩服 热爱 体贴 信任 希望 依赖 指望 爱 关心 坚持 恨 后悔
动态动词 （dynamic verbs）	动作动词 （action verbs）	⑤ 病 坐 依靠 醉 包围 承担 惦记 盯 蹲 躲 跪 流露 伸 率领 限制 坐 住
		⑥ 等 工作 敲 端 战斗
		⑦ 吃 烧 搬 看 修改
	变化动词 （change verbs）	⑧ 消失 增加 产生 提高
		⑨ 离开 灭亡 消除 实现
		⑩ 来 忘 看见 收到 开始 毕业

这十类动词构成一个连续统，有三个典型类，即①"是 等于"等状态类、⑥"工作 敲"等动作类和⑩"来 毕业"等变化类，而其他小类则是这三类之间的过渡类。整个系统是以动作类典型动词⑥为中心，向两极（状态、变化）过渡的连续统。

徐晶凝（2007）基于该分类体系对国家语委语料库中的"在、着"进行过观察统计，发现可以与"在"共现的动词，绝大部分集中在动作动词（约占77%），其次是变化动词，有40多个，70多词次，而状态动词比较少，只有"生气、忙碌、爱、关心"等大约10个。相反，可以与"着"共现的动词却绝大部分属于状态动词，只有少数动作动词，没有变化动词。这一分布情况是由"着"的语法意义及其在语篇中的地位决定的，方梅（2000）指出，"V着"主要用于背景句，描述伴随状态，不是核心表述成分。根据徐晶凝（2009），"V着"在语篇中的句法分布环境与频率如下表所示：

表 3.4 "V着"在语篇中的句法分布环境及频率

句型	例句	数量	比例
① 处所+V+着	只有正中央的一张破桌子空着，我们坐下来，置身于一堆破桌子烂椅子的包围中，四周是影影绰绰烛光中的人影，头上悬着些破渔网、摔成两半的破吉他、空易拉罐、空烟盒，墙上挂着破轮胎、破胶木唱片……	65	13%
② V_1着+V_2	志俭永远忘不了，小妹哭着喊着要糖吃，妈妈破天荒地给她买了两块糖。	178	35.6%
③ V着	A. 我倚在床头，抽烟，看着她。 B. 在宏观领域和微观领域之间，存在着一块近年来才引起人们极大兴趣和有待开拓的"处女地"。	234	46.8%
④ V着V着	老汉遇见知音，说着说着，说到了刚才集市上那不如意的事。	3	0.6%
⑤ V着（定语）	甚至在全剧结束之前，让秋子也跨出了那扇一直关闭着的大门。 反之，也可以通过相互作用，从振动着的晶格点阵获得能量和动量。	17	3.4%
⑥ V着（传信用法）	要较起真儿来，这类话倒也没啥不对，但总觉得看着不顺眼，听着不入耳。	3	0.6%

"处所+V+着"是存在句句式，表达一种静态的状态持续；"V_1着+V_2"中，"V_1着"表示的是V_2动作进行时的伴随状态；"V着V着"虽然本身表达的是一种动作的进行，但是作为另一个动作发生时的伴随状态被引进语篇；"V着"做定语和用作传信（evidential）标记时，更是用作背景。

值得注意的是③类"V着"的使用情况。"V着"实际上可以分为两种：A类句子中的"V着"其实与②类中的用法是一致的。如"我倚在床头，抽烟，看着她"中，"看着她"其实也是"抽烟"这个动作发生时的一种伴随状态，我们可以将这个句子改写为"我看着她，倚在床头，抽烟"。这类用法与②类合在一起，在语料中所占的比例高达47.6%，是"V着"的主要用法。B类句子中的动词大都属于静态动词①，不多的"动作动词+着"的例子也正如方梅（2000）所观察到的那样，在语篇中大都用于表达静态的状态持续或者是伴随状态。如：

---

① 其中出现频率较高的词是：存在（22）、起（作用）（14）、意味（9）、面临（9）、伴随（5）、保持（5）、代表（4）、标记（4）、表达（2）、沉默（2）、充满（2）、担负（2）、琢磨（2）、活（2）、蕴藏（2）、制约（3）。

（1）更令人惊叹的是数十组逗人喜爱的仙人球、水仙花、君子兰等灯景，不但形态逼真，还不时变幻着五光十色。

（2）他似乎没听见，仍旧低头写着什么。

（3）行星主要是在太阳引力作用下运动着。

除了与动词情状体的搭配有差异外，"在"和"着"在与副词的共现上也有差异。"在"侧重于表达动作行为的动态进行，可以是从动作的起点开始的进行，也可以是延续中的进行，它可以与副词"已经、仍然、依然、还"等连用。如：

（4）虽说就目前看来，饭店在经济上并没有丝毫损失，但情况太离奇了，已经有人在谈论妖精鬼怪，甚至有人提出不敢值夜班了。

（5）女生们的衣裳已经在争奇斗艳；男生们的头发都蓄得像一丛丛剑麻。

（6）他见达娃卓玛还在犹豫，又宽慰说……

而"着"侧重于表达进行中的动作行为或动作已然发生后所具有的持续状态，不能与"已经"连用，只能与"依然、仍然、还"连用，但因为"着"多表达静态的状态持续，与这些副词的连用也比较少见。在500例语料中仅检索到4例。它们是：

（7）南面的房间里却依然闪着台灯的光亮。

（8）在未来更加激烈的市场竞争面前，年轻的企业家刘汉元依然保持着相当的冷静和清醒。

（9）尽管如此，这里我们必须指出，黑洞理论目前还存在着一些严重的困难。

（10）大约有一百年了，树干大到两抱围，还充满着青春的生命力。

另外，"在、着"可以同现，徐晶凝（2007）发现可用于"在verb着"中的动词类别从③类状态动词到⑨类变化动词都有，其中绝大部分属于动作动词（162个），只有少数属于状态动词（29个）和变化动词（5个）。如：

（11）我笑笑，冲他挥挥手，我看得出，他还在喜欢着我。

（12）她不知道他到底在期待着什么。

（13）我总是想，他们一定在盯着我，所以后来我很快就离开食堂跑到外面去了，坐在孤寂的长椅上，把我的面包分给野鸭吃。

（14）几万头的鹿像蚂蚁一般麇集在园囿的周围：有些立在岩石上，有些伏在草坪上，有些排立成队伍似的，和顺而驯服地在等待着它们父亲的命令。

（15）那些杂乱地躺在灰烬上的柴枝像无数黑色的长虫，还在燃烧着。

（16）时代的变化在改变着人们的道德观念和价值观念，这种变化必然导致对传统戏曲中民主性精华的重新认识和评价。

（17）个别的人在他的个别的劳动里本就不自觉地或无意识地在完成着一种普遍的

劳动。

从理论上来说，可以出现在"在verb着"中的动词，应该是既可以用于"在V"结构，也可以用于"V着"结构的。但语料检索统计的结果表明，"在verb着"中出现的动词类别要大于"在V"和"V着"结构中动词的交集。如"盯"本不可单独与"在"搭配，"增长"本不可单独与"着"搭配，但它们都可以进入"在verb着"。这个现象说明"在verb着"可能具有构式的强制作用，可以使某些不能单独与"在"或"着"搭配的动词进入该构式。

最后值得一提的是，"在V""V着"在使用频率上相差很大："在"无论是在口语体还是书面语体中使用频率都不高，在口语体中的使用频率尤其低；而"着"在书面语体中的出现频率相当高，与英语中的非限定-ing小句非常相似[①]。

三、自主动词与非自主动词

请看下面的例句，"一再"与"再三"能否互换？它们的用法差异主要与什么有关？

（1）这是最具历史价值的一篇文章。我们应该<u>再三</u>诵读。

（2）党中央和人民解放军<u>再三</u>规劝西藏上层反动分子改弦更张，不要成为千古罪人。

（3）后经<u>再三</u>交涉，禹作敏才勉强同意武警进入这个"禹氏庄园"。

（4）报社的同志跟他<u>再三</u>解释，他还始终没有松口。

（5）攻读大学期间，他<u>一再</u>写信给家里要求解除婚约，直到临近毕业时婚约才正式解除。

（6）如果咨询者<u>一再</u>强调这一点，就会让来访者愈加陷入沮丧、不安和困惑之中。

（7）女性在社会文化中的价值，正是被这些信息<u>一再</u>固着于传统地位。

（8）这种态度是心理学界和行为学界<u>一再</u>出现的。

（9）数学史的发展<u>一再</u>证明自由创造总是领先于形式化和逻辑基础。

（10）他们当然不会察出他们被人利用，所以会<u>一再</u>和那些人扯在一起，真是不够明智。

例（1）—（6）中，"一再"和"再三"可以互换，但例（7）—（10）中的"一再"不可以换成"再三"。这两组例句的主要区别是，例（1）—（6）中的主语都是人，

[①] 进行体在口语中的使用频率低，是人类语言的一个普遍特点，英语的研究也发现了同样的情况（Schmitt, 2002）。在国家语委语料库中，共检索到"在V"语料1911条，而"V着"语料却多达34282条。在9万字的侦探小说中，"在V"的语料有70例，约占0.078%；在《人民日报》中，有接近7000例，约占0.33%。

动作行为则是施事发出的有意识的行为，即施事的自主行为；而例（7）—（9）中的主语是物，例（10）的主语是人，它们的共同之处在于动作行为都是无意识的，不是自主发出的。可见，"再三"只能用于自主行为，而"一再"可以用于自主行为，也可以用于非自主行为。

自主行为和非自主行为多由自主动词和非自主动词表达，这是汉语中很重要的一对动词语义小类，跟很多词语的用法和句法格式有关，马庆株（1992）做过详细分析。比如自主动词的肯定式和否定式都可以用于祈使句，而非自主动词只能进入否定祈使句，如：

（11）你看！　　　　　你别看！
（12）*你误解别人！　你别误解别人！

"自主动词+着"可以表达祈使，而"非自主动词+着"只能表达状态持续，如：

（13）拿着！
（14）看着！
（15）他病着呢，让他休息一天。
（16）那儿冒着泡儿，你快来看。

从语义上来说，非自主动词主要表达属性和变化，如"病、跌、漏、淋、垮、死、懂、忘、出生、爆发、堕落、好转、缺少、倒闭、知道、以为"等。

含有"得、失、遇、着、损、衰、犯、见、生、于"等语素的动词多为非自主动词，如"得逞、记得、失落、丢失、遇到、着急、损害、衰退、犯罪、窥见、产生、等于"等。

四、位移动词

请看以下例句中的动词具有什么样的语义特征？

（1）他跑进教堂去了。
（2）太阳升起来了。
（3）山上滚下来一块大石头。
（4）他寄过来一些小吃。
（5）你们怎么搬进来一堆垃圾？
（6）我把旧衣服扔出去了。
（7）他把书拿下去了。

可以与趋向补语共现的动词，只能是位移动词，即动作含有可以致使某人或某物发生位置移动的动词，包括主体自身的位置移动，如例（1）—（3），这些动词包括"跑、升、飞、走、跳、爬、运、游、滚、飘、漂、传（来枪声）、流"等；也包括客体发生位置移动，如例（4）—（7），这些动词包括"拿、端、找、抱、搞、送、运、传（来一个球）、扔、搬、寄、拉、拖、拽、带、扛、抬、牵、交、还（huán）、借、抢、偷、买、塞、丢、举、挪"等。

句式"处所+V+趋向补语+主体"（例3）属于存现句，只有第一类位移动词可以进入。

句式"S+V+趋向补语+受事宾语"（例4、5）和"S+把+O+V+复合趋向补语"（例6、7），只有第二类位移动词才可进入。汉语学习者可能忽略这两个句式对动词语义小类的选择限制，而出现如下偏误：

（8）*他把书看下去了。

（9）*我洗回来一些衣服。

"看、洗"都不是位移动词，都不能进入这两个句式。当然，如果在魔术表演或传说中的气功表演中，果真发生了因为"看"这个动作而导致"书"发生了位置移动，那么例（8）也是完全可以的。

其他要求跟位移动词共现的语法项目还有：

A. 结果补语"走"要与位移动词共现。如："跑走、爬走、拉走、推走、借走、偷走、吹走"等。

B. 动量词"趟"要与位移动词搭配。如："跑一趟天津、走一趟陕北、运一趟货、搬一趟家"等。

五、其他动词语义小类

（一）[+附着]与[+去除]

某些句式对动词的语义小类有特殊要求，如表示存在义的"处所+V着+NP"句式中，只有[+附着]义动词才可进入，如：

（1）厂门口蹲着很多人。

（2）胸前戴着大红花。

具有[+附着]特征的动词主要包括两类：A."坐、站、睡、躺、蹲、趴、爬"等身体姿势动词；B."挂、贴、刻、钉、绣、戴、穿"等可以使某物附着于某个地方的动作动词。

相反，可进入句式"S+把+O+V+了"的动词，多为可以导致O消失的动词，即带有[+去除]义的动词，如：

（3）a. 我把垃圾扔了。

　　　b. *我把垃圾拿了。

（4）a. 你把字删了。

　　　b. *你把字写了。

（5）a. 他把衣服脱了。

　　　b. *他把衣服穿了。

含有[+去除]义的动词主要包括"扔、删、脱、丢、擦、抹、拆、撕、烧、摘、卖、吃、喝、忘"等。这些动词也是结果补语"掉"所要求的一个语义小类。

玄玥（2017）认为，动词能否进入该句式，关键不是动词是否具有[+去除]义，而是动作的过程性是否被突出。比如：

（6）贾芸把手绢捡了，事情就成功一半。

（7）为了娶媳妇，他把房子盖了，把戒指买了，就等找到女朋友了。

"捡、盖、买"都不具有[+去除]义，但在足够的语境条件下，也出现在"S+把+O+V+了"中，因为在这两个语境中，动作的过程性不被突出，动作的完结性可以得到理解。不过总体而言，具有[+去除]特征的动词进入该句式更为常见。

（二）心理感知动词

这一个动词语义小类也与不少句法现象有关，内部还可进一步细分为三小类：

A. 心理活动类：爱、恨、怕、害怕、忾、发忾、想（miss，want to）、感动、埋怨、赞成、尊敬、关心、担心、后悔……

B. 认知类：知道、相信、怀疑、认为、以为、觉得、感觉、感到、希望、盼望、同意、反对、想（think）、决定……

C. 五官感受类：晃、吵、闹、鮈、挤、冻、烤、憋、堵、呛、噎、撑……

这类动词从语义上来说，和性质属性一样，都具有程度上的不同。所以，它们在句法上与形容词一样，大都可以接受程度副词的修饰，其中，A类和C类还可以带程度补语，如"恨透了、怕得慌、想得要命、晃得厉害、烤得够呛"等。

另外，A类和B类还可以带动词性宾语或小句宾语，且往往不与"了$_1$"共现。学习者往往会在这里出现偏误。如：

（1）*他想了帮助她。

（2）*那时候我决定了我要去北京留学。

A类动词中表示情绪性心理活动的，还可以带"地"做状语①，如：

（3）他厌恶地瞪着这个浑身脏兮兮的孩子。

（4）她羡慕地想："如果获奖的人是我，该多好啊！"

B类动词还常常与人称代词合用，变成一个立场标记（stance marker），用于引出说话人的主观看法，如"我觉得、我想、我认为"。徐晶凝（2012b）通过对真实语料的观察，总结出"我觉得"在交际互动中主要用于标记不同观点、引出负面评价、安慰对方或自我辩护等。

（三）系动词"是"

"是"看似简单，用法上却极为特别，所表达的前后成分之间的关系极为复杂。如：

（1）我是老师，他是学生。

（2）今天（是）除夕，不要工作了。

（3）桌子上是书，不是杂志。

（4）我是不知道，但不等于我永远不知道。

（5）他（聪明）是聪明，但是不努力，又有什么用？

（6）我是昨天来的，刚到，还不了解这边的情况。

（7）（饭店点菜）我是一碗牛肉拉面，他是一个蛋炒饭。

"是"所表达的各种不同的语义关系，教学中要区别清楚，不可混为一谈。学习者常常因为对"是"的各种用法掌握不牢而出现偏误。如：

（8）*我是个爱笑的人，而且很喜欢谈话的人。

（9）*他的身体长得和我是差不多一样。

（10）*我的地址是如下：北京语言学院4号楼。

（11）*我的爸爸，在他过世之前，是很喜欢流行歌曲，每天都可以听到他开流行歌曲给我们听。

（12）*我是在韩国的忠北大学校毕业了。

（13）*流行歌曲是从那角度来看而能分好坏。

不仅汉语中的"是"比较特别，英语的be动词也是比较特殊的：

A. 它可以用在主语和形容词谓语之间（She is nice.），意义上完全冗余，只是为了保证主谓一致关系。而其他动词，除了become，appear，seem，turn，grow等少数几个动词

---

① 还有一些动词可以做状语，如"试探、巴结、讨好、乞求、爱抚、审视、挑逗、嘲弄"等，邢福义（1996）将其称作意向性行为动词。

之外，都不能后接形容词。

B. be动词还可以用作助动词，协助表达进行体、被动语态等。

第一点特别值得注意，汉语学习者常常会在形容词谓语前使用"是"，或者难以理解形容词补语（如"吃胖、洗干净、吃得很胖、洗得很干净"）这一句法结构。

六、行为与结果

看两个例句：

（1）这几个小子还真能打！我们近百个兄弟上去杀了半天还没杀死一个！

（2）*You killed them for a long time, but they didn't die.

作为汉语母语者，对于例（1）我们完全可以接受；英语母语者却绝对接受不了例（2）。这个现象实际上反映了汉语区别于英语等很多其他语言的一个重要特点，那就是汉语的动作动词（action verbs）自身不包含终结性（telicity），只指涉行为（activity-denoting）。通俗地说，就是汉语需要严格区分动作行为和结果。①"杀了"只能表示"杀"这个动作行为发生了，但不一定必然隐含着"死"这个结果。如果要强调结果，就得用"杀死"。而英语里的killed必然意味着"已死"。

因此，汉语里存在着大量的"动词+结果"式的组合，如"提高、降低、穿透、摔倒、推翻、看见、睡着、找到"等，这些组合的特点是，两个字不易分开，就像复合词（compound words）一样，有些甚至已经被收到《现代汉语词典》里了，它们与"提、降、穿、摔、推、看、睡、找"等单纯表示动作行为的动词形成对立，以满足不同的表达需要。汉语学习者常常因为不了解汉语动词的这个特点而出现偏误，如：

（3）*那时候我那么小，很多东西都忘了，可是我记了袋鼠。（记住）

（4）*一旦学了抽烟，就很难戒。（学会、戒掉）

（5）*那封信我三十分钟写了。（写完/写好）

这些语境都需要强调"结果"，而学习者未使用"动词+结果"这一语法手段。导致学习者习得这一语法手段困难的原因，并不是学习者不理解这一组合的语法意义，因为英语中也存在"动作"与"动作+结果"的概念区别，比如look与see，look for与find，sleep与fall asleep的对立。但是，汉语"动词+结果"这一组合实际上还隐含着对动作方式的编码。比如"杀"与"打、吊、病、气、吃、笑、哭、累"等可以导致"死"这一结果的动词一样，进入"V死"结构，这些动词可以理解为彼此互相区别的动作方式。因此，学习者想要学会使

---

① 不过，这种概念化的方式并非自古如此，古汉语中，动作和动作结果分别用不同的动词来表达，如"寝（睡）、寐（睡着）、觉（睡醒）""食（吃）、厌（吃饱）"等。（石毓智，2003a）

用结果补语，不仅要记得区分"动作"与"动作+结果"，还要记得区别动作的方式。

英语中"动作、方式、结果"的组合模式比较复杂，根据朱旻文（2017），主要有四种：（a）动词本身包含着动作、结果和方式，如see，catch，cure等；（b）动词本身只包括动作和结果，不包括方式，如break，finish，dry等，break译作汉语可以是"打破、摔破、戳破、敲破、磕破"等；（c）动词包括动作和方式，但不包括结果，如blow，eat，knock等；（d）动词只表示动作，不包括结果，也不包括方式，如cut，hit，make等，cut译作汉语可以是"剪、砍、切"等。

（c）（d）两类动词，可以借助副词（如off）组成短语动词，表达结果。① 还可以使用致使句式表达"动作+结果"，即S+V+O+adj。如：

（6）Too much food made him sick.

（7）Mary ate herself sick.

（8）He watered the flower that Mr. White loves best flat.②

对于（a）（c）（d）类词，学习者可能忽视"结果"而出现偏误，如例（3）—（5）。对于英语的（b）类词来说，学习者可能忽视了"方式"而出现如下错误：

（9）*我完了考试。

（10）*弟弟破了杯子。

另外，汉语中的这类述补式复合动词，在句法上也有一些独特之处。如一般来说，程度副词"稍微"修饰动词时，需要与不定数量共现，如：

（11）你只要稍微动一下，就有可能触动机关引发爆炸。

（12）从夜里11点一直忙到第二天早上8点，中间只稍微休息了一两次。

但是，述补式复合动词可以直接受"稍微"修饰，如：

（13）左心房稍微增大，时有胸闷和胸口紧绷等症状。

（14）为什么时间管理稍微放松就失控？

"增大、放松"这类复合动词自身含有量的变化这一语义特点，可以补足程度副词"稍微"对数量进行限定的语义需要。

动态助词"在、着"一般也不与瞬间终结类动词（achievements）或变化类动词（郭锐，1997）如"到达、丢、赢"等共现，但是，一部分述补式复合动词却可以。如：

---

① 有些短语动词表达完结意义，如mix up，wind up，wear out，fade out，burn down，run down，cut off，turn off等。

② 该句无法按照重型NP（heavy NP）移位的原则将flat前移，因为flat不是to water可以预期的常规性的结果，二者之间的语义关联不强。Kuno（1987）指出，因较重的形式移走之后而造成的两个连接在一起的成分必须在语义上有较强的关联，它们的语义连接越是能构成一个反复出现的模式，重型NP移位就越倾向于发生。参看第五章。

（15）深天马A产销量下滑，利润却<u>在增长</u>。

（16）随着昏黄的台灯光线慢慢<u>扩大着散开着</u>。

原因也在于该类复合动词具有一个逐渐发展的内部过程。（王媛，2018）

七、双宾句与动词

双宾句是一种常见句式，如：

（1）我借了他一本书。

（2）我分了他一杯羹。

（3）Mary bought John a book.

（4）John stole Mary a bike.

但双宾句在汉语和英语中的句式意义并不完全一致。汉语里的双宾句，既可以表示给予义（O_2从S向O_1传递），也可以表示取得义（O_2从O_1向S传递）；但英语的双宾句主要表示给予义。例（1）和例（4）的理解分别是：

我（S）借了他（O_1）一本书（O_2）。	John（S）stole Mary（O_1）a bike（O_2）.
A. 我借给他一本书。（给予义） B. 我从他那儿借了一本书。（取得义）	约翰为玛丽偷了一辆自行车。（给予义）

只有ask，cost，charge等有限的几个动词进入双宾句时，可以表达取得义，如：

（5）He asked me a question.

（6）The deal cost me a fortune.

（7）The repairman charged me 25 dollars.

汉语和英语双宾句都具有构式的特点，某些不具有"给予"或"取得"语义特点的动词进入该句式后，也可以获得句式的意义。但能进入双宾句的动词在汉语和英语中存在差异。如：

我吃了他一个苹果。 我赢了他一盘棋。 我打了他一个杯子。	I baked her a cake. I find you a place. She offered me a drink. She left him a card.

"吃、赢、打"在汉语中可以进入取得义双宾句，而英语相应动词不可进入双宾句。反过来，在英语中可以进入给予义双宾句的动词远远多于汉语，与上表右列对应的汉语动词"烤、找、提供、留"均不可用于双宾句，而需借助介词"给、为"等引出受益者或接受者，如"为她烤了一个蛋糕"。因此，对于英语母语者来说，学习汉语双宾句可能存在

的困难主要有两点：一是难以理解表示取得义的双宾句式；二是误将右列中相应的汉语动词用于双宾句。

另外，汉语的双宾句式可涵盖的语义关系相当复杂，根据马庆株（1992），有如下一些：

表 3.5　汉语双宾构式的语义关系

只包含实指宾语	只包含真宾语	给予类	送你一本书
		取得类	讹他两块钱
		准予取类	问你一个问题
		表称类	喊他哥哥
		结果类	溅了他一身水
		原因类	讨厌他一身酒气
		时机类	打他一个冷不防
		交换类	当它五块钱
	包含准宾语	使动类	出了我一次丑
		处所类	存银行三十块钱
		度量类	高我一头
		动量类	打他一拳
		时量类	等你十分钟
包含虚指宾语			看他两场电影

这一节的目的是要说明：某些汉语句式表面上看在学习者的母语中存在着完全对应的表达，但实际上，该句式在两种语言中所编码的语义关系并不完全相同，句式对动词的选择也可能存在差异。因此，教师需要对这些句式中动词的特点有深入的理解，才能准确预测和解释学习者可能出现的偏误。

八、动词重叠

动词的一个重要用法是可以重叠使用。动词重叠大概是在元代以后才出现的。普通话的动词重叠表示动作持续的时间短或者动量小。如：

（1）退休以后，闲着没事，下下棋、练练书法、打打太极，生活倒也自在。

（2）你不能老这么拼命加班了，得锻炼锻炼身体，好好休息休息。

但是，并不是在所有的情况下都可以使用动词重叠式。如：

（3）*习近平主席这周去访问访问英国，跟女王会晤会晤，就很多问题达成了一致。

虽然访问、会晤的时间都不长，也不能这样用，因为动词重叠主要用于较为随意的语境中。

另外，动词需要具备"可持续进行或反复进行、自主"的特征才可以重叠。如果不具备这样的特征，一般就很少重叠使用。如"丢、断、撞、死、到、出生、出现、发现、是、姓、像、叫、有、来、过、起来、爱、恨、怕、怪、同意、承认、拒绝、开始、赶走、打开"等，在现实性（realis）的情况下不可重叠，只有在非现实性（irrealis）的情况中，包括祈使、假设、将然、惯常事态等，才可以重叠。如：

表 3.6　现实性特征对"知道"等动词重叠的影响

动词	现实性	非现实性
知道	*他知道了知道。	（4）你应该让他知道知道你的厉害！（祈使）
爱	*他爱了爱她。	（5）你别站着说话不腰疼啊！她那个公主病真让人受不了。不信，你爱爱她试试？（假设）
去	*我去了去那个地方。	（6）我去去就来。（将然）
怪	*我怪了怪他。	（7）今天怪怪这个，明天怪怪那个，你怎么就没有一天顺心的！（惯常事态）

要注意的是，普通话的这种动词重叠的功能，在很多方言里并不存在。另外，普通话动词重叠式的使用，还有其他一些限制，比如，不能跟"曾经、已经、在、着、过、起来、下去"、动量词等表达时间意义的词语一起用，所带的宾语应该具备"有定有指"的特征，不能做定语，不能带补语，等等。（李宇明，1998）如：

（8）<u>看看</u>两个饿得像老鼠似的弟弟，小福子只剩了哭。

（9）*看看一个人，小福子只剩了哭。

（10）我们<u>讨论讨论</u>他提出的问题吧。

（11）*我们讨论讨论一些问题吧。

"两个饿得像老鼠似的弟弟"和"他提出的问题"都是有定有指的，而"一个人""一些问题"则是无定无指的，所以例（9）和（11）皆不成立。

另外，一般来说双音节动词的重叠形式是ABAB式，如"讨论讨论、商量商量"，但是，也有一些双音节动词似乎可以有AABB式重叠，如"抄抄写写、挑挑拣拣、寻寻觅觅、敲敲打打、指指点点"等，不过，它们实际上并非构形重叠，而是一种复合词，其用法和语义都与动词重叠不一致，而且这种AABB式可能并没有相应的AB原型动词，如"说说笑笑、走走停停"（邓盾，2022）。教学中如果遇到AABB式这样的词语，将它们作为一个词进行处理便可。

总之，重叠是汉语名词、动词、形容词三大词类的重要语法特征，而且，重叠式在具体使用中都有一些不同于原式的用法特点或者说用法限制。教学过程中虽然有一些语法术语（如非现实性）没必要告诉学生，但教师有必要在设计教学活动时，巧妙地将这些用法限制考虑进来。

九、情态助动词

情态助动词，传统上叫作能愿动词，属于动词的一个小类，但其用法与典型动词差异较大。汉语常用的情态助动词主要有如下一些：

可能、会、能、能够、可以、应该、应当、该、得（děi）、许、准想、要、肯、愿意、情愿、乐意、敢

其中，"会、能、能够、可以、应该、应当、该、得、要"的用法比较复杂，其他情态助动词与学习者母语中的对应形式用法基本相当。

情态助动词所表达的意义，属于情态（modality）。情态的含义是"说话人附加在语句内容之上的主观的看法和态度"，比如：

（1）这么简单的事情，他<u>能</u>不明白吗？我看他就是故意的。

（2）这么简单的事情，他<u>应该</u>是明白的。我看他就是故意的。

（3）你不<u>能</u>这么自暴自弃，你<u>要</u>振作起来。

（4）你不<u>应该</u>这么自暴自弃，你<u>得</u>振作起来。

例（1）（2）里，"能""应该"表达的是说话人的主观判断，属于表达逻辑可能性的认识情态（epistemic modality）。而例（3）（4）中，"能""要""应该""得"表达的是说话人所发出的建议，属于参与责任、义务等社会行为表达的道义情态（deontic modality）。用法比较复杂的几个情态助动词，基本上都有上述两种用法，如"要、得、该"也可以表达逻辑可能性：

（5）这个至少<u>要</u>比那个贵几百块钱。

（6）那还不<u>得</u>几百块啊？

（7）他<u>该</u>不是死了吧？

具体交际语境中情态助动词究竟表达什么意义，可以依据上下文以及语句中的词汇、句法特征进行判断。

在教学中，如何帮助学习者准确使用情态助动词是相当困难的，因为它们与学习者母语中的对译形式的用法存在错综复杂的关系，以英语的can，may为例：

表3.7　英语can，may与汉语情态助动词的对应关系

认识情态	I may go up at the end of August.	我八月底可能会去。 我可能八月底去。
	You may not like the idea of it, but let me explain.	你可能不喜欢这个想法，我解释一下。
	Can they be on holiday?	他们能是在度假吗？
道义情态	Oh, you can leave me out, thank you very much.	你可以不管我，谢谢。
	Can I get you a drink?	要我帮你拿瓶饮料吗？
	You may go at that hour if your work is done.	工作做完了，你可以在那个时间点去。
	May I leave my telephone number?	我可以/能留下电话号码吗？
能动情态 （dynamic modality）	I know the place. You can get all sorts of things here.	我知道这个地方，在这儿你能得到所有东西。
	John can and will help a friend.	约翰能够并且会帮朋友的忙。
	I can speak English.	我会说英语。
	He can walk 7km in one hour.	他一个小时能走7千米。

可以看到，can在不同情况下，可以翻译为"能、可以、会"等，may则可以翻译为"可能、可以、能"等。因此，对于学习者来说，要准确掌握这些情态助动词的用法是相当困难的。他们在偏误中所反映出的混用（例8—9）、多用（例10—11）或漏用（例12）现象也是相当复杂的：

（8）*我想我太自私不敢向您提到这些事，您先跟我讲如我不想做现在的工作，我能辞职上学。

（9）*我认为日本应该向中国学习这一点，因为我在中国有很多中国朋友，他们对我非常热情，如果我遇到了有些困难，那么他们就可以帮助我。

（10）*所以我们一天可以只能去一个人怎么样？

（11）*我的童年也算是不错，虽然没有机会取得高等学业，但也在其中能取了很多知识，很多做人的道理。

（12）*你们应该像老师一样，把学习当作一种乐趣，这样你们才不费精力就把功课学好。

另外，用于表达道义情态时，may往往用于正式场合，且表明听话人的权威性更强。汉语的"能、可以"等用于表达建议、请求、劝诱、提议、允诺等行为时，也与交际场景中的诸要素之间存在相关关系。说话人这样使用情态助动词时，需要考虑到交际双方的关系、权势以及行为的强迫度或执行难度等因素。如：

（13）（情景：钱康举办生日晚会，邀请肖科平、李缅宁和韩丽婷来参加。生日蛋糕

被搬进来后，钱康他们还在说话，李缅宁提出了请求）

"<u>可以</u>吃了么？"李缅宁拿刀比划。

"我先说两句。"钱康放下酒瓶。

（14）（情景：王沪生来到他的岳母家报喜，说他的妻子慧芳可能怀着男孩儿，因为爱吃酸的。刘母听了很高兴，叫小女儿刘燕给她姐姐捎两包杏回来）

刘母乐呵呵地："那就好。燕子，去迎迎你姐姐，顺道给你姐捎两包杏回来。"说着随手把钱放在了桌上。

刘燕："妈，我<u>能</u>吃吗？"

刘母："馋猫儿。就少这口儿，家里什么不是你的。"

在这两个例子中，说话人都在提出一个跟吃有关的请求，但一个使用了"可以"，一个使用了"能"。这反映了说话人对交际语境中人物关系以及行为本身的不同识解。例（13）中，听话人是生日晚会的主人，吃蛋糕必须经过他的许可，而他现在还在兴致勃勃地谈话之中，说话人认识到请求被许可所受到的外在阻力。而例（14）中，说话人知道"吃杏"行为的可实现性很高，听话人拒绝她请求的可能性比较低，但即便认为自己能吃，也用了请求许可的行为以示调侃或亲近。

"能、可以"用于表达建议、请求、劝诱、提议、允诺等行为时，还可以有各种不同的句式（徐晶凝，2008），即：能……吗/可以……吗/能不能……/可以不可以……/……可以吗/……，可以不可以。这些都是规约性间接言语行为的表达手段，对于学习者来说，掌握这些句式的用法，无疑是得体交际所必需的。但它们彼此之间有何功能差异，我们尚不清楚。

总之，对于情态助动词的教学，除了要讲清楚它们的意义以及彼此间的差异，还要联系语用因素，对它们所能实现的言语行为进行介绍。

第二节　与形容词有关的教学语法知识

形容词并非人类语言皆有的一个词类，有的语言形容词的意义基本是通过名词表达的（形—名语言），有的基本是通过动词表达的（形—动语言）。汉语形容词的语法地位究竟如何，学界存在不少争议（刘丹青，2005），这些理论问题虽然与汉语二语语法教学关系不大，但如果学习者母语中没有独立的形容词词类，与形容词相关的语法现象就可能成为他们的学习难点。关于形容词的教学语法知识，上编第二章第三节已涉及一些，下编第五章还会涉及一些，本节只谈五个问题。

一、形容词的重叠

形容词重叠是一个很古老的语法现象，在古诗、骈体文、散文中都时常可见，如"蒹葭苍苍、淇水汤汤、青青子衿、悠悠我心""寻寻觅觅，冷冷清清，凄凄惨惨戚戚"等。相比于基式形容词，形容词重叠式带有很强的生动的描绘性和音乐美，王力（1984）称之为"绘景法"，吕叔湘（1980）称之为"生动形式"。

所以，形容词重叠最常出现于描绘性的语篇中，主要用来描绘事物的声、色、形、貌，以及动作行为的状态，在定语、状语、补语、谓语位置上都可以使用。如：

（1）挑水的时候，那<u>黑黑</u>的辫梢在腰上一甩一扭，煞是好看。

（2）王静仪<u>高高</u>地举起手臂，微微地侧着肩膀，俯仰、回旋，又轻盈，又奔放。

（3）今天我<u>漂漂亮亮</u>、<u>欢欢喜喜</u>地来看看你，纵然是星移斗转也没有改变你我的心。

（4）他只能从眼角边显出点不满的神气，而把嘴闭得<u>紧紧</u>的。

（5）这么一想，他忽然地不那么<u>昏昏沉沉</u>的了，心中仿佛凉了一下。

同时还要注意的是，形容词的重叠式"要使所陈述的情景历历如绘"（王力，1984），它要与特定的场景、具体的事件相关联，脱离特定的场景，描绘就失去了依托。如上例中的形容词重叠式都是对特定的事件场景进行描绘。汉语二语学习者往往忽视了事件场景这一使用条件，出现如下偏误：

（6）*<u>漂漂亮亮</u>的裙子太贵了，我买了一条<u>便便宜宜</u>的。

（7）*今天做作业要花<u>多多</u>的时间，我不能跟你去酒吧玩儿。

（8）*他走路的速度<u>快快</u>的，我们都跟不上。

以上三个语句都属于非事件场景，一般不能使用形容词重叠式。所以，相比于其基式，形容词重叠式的意义和用法可以表述为：在具体的事件性场景中对事物的声色形貌和动作的情状方式进行足量的描绘。（李劲荣、陆丙甫，2016）

形容词重叠式往往带有说话人对这种属性的主观估价，即带有表示加重、强调和爱抚、亲热的感情色彩（朱德熙，1956）。因此，可重叠的形容词大多是积极义的。如果是消极义形容词重叠，也往往不那么令人讨厌了。如：

（9）那些表面上<u>坏坏</u>的说谎者也许是在做着一些使自己更为合群的事情。

（10）这个水果的样子<u>丑丑</u>的，味道<u>怪怪</u>的。

在句法上，形容词重叠式所受限制比其基式要少。如做定语、状语时，基式形容词

"薄、慢"可以说"薄纸、慢走",但不能说"薄灰尘、慢游";而它们的重叠式却可以说"薄薄的灰尘、慢慢地游"。当然,因为形容词重叠式自身带有程度义,是不能再接受程度副词修饰的。

另外,并非所有的形容词都可以重叠,比如李大忠(1984)统计,双音节形容词中能按AABB式重叠的仅占17.3%。能够重叠的形容词一般要具有量或程度的区别,它们可以受程度词序列"有点儿、很、最"修饰。而表示绝对性质的形容词,如"错、假、横、竖、粉、紫"等,不可以重叠。影响形容词能否重叠的另一个重要因素是形容词的内部结构(石毓智,2003b)。来看几组例子:

第一组	干净→干干净净	轻松→轻轻松松	平安→平平安安
第二组	年轻→*年年轻轻	面熟→*面面熟熟	肉麻→*肉肉麻麻
第三组	狠心→*狠狠心心	得意→*得得意意	吃力→*吃吃力力
第四组	碧绿→*碧碧绿绿	笔直→*笔笔直直	雪白→*雪雪白白

第一组形容词可以重叠,这组形容词的特点是:两个语素之间在语义上是并列关系,每个语素都可以看作是一个形容词性的成分。而其余三组皆不可AABB式重叠,它们的内部构造分别是"主+谓""动+宾"和"状+中"(即"像A一样B")。但第四组词虽然不可AABB式重叠,却可以ABAB式重叠,如"碧绿碧绿、笔直笔直、雪白雪白"。所以说,形容词的内部结构决定着它们能否重叠以及如何重叠。

一般来说,只有口语形容词可以重叠,较为正式的书面语形容词一般是不可重叠的,如"伟大、雄伟、卓越、美丽、独特"等虽然也是并列结构的,但不可以重叠。李大忠(1984)发现能重叠的双音节形容词中,有45%都是后一音节读轻声的。

要注意的是,双音节性质形容词也可以进行ABAB式重叠,如"漂亮漂亮"。不过,这种重叠形式在表义上具有"致使性",即让某人处于某种状态、获得某种体验、发生某种变化等。使用较多的句法格式是"让/使/叫+某人+ABAB"之类的"使让句"。(李宇明,1996)

二、形容词与程度副词的组配

形容词是描写事物性质状态的词,不能像动词那样带宾语,也不能像名词那样被数量词修饰。它最常见的用法就是接受程度副词(如"很、非常、万分、格外")的修饰。但形容词与程度副词之间并非总是能自由组配,而且组配起来的形容词短语句法分布也不尽相同。

（一）形容词与程度副词间的选择限制

形容词与程度副词间的选择限制主要有三个方面。

1. 形容词的内部语法类

下面四组词都用来表示性质属性，但用法显然不完全一样。朱德熙（1982）认为，应将它们划归为三类不同的词，分别叫作性质形容词、状态形容词和区别词。

表 3.8　形容词的内部语法类

例词	受程度副词或"不"修饰	重叠	做谓语	用于"比"字句	语法类
红、绿、干净、年轻、遥远	很红、不红	红红的	他的脸很红	这个比那个红	性质形容词
通红、碧绿、笔直、漆黑	—	通红通红	他的脸通红的	—	状态形容词
红彤彤、绿油油、黑乎乎	—	—	他的脸红彤彤的	—	
大型、急性、正、副、彩色	—	—	—	—	区别词

只有性质形容词可以受程度副词或"不"的修饰。汉语二语的教学语法中，似乎没有必要给它们贴上不同的标签。但教师需要明白这些次类在形式上的特点以及用法上的不同，教学中对它们的用法进行分别处理。

区别词的形式特点比较鲜明，作为一个封闭类，主要有如下几种：中式、大型、初等、急性、中级、彩色、木质、单/双轨、国/私营、有/无机等。

状态形容词从形式上看，大致有：重叠式（胖胖的、绿油油）、比况成分+形容词（雪白）、形容词变化式（马里马虎）、程度义成分+单音形容词（巨大、繁多）。

也有学者根据能否受程度副词修饰，将形容词分为定量形容词和非定量形容词（石毓智，2003b）。能受程度副词量级序列"有点儿、很、最"修饰的形容词，是非定量形容词，比如传统上所谓的性质形容词大都属于这一类。要注意的是，这里强调的是可以受"有点儿、很、最"量级序列修饰，"尖端、新式、亲爱、中间"等都只能受"最"修饰，就不属于非定量形容词。

2. 形容词的音节与语体色彩

对比下表中的程度副词与形容词的选择倾向：

表 3.9　程度副词与形容词的选择倾向

		好不、格外、万分、分外、极其、颇为、甚为、极为、最为、异常	极、过、绝
双音节形容词	困难、伟大、安静、巧妙	+	-
单音节形容词	难、大、静、妙	-	+

"好不"组程度副词只修饰双音节形容词,这些程度副词除了"好不"以外,都为书面语词,可接受其修饰的形容词也多为书面语。而"极"组程度副词一般只能修饰单音节形容词,也主要用于书面语。因此,对于形容词与程度副词的搭配来说,语体色彩上的和谐也是一个比较突出的要求。

3. 形容词的褒贬色彩[①]

"有点儿"多修饰消极义的形容词,如果是积极义形容词,则多用否定式,如:

(1)这事看上去似乎有点儿怪,很是让人不得要领。

(2)看着大约三四米高的山崖,记者心里不免有点儿发怵,可终于还是努力爬上了山崖。

(3)他心里多多少少有点儿不踏实。

(4)他们受到热情的接待,没有想到事情的进展会如此顺利,不免有点儿受宠若惊。

因为"有点儿+形容词"多带有说话人不喜欢的主观色彩,主观性较强,所以,如果说话人不喜欢某种大众普遍喜欢的属性,也可以选择使用"有点儿+褒义形容词"来表达自己的主观态度,如:

(5)他有点儿帅,我担心处不长,算了,还是跟他做普通朋友吧。

(6)这个东西有点儿便宜了吧?得买个贵点儿的,人家帮了咱那么大一个忙啊。

而与"有点儿"所表示程度相当的另一个程度副词"比较",就只是客观的描述,对所修饰的形容词没有褒贬要求。因此,如果只是单纯地表示客观上的程度浅,就要用"比较"。

另外一个程度副词"怪"带有亲昵、满意、爱抚、调皮的感情色彩,或者表示一种说不出的没法形容的心理感受(马真,1991),而且用"怪"时说话人多带有感叹的语气,表达某性状超出了说话人的主观预期,所以,它也不能与"常常、总是、一直、果然"等副词共现(郭继懋,2000),如:

(7)嗯,这就是鲁琳呐,还怪漂亮的啊。

(8)她这么一说,倒说得我怪舒服的,不禁笑起来。

(9)把他们打发掉了,她心里还怪高兴的。

[①] 高再兰、郭锐(2015)发现形容词的音节与其词义的褒贬之间也存在着关联。他们将形容词分为简单式和复杂式。简单式形容词即一般性质形容词,如"红、脏、老实"等;复杂式形容词是在简单式的基础上通过添加音节构成的,如"红红的、脏不拉叽、老老实实"等。他们指出简单贬义形容词倾向采用短的单音节,而相对应的简单褒义形容词倾向采用长的双音节;复杂贬义形容词采用不对称音节组配式,而相对应的复杂褒义形容词采用对称音节组配式。形成这种对应关系的原因则在于声音象似性。

（10）"跑了么？我倒不知道。"方罗兰的眼睛睁得<u>怪大</u>的。

（11）一连三次来过一个人，人长得<u>怪难看</u>的，说话都咬文嚼字，口袋上插了个钢笔。

（二）"程度副词+形容词"的句法分布

1. "程度副词+形容词"与"的/地"

"程度副词+形容词"用于定语和状语位置时高频倾向于带结构助词"的/地"，如：

（1）您在滨海大道尽头有一处<u>很漂亮</u>的房子，还有一座花园吧？

（2）我抬起头，见到一位<u>非常漂亮</u>的大约七八岁的外国小男孩。

（3）他们两人仅用了两个多小时就<u>很漂亮</u>地结束了这次行动。

（4）后者单刀直入，<u>非常漂亮</u>地踢进了第一个球，这也是全场比赛唯一的进球。

不过，这条规则有两个例外：

A."最+单音节形容词"不需要带"的/地"即可直接做定语和状语。（a）直接做定语：最高领袖、最低标准、最大尺寸、最小限度、最近距离、最佳位置、最少数量。（b）直接做状语：最多给你十个、最快也要半个月才能到、最贵也用不了一百块。

B."很+多"做定语时通常也不需要带"的"，如：很多学生、很多办法、很多人。

2. 真/太/好/有点儿+形容词

"真/太/好/有点儿"在表达程度的同时，还隐含着说话人的主观态度，它们与形容词的组合，在句法分布上有一些特别之处。

"真+形容词""太+形容词""有点儿+形容词"都不能做定语和状语，只能做谓语和状态补语，如：

（5）你<u>真漂亮</u>。像你这样漂亮的女孩，就是为你去死，我也愿意。

（6）你们干得<u>真漂亮</u>！

（7）<u>太漂亮</u>了，你看这花边织得多精巧呀！

（8）韩国队今天打得<u>太漂亮</u>了，这也是韩国队近年来发挥最为出色的一场比赛。

（9）懒觉睡到这份儿上，<u>有点儿过分</u>了哈。

（10）他看上去很善良，甚至长得还挺不错，就是腼腆得<u>有点儿过分</u>。

"太+形容词+的+NP"可以出现在否定祈使句中，如：别去太危险的地方！/不要买太贵的东西。

"好+形容词"虽然可以做定语，但只能用于感叹句，如：好大的雪啊！/好大的一场雪！

"形容词+程度副词"的组配，如"好极了、好得很"也只能用于谓语和状态补语位置，不可以用作定语和状语。

3. 挺+形容词

程度副词"挺"是否也带有感情色彩，学界的观点不一致。《现代汉语虚词例释》（北京大学中文系1955、1957级语言班，1982）认为，"挺"带有感情色彩，往往含有亲切、爱抚的意味，修饰"坏字眼"时语气"比较委婉"；而《现代汉语虚词词典》（侯学超，1998）则认为"挺"是中性词，不带有任何感情色彩。徐晶凝（2015）认为，说话人选择使用"挺+形容词"时，是以一种不太确信的低承诺姿态呈现自己的断言。"挺"的教学应注意如下几个方面：

A. 意义上要讲明它与"很"相当，但包含着说话人低承诺（commitment）的主观态度。

B. 通过典型语篇分布，展现"挺"的语用特点。

a. 用于否定对方或建议的语句中①，且常用于辅助性（supportive）言语行为。如：

（11）夏顺开盯着慧芳，皱皱眉头："你这些年怎么过得这么惨？不该呀。"慧芳掉开眼睛，她受不了夏顺开眼中的那份真诚，嘴还硬："怎么惨了？我觉得我过得挺好。"（直接否定对方）

（12）"您再瞧这一百多斤的鸡血石，三万。""瞅着还挺喜欢，就是太便宜。"（委婉否定对方，让步句式）

（13）她又给我带了几本书，小心看着我的脸色说："我也不知道你看过这几本书没有，我觉得挺好看的。"（建议）

b. 用于意外发现或新发现，常见句式有"看上去/瞅着/没想到还挺……""还挺……"等。在该类语境中，也可用"不是挺……吗"提醒听话人一个事实。如：

（14）亚茹也发现了这点："怎么，你对他还挺有好感的？"

"没有没有。"慧芳连忙否认。

（15）连许立宇都注意到了这一点，他指着我说："你怎么不爱说话了？你过去不是挺能说的么？"

c. 寒暄。如：

（16）"枝儿，你也挺好的吧？""您放心吧，挺好的。"

（17）"瞎跳，你觉得怎么样？""挺好，挺不错的。"

---

① 这些言语行为都涉及对交际另一方的面子威胁，说话人以一种低确信的姿态表述理由，可以在一定程度上缓解对对方的面子威胁。

d. 低承诺断言，常常隐含转折。如：

（18）你那个老婆还是不错的，起码没跟你软硬兼施，这也<u>挺</u>可爱。我那个老婆硬就硬到底，给我几天后脑勺看那是常事。

（19）"没觉得他特别有魅力嘛。"

"长得是<u>挺</u>一般，说他是国家恋爱队的，是因为他那种专业态度……"

C. 注意"挺……的"共现的语境条件，即常用于对听话人观点或预设观点的否定。如：

（20）你该回了，在这儿待得太晚不好，我们名声都<u>挺</u>清白的。

4. 略微/稍微+形容词

"略微/稍微+形容词"只能用于比较的语境中，而且它们的组配一般还要与不定数量词"（一）点儿/一些、有点儿/有些"等共现。如：

（21）矮了，再<u>略微/稍微</u>高（一）<u>点儿</u>。

（22）咱们找个<u>略微/稍微</u>清爽<u>些</u>的地方，坐下来好好聊聊。

（23）他的动作<u>略微/稍微</u>有<u>些</u>迟缓。

（24）那个<u>略微/稍微</u>有<u>点儿</u>神秘的眼神，究竟是什么意思呢？

不过，也有少量"略微/稍微+形容词"单用的例子，主要用于比较客观地再现自然景色、事物情状，或描绘人物的形貌，如：

（25）拥有自我的世界，喜好孤独，<u>稍微</u>孤僻；把书籍当成朋友，生性腼腆。

（26）他给我的印象是瘦小的面庞，脊背<u>稍微</u>弯曲，精神充沛，知识渊博。

三、形容词做定语

朱德熙（1982）曾经指出，虽然形容词的一个典型句法功能是充当定语，但性质形容词直接做定语是受限的。如：

凉水　　　＊凉脸

薄纸　　　＊薄灰尘

绿绸子　　＊绿庄稼

白糖　　　＊白手

张国宪（2000）认为，出现这种句法现象是因为性质形容词的主要交际功能是区别。区别是以具有分类的可能为前提的，庄稼一般都是绿的，所以，"绿"对庄稼而言就不具备区别作用；而绸子可以有不同的颜色，"绿绸子"与"红绸子、黄绸子"相对，就具有区别绸子的功能。因此，"绿绸子"可以说，而"绿庄稼"就很难成立。①区别功能也可以解释性质形容词单独做谓语只能用于"依赖比较或对照意义的语言环境"（如"绸子绿，缎子黄"）。

状态形容词（带"的"）的主要交际功能是描写。描写不是限制事物的范围，而是表现事物的状态，可以是事物的某方面状态，也可以是事物的唯一状态。所以"绿油油的庄稼、绿绿的庄稼"都可以说。不过，在真实的语言使用中，状态形容词主要用作谓语，而非定语。

可见，判断"形+名"组合是否合法，区别与描写这两个语义因素是很重要的标准。单音节性质形容词一般来说不带"的"直接做定语，但如果说话人要用该属性对事物进行描写而非区别时，"的"也可以使用。如：

（1）一天三个大的坏消息。老天，你在玩儿我么？

（2）魏星老师每进入一个新的行业或新的环境，都会学到很多新的知识，认识很多新朋友，感谢你们陪我度过一段忙碌却充实的时光，这种久违的感觉真的很好。

绝大部分双音节形容词做定语要带"的"，但如果用该属性来区别事物，也可以不带"的"。如：

（3）毛茸茸的五只小黄鸭像一群现代嬉皮士，它们和妈妈玩儿躲猫猫，聪明的妈妈一个个把它们找出来，却没想到最小的一个宝宝藏在她身后。

（4）聪明妈妈要善于洞察和了解孩子内心的真实需求。千万别成为以下九类不受宝宝欢迎的妈妈哦！

例（3）中的"聪明的妈妈"是对小黄鸭的妈妈所做的描写，不可以说成"聪明妈妈"，而例（4）中的"聪明妈妈"则是对妈妈的一个分类，区别于其他九类妈妈。

双音节形容词比较复杂，有一些是必须加"的"才能做定语的，比如可以说"诚实的人"，但不说"诚实人"。这类形容词还有"大方、畅通、单纯、孤独、诚实"等，因此，双音节形容词可能是介于性质形容词和状态形容词之间的一类（朱德熙，1956）。

传统上被看作是形容词的一个小类的区别词，主要功能就是区别，因此它们的主要句法分布就是做定语，而且一般不加"的"，如"男医生、女医生"。

---

① 沈家煊（1997）指出，在特定的语境下，如果交际需要，某些难以作为区别标准的属性，也可能临时被拿来作为区别标准。比如，一般不会拿颜色给手分类，所以"白手"一般不成立；但幼儿园老师检查孩子卫生时，可以说"我看谁是小白手，谁是小黑手"。

四、形容词做谓语

性质形容词和状态形容词的另一个重要语法功能是做谓语。不过，性质形容词做谓语在句法上需要辅助手段，主要有如下几种：

（一）前加程度副词"很"或否定词"不"做谓语，如：那个孩子很聪明/那个孩子不聪明。此时的程度副词"很"往往语义弱化，起着联系主语和形容词谓语的作用。

（二）直接做谓语，但只用于"依赖比较或对照意义的语言环境"，如：这孩子聪明。（隐含着其他孩子不聪明）

（三）有一类形容词是用于说明量度的，包括体积、长宽高、厚度、深度、距离、重量等。它们是：

A. 大、长、高、宽、厚、深、粗、重、远、快、晚（迟）、贵、多

B. 小、短、低（矮）、窄、薄、浅、细、轻、近、慢、早、贱、少

这类形容词，虽然都是典型的性质形容词，但有一些特殊的用法，教学中需要注意。它们的典型句法分布是：

① 形容词+（了）+定量数量词，如：长了一厘米。

② A类可以进入"有+数量成分+形容词"结构，如：有一厘米长/有两本书厚。

③ "V+形容词+了"既可以表示结果义，也可以表示偏离义，如：挖浅了。（比预期深度浅）

（四）区别词是教学中需要格外注意的，教师要明确告诉学习者它们的用法：不受程度副词修饰，如果用于谓语位置，只能与"是……的"配合，如：那家企业是私营的。[①]性质形容词若进入"是……的"结构做谓语，则带有强调确认义，如：这孩子是很聪明的。

（五）状态形容词可以带"的"直接做谓语。如：那条马路笔直的。

形容词在不同语言中的句法分布存在着类型差异，有的语言中形容词主要做定语，做谓语时需要加标记，如英语要加系动词be；有的语言中形容词则主要做谓语，做定语时需要加标记，如韩国语。汉语形容词基本属于谓语型，但兼有定语型特点。了解了这些知识，教师就可以更深入地分析不同母语背景学习者形容词用法的偏误。

---

① 区别词在对举格式里可以出现在主语或宾语位置，如：急性好治，慢性不好治。这里的"急性、慢性"是转指用法，不表示属性。

五、形容词的音节与句法

前文举例说过动词的音节数会影响其用法，形容词的音节数与其句法表现之间也存在着一些互相影响的关系。

（一）单音节形容词倾向于直接做定语，95%的双音节形容词（李泉，2001）和多音节的形容词短语则倾向于依靠结构助词"的"才能做定语。

（二）单音节形容词倾向于直接做状语，不过，能做状语的单音节形容词并不多；而超过68%的双音节形容词要带"地"才能做状语，如"爽快、敏捷、严肃、安静"等（山田留里子，1995）；如果双音节形容词修饰单音节动词，也一定要带"地"，如"扼要地讲了一下、庄严地说"；形容词短语做状语，一定要带"地"。

（三）大概14%的形容词可以在一定情况下带宾语，转化为动词，成为动词和形容词的兼类（李泉，1994；郭锐，2002）。这些形容词多为口语单音节形容词，如：

（1）他在忙论文。

（2）他急了一头汗。

（3）他红着脸出去了。

（4）别脏了我的衣服。

也有少量双音节形容词，如：

（5）辛苦我一个，幸福千万家。（使……辛苦；使……幸福）

（6）端正态度，严肃纪律。（使……端正；使……严肃）

不过，双音节形容词带宾语多为使动用法，用于书面语；郭锐（2002）指出，只有形容词没有单双音节的对立时，双音节形容词才可以带其他宾语，如：

（7）小心过往车辆。

单音节形容词一般没有使动用法，多带自动宾语，可以转换为主谓句，如：

（8）瞎了一只眼⟷一只眼瞎了

（9）烂了一筐梨⟷一筐梨烂了

（10）红了脸⟷脸红了

这些单音节形容词也可以叫作变化形容词（张国宪，2000）。

联系词汇的音节特征或者说韵律特征（prosody）研究语法现象，就是所谓的韵律语法（冯胜利，2005）。了解了韵律语法的基本理念，教师在教学中对某些语法现象进行解释时，就可以从词汇音节数的角度找到答案。

思考题

第一节　与动词有关的教学语法知识

1. 请在《现代汉语动词大词典》(林杏光、王玲玲、孙德金主编,北京语言学院出版社,1994)中找出相对应的单双音节动词,依据语料库对它们的用法进行观察分析。

2. "看了三天了"与"死了三天了"语义上有何不同?造成这种不同的原因是什么?

3. 方式副词"亲自、擅自、特地、特意、专程、大力、大肆、默默、暗暗、暗中、暗地里、暗自、死死、苦苦、活活、好好、好生、草草、一律、瞎、胡"等,一般修饰哪种动词语义小类?

4. 请观察以下词语,看看它们在用法上有什么特点,并试着从语义上加以解释。

介意　理睬　买账　认账　挂齿　吭声

景气　好惹　像话　中用　顶事

舍得/舍不得　看得起/看不起　谈得上/谈不上　免得了/免不了　用得着/用不着

5. 下面这些句子,有的能说,有的不能说,原因是什么?

（1）你新认识的朋友多大?

A：八岁/*八

B：十八（岁）

（2）什么时候走?

A：二月初三/*二月三

B：正月十五

（3）谁不愿意看《人类简史》?

A：小王/*王

B：司马

（4）瓶子里插着一枝荷花/*荷。

瓶子里插着一枝玫瑰（花）。

6. 在读古诗时,我们会发现一个问题,那就是意义单元与节奏单元并不总是一致的。如在"涉江采芙蓉,兰泽多芳草"中,"采+芙蓉""多+芳草"是语义结构单位,但读诗时,"采芙蓉"可读成"采芙+蓉","多芳草"可读成"多芳+草",即读诗时要"注重声音上的整齐段落,在意义上不连属的字在声音上可连属"。古人很早就注意到这种不相一致的现象,还为此设立了专门的术语,叫作"折腰句"。在现代汉语里,这种情况仍然存在,如明明是"黄焖鸡+米饭",可是汉语说话人会读成"黄焖鸡米+饭"。

你能不能找到其他一些类似的例子?这些例子说明了汉语的一个什么特点?

第二节　与形容词有关的教学语法知识

1. 分析以下学习者的偏误，设计一个教学活动来帮助学习者掌握与这一偏误有关的语法知识。

（1）*他是一个好的朋友。

（2）*他是一个很好朋友。

（3）*他是一个友好朋友。

2. 有不少形容词可以加"不"否定，也可以受程度副词"有点儿、很、最"修饰，比如"好、高、黄、大、远、安定、草率、结实、诚实、高兴"等。有一部分形容词不能被"不"否定，也不能受程度副词修饰，比如"正、副、彩色、黑白、相对、业余、袖珍"等。还有一部分形容词不可以被"不"否定，但可以受程度副词"最"修饰，如"主要、本质、核心、尖端"等。请你观察一下这三类形容词，它们在如下句式中的分布有没有不同？

形容词+了/变得+形容词+了

S +比+NP +形容词 /S +跟+NP+一样+形容词

3. 下面这些词语，能不能受程度副词修饰？它们的句法分布有什么特点？它们是形容词吗？

一样　一致　垂直　平行　等同　雷同　混同　同类　同辈　同步　相同　相等
不同　相反　相配　相称　相对　相当　相仿　相投　相左　不合　错误　同一

4. 下列语法现象，可以如何解释？

*薄一张纸　　　　　薄薄的一张纸

*红一朵花　　　　　鲜红的一朵花

*香一碗饭　　　　　香喷喷的一碗饭

白纸→白的　　　　雪白的纸→雪白的

长竹竿→长的　　　长长的竹竿→长长的

脏衣服→脏的　　　脏兮兮的衣服→脏兮兮的

第四章

与虚词有关的教学语法知识

第一节　与副词有关的教学语法知识

副词的句法分布相当简单，一般只能做状语。但副词内部的语义小类非常复杂，而且不同语义小类的副词，用法也都各具个性。因此，对于汉语二语学习者来说，副词并不是那么容易习得的。

一、副词的个性强

吕叔湘（1979）说过，副词内部分类"不容易分得干净利索，因为副词本来就是个大杂烩"。根据所表达的语义，学界基本上将副词分为如下几个小类：

1. 程度副词：很、非常、太、最、稍微
2. 否定副词：不、没（有）、别、甭
3. 协同副词：一起、一块儿、一齐、一同
4. 范围副词：都、一共、统统、仅仅、就、光、只、才
5. 方式副词：分别、白、亲自、偷偷、渐渐、悄悄、逐个
6. 频率副词：又、再、还、重新、反复、再三、一再、屡次
7. 时间副词：常常、从来、终于、马上、忽然、已经、曾经
8. 关联副词：却、既、又、也、就、才、还、越
9. 语气副词：却、倒、毕竟、偏偏、竟然、也许、大概、幸亏、好在

不同语义小类的副词在用法上的特点，简要列举如下：

（一）前五类副词一般只能用于谓词前做状语。但个别范围副词如"只、就"等可以用于主语前。如：只他一个人没去。

时间副词和方式副词，在文学性的语言表达中，有部分成员可以位于句首或句末，如：忽然，天降大雨。/雨小了，渐渐地。

关联副词用于主谓之间，起衔接前后小句的作用，用法接近连词。

语气副词在句子中的无标记位置也是句中，即主谓之间，不过，部分语气副词还可以位于句首和句末，如：他也许去过。/也许他去过。/他去过，也许。句法位置的不

同，往往与说话人的态度表达有关（Hoye，1997），详见第五章第一节。根据徐晶凝（2022），可以位于句首的语气副词主要是评价类和认识情态类的，具体成员见下节。

（二）副词做状语一般不需要带结构助词"地"，但有四类副词中的某些成员并不排斥"地"，主要是方式副词（"暗暗、默默、偷偷、渐渐、苦苦、逐个"等）和程度副词（"格外、非常、十分、稍微"等），还有一些时间副词（"常常、不时"等）和语气副词（"简直"等）。据杨德峰（2002）统计，《现代汉语虚词词典》的654个副词中，91个可以带"地"。

（三）程度副词主要用于修饰形容词和心理感知动词。个别程度副词"很、极"还可以做补语。

但上述按类所作的用法描写，还不足以将每个副词的用法说清楚。如程度副词中的"稍微"修饰形容词时，还得再后接数量词（"稍微漂亮些"）；程度副词"最"除了可以修饰形容词和心理感知动词（参看第三章第一节），还可以修饰方位词，如"最东边、最上边"等。另外，同一个语义小类中往往有多个成员表达近似的意义，如语气副词"幸亏"和"好在"、"千万"和"万万"，范围副词"才"和"就"，时间副词"已经"和"曾经"，频率副词"又""再""还"，否定副词"不"和"没"，等等，这些近义副词在用法上的差别涉及很多方面，需要逐一进行描写，完全无法用某几条规则概括出来。

限于篇幅，每个副词的用法、意义无法在此一一说明，请读者查阅相关研究论著。必要时，教师也需要自己做些研究。副词辨析的方法，可参阅马真（2004）等。

二、副词为什么难学？

副词成为学习难点之一，原因主要有如下几个：

（一）汉语副词与学习者母语中的对应表达式往往不是"一对一"的关系，近义副词多。比如"幸亏、好在"都对译为英语的fortunately，"又、再、还"都对应着again，"不、没"都对应着not；英语有"at soon，immediately，at once"等几个时间表达式意义相近，汉语里也有"马上、赶忙、立刻、顿时、赶快"等几个近义时间副词，但它们彼此之间并无明确的对应关系。学习者必须分清楚汉语中这些词的区别才可以正确运用。

同时，有的副词还是多义的，如"就"，既是时间副词，又是关联副词，还可以是范围副词和语气副词。"也、都、才"等也都可以表示多种意义。对于这些副词，学习者要在母语中找到一个对应形式辅助理解都是很困难的。

（二）很多副词的用法背后有一些限制条件，比如加强否定的"又、并、才"：

（1）你<u>又</u>不是大王，我为什么要给你下拜？

（2）这<u>又</u>不是钢琴，你在上面弹什么？

（3）我注意到，他抿完茶<u>并</u>不把茶杯放到桌子上，而是一直用手把玩着。

（4）刘招华说他看过新闻后，心里<u>并</u>不是太慌张，因为自己也总感觉这一天迟早会来。

（5）他们平时卖什么，到时也会照卖不误，他们<u>才</u>不怕呢！

（6）黑的<u>才</u>不协调呢！我看用浅灰色的大理石好！

"又"加强否定的是前提条件。例（1）中，"你是大王"是"我给你下拜"的前提；例（2）中，"这是钢琴"是"你在上面弹"的前提条件。如果前提条件不存在，也就不可以做某件事情。

"并"加强否定的是某个可能的看法或假设。例（3），按照一般常识，抿完茶后会把茶杯放下，但他没有；例（4），有人可能认为刘招华看过新闻后心里会慌张，但实际上刘招华不慌张。

"才"用于加强反驳语气。例（5）（6）都是对交际另一方进行针锋相对的反驳。

学习者要掌握这些副词的用法，必须将这些微妙的语义差别弄清楚。

（三）语气副词在学习者母语中无对应形式。语气副词的意义比较空灵，英语等其他语言中并没有完全相当的对应形式。如"他偏送这个来了"的"偏"，既不能译为 unexpectedly，也不能译为 unfortunately，因为它们的意义都太实了，而且它们所带的情绪也远不如"偏"字所带的强烈（王力，1984：230）。再比如：

（7）Are you going to Tokyo anyway?

（8）Undoubtedly, Sasaki wants money anyway.

这两个句子里的 anyway 要翻译成汉语的话，恐怕只能翻译成"不管怎么样"，不能翻译成"反正"，因为它并不带有那么强烈的说话人的主观态度。下例中的 fortunately 与汉语的"幸亏、反正"相比，也要客观得多：

（9）Fortunately, we did not take that bus, which had an accident.

（10）幸亏没生在古代。

因为 fortunately 可以转换为一个评说小句（comment clause），如：What is most fortunate, we did not take that bus, which had an accident. 而"幸亏"就没法做这样的转换，若要转换的话，也只能说成"值得庆幸的是"，那主观色彩就大大降低了。

因此，语气副词隐含着很多"言而未尽"之义，是汉语主观性（subjectivity）表达的重要语法手段。从语言类型学上讲，有的语言属于主观性较强的语言，比如日语。跟英语相比，汉语也是一种主观性表达相当凸显的语言。汉语二语学习者要真正掌握每个语气副词所表达的说话人的主观态度与情感，体会到语气副词所传达出的意义的微妙之处，并且在上下文中恰当地使用，就必须像汉语母语者那样去看待世界，去自我表达，这的确不是一件容易的事情！教师在教授这些语言项目时，一定要注意提供充足的语境信息。

（四）副词连用顺序复杂。如：

（11）小芹去洗衣服，马上青年们也都去洗；小芹上树采野菜，马上青年们也都去采。

（12）此刻一点儿电都没有了！不过整个小区群众大概也都不知道！

（13）请珍惜这份奇妙的缘分，并不是每个人都能遇见一见钟情，就算遇见也大概一辈子只有一次。

（14）我已经习惯了一个人生活，也常常一个人没有目的地闲逛。

（15）然而事实上，女人的直觉常常也会出错。

（16）协会秘书长张剑也亲自"设宴"送别他。

一般来说，关联副词和语气副词位置总是比较靠前的，因为它们与谓语动词的关联性最弱，而方式副词、程度副词、协同副词与动词的语义关系近，与其他副词连用时，往往靠后，离动词最近。不过，关联副词、否定副词的位置实际上会依据语义表达需要进行灵活调整。总的连用顺序大致为：

语气副词＞关联副词＞时间副词＞频率副词＞范围副词＞协同副词＞程度副词＞否定副词＞方式副词

语气副词彼此之间也可以连用，而且多是出于委婉表达等语用目的（徐晶凝，2022）。如：

（17）大概咱们最好马上走。

（18）不管怎么说，也许最好还是跟你们邻居中的哪一位先说一说。

（19）这些话似乎不必再加分析了。

语气副词的连用顺序是：

评价语气副词＞认识情态副词＞道义情态副词＞加强语气副词

这四类语气副词的成员大致包括如下一些：

表4.1 四类语气副词的成员

评价语气副词	当然 的确 诚然 反正 横竖 好歹 毕竟/终究/到底 偏偏 反倒 倒 却 明明
	幸好 好在 幸而 幸亏 多亏 恰好 恰恰 恰巧 正巧 凑巧 刚好 刚巧 难道 莫非 竟然 居然 竟 何必 何苦 何尝 何不
	果然 难怪 其实 不料 敢情 原来 果真 真的 委实

（续表）

认识情态副词	大半　大多　多半　大约　大概　大抵　或许　（只）怕是　恐怕　似乎　也许　兴许
	一定　肯定　必定　必将　势必　必然　想必　定然　准保　（没）准　未必　不定
	未免　不免　难免　不至于
道义情态副词	必须　不必　务必　姑且　不妨　何妨　千万　切　最好　还是　索性
加强语气副词	偏/就　高低　绝对　决　万万　并　并非　根本　丝毫　又　简直　几乎　总算　分明　就　才　也　还　都　可　究竟　到底

评价语气副词内部小类、认识情态副词内部小类也可以连用，并且遵照一定的连用规定（徐晶凝，2022），在此不赘。

三、副词的语义指向

看下面的例子，副词"到底"用在疑问句中时，其句法位置是由什么决定的？

（1）a. 到底他买了些什么？　　（2）a. 到底谁买衣服？
　　　b. 他到底买了些什么？　　　　 b. *谁到底买衣服？

陆俭明（1994）指出，"到底"用在疑问句中，在语义指向上需要具备两个特点：（a）"到底"在语义上只能指向它后面的成分；（b）"到底"只能指向某个疑问中心。例（1）和例（2a）符合上述两个要求：句子有一个疑问中心"什么、谁"，都在"到底"后面，而且"到底"指向该疑问中心；而例（2b）中，"到底"所指的疑问中心"谁"放在了"到底"前面，未能符合上述第一个要求，句子不成立。

副词"都、就、也、只"等在某些句式中也可以有不同的语义指向，它们所在语句的意义解读会因其语义指向的不同而不同。例如：

表4.2　"都、就、也、只"的语义指向及其解读

句子	解读
（3）我都快累死了。	a. "都"的语义指向是右向的，指向"快累死了"，其意义可以解释为"已经"。即：洗了三个小时的碗，我都快累死了。 b. "都"的语义指向是左向的，指向"我"，其意义可以解释为"甚至"。即：我都快累死了，你怎么还活蹦乱跳的？
（4）他一天就看了二十页。	a. "就"指向"一天"，表达他在很短的时间内看了二十页，强调看的多。 b. "就"指向"二十"，强调他看的太少。

227

(续表)

句子	解读
（5）那本书我也看过一次。	a. "也"指向"我"，意思是我与其他人一样也看过那本书。 b. "也"指向"一次"，强调我看的也不多。 c. "也"指向"那本书"，意思是跟其他书一样，那本书我也看过一次。
（6）他只看了一遍说明。	a. "只"指向"一遍"，意思是看说明的遍数不多。 b. "只"指向"说明"，意思是除了说明没看别的。

学习者要理解这些语句的意义，就必须知道句中副词的语义究竟指向句中哪个部分。当然，语义指向不同，语句中的重音也相应会有差异。

另外，学习者还有必要理解语义指向的确切含义，看下面的例子：

（7）玛丽和约翰都是我的同学，他们都来自英国。

（8）*玛丽和约翰都是同学，他们都来自英国。

（9）我们两个人都给老师送了一张贺卡。

例（8）的偏误就来源于学习者对"都"的理解不够准确。作为总括副词，"都"的确切含义是"某情况或性状适用于其前所指向的所有个体"，即：若A+X，B+X，C+X，则A、B、C都X。如：

（10）我和他都姓胡，都属小龙，我比他大三轮，他叫我爷爷。

（11）孔子、孟子、荀子、韩愈、朱熹、王守仁、颜元等，都在各自不同的社会条件下，总结当时的教育经验，提出自己的教育观点。

因此，对于例（9）来说，如果我们两个人每个人都送老师一张贺卡，才可以用"都"加以总括，如果两个人合伙一起送了一张贺卡，就不能用"都"总括。例（8）前一分句错误，正是因为"玛丽""约翰"并非各自与"同学"形成语义关联。

第二节 与连词有关的教学语法知识

连词是用来连接词、短语或分句的，其句法功能相对来说比较简单。同时，连词在学习者的母语中往往可以找到对当的形式，如"虽然"对应着although，"因为"对应着because等。但是，这并不意味着学习者学习汉语的连词就很容易。有研究发现，二语学习者对部分连词存在过度使用（overuse）的问题，而对部分连词使用不够（under use）（Milton and Tsang, 1993; Granger and Tyson, 1996）。如：

*大卫大哥，你好！今天空气真好，所以我就来公园，散步散步。我现在有点儿难过。我上周买了一个苹果手机，但是我觉得这手机质量完全不行。不仅它的性能太乱，还有它的硬件差，真不适合。

这是一个高级班学生的作业。"所以"冗余使用，而应该与"不仅"呼应使用的"而且"却没有出现。本节主要从三个方面来介绍连词的相关知识，它们都可能造成学习者的学习困难。

一、英汉连词的主要差异

连词大都用在复句中，用来连接分句，标明分句与分句之间的逻辑语义关系。而常见的逻辑语义关系在人类语言中是大致相同的，因此，汉语连词在其他语言中往往可以找到对当的形式，不过，在具体用法上却存在着一些差异。我们以英语为例来讨论这个问题。

（一）整体差别

整体而言，英汉连词在用法上有两大区别。首先，英语中除了递进关系（not only... but also...）和选择关系（either... or...），其他逻辑关系一般只使用一个语言形式对复句的语义关系加以标明，如although和but，because和so等，都只用其一，不可同时使用；而汉语不但可以只用其一（……但是……）①，也可以同时使用两个语言形式呼应表达：或者是两个连词呼应（虽然……但是……），或者是连词和副词呼应（即使……也……）。而且，两个语言形式呼应表达，是汉语中更为常见的形式。比如，据张文贤（2017）统计，表因连词"因为"如果用于前一分句中，其后分句中几乎全部要有连词或关联副词与之呼应。在如下用法中，表示假设让步转折关系的"即使、就是"、表示假设条件结果关系的"假如、要（是）"以及表示条件关系的"不管、不论、无论、只有、除非"等连词，也必须与"也、还、就、都、却、才"等副词搭配使用：

（1）就是没有犯过大错误而且工作有了很大成绩的人，也不要骄傲。

（2）要我就饶不了他。

（3）无论谁都得出节目。

（4）除非你才能把他管住。

这些用法的共同之处在于，"就是、要、无论、除非"等连词直接后带一个NP，而不是一个小句。

---

① 除了"由于、因为"等个别连词外，汉语一般排斥只在前一分句中使用连词，如"虽然……，……"是不成立的。

其次，两种语言中的对当形式常用于前一分句还是后一分句，在使用频率上存在一些差异。在偏正关系的复句中，英汉都存在两种语序，或者先偏后正，或者先正后偏，但汉语以前者为常规语序，英语以后者为常规语序。如表达条件关系的"只要、只有、不管"等，汉语倾向于出现在前一分句，只有在文学性表达或追补表达中才后置；而英语的对应形式so long as，only if，no matter等多用于后一分句。但也存在着一些例外，比如使用因果关系连词"因为"的小句，在真实语篇中多是后置的，主要用于对前文内容做出解释和说明（宋作艳、陶红印，2008）。

（二）近义连词的区分理据不同

我们基于邢福义（2001）对复句逻辑语义关系的分类，将汉英对照表达式简单总结如下：

表 4.3　汉英逻辑语义关系复句表达式

逻辑语义		汉语中的语言手段	英语中的语言手段
因果类	因果	① 因为P，所以Q/由于P，因而Q ② P，所以/因此/因而/以致Q ③ 因为P，Q ④ Q，因为/由于P ⑤ 之所以Q，是因为P	① Because(of)/As/Since/In that P, Q ② P, so/ thus/ then/ therefore/ hence/ accordingly/ consequently/as a result/with the result that/wherefore Q ③ Q, since/because/for/as/ in that P
	推断	① 既然P，就Q ② P，可见Q	① Since/As/Now that/In as much as P, Q ② Q, since/as P ③ P, then Q ④ P, it is thus clear that/so you can see that Q
	假设	① 如果/要是/假如P，（就）Q ② 如果/要是/假如P的话，就Q ③ P的话，就Q ④ Q，如果/要是P的话 ⑤ 要不是P，就Q ⑥ 一旦P，Q	① If /In case of/In case that/Provided that/Granting that/Suppose that P, Q ② Q, if/but that/provided that P ③ If it were not for/But for (the fact that) P, Q
	条件	① 只要P，就Q ② 只有/唯有/除非P，才Q	① So long as/Provided P, Q ② Only if P, Q ③ P, unless Q
	目的	① P，以便/借以Q ② 为了P，Q ③ P，以免/免得/省得Q	① P, in order to/in order that/so that/on purpose to Q ② In order that P, Q ③ P, so as not to/lest Q

（续表）

逻辑语义		汉语中的语言手段	英语中的语言手段
并列类	并列	① 既 P 又/也/且 Q ② 一边/一面 P，一边/一面 Q ③ 又 P 又 Q	① both P and Q/not only P, but also Q/neither P, nor Q ② P, while Q
	连贯	① P，接着/然后 Q ② 一 P 就 Q	① P, then Q ② Q as soon as P
	递进	① 不但/不仅 P，而且 Q ② P，并且/而且/甚至 Q ③ 尚且 P，何况/更不必说 Q ④ 别说 P，就是……也 Q	① not only P, but also Q ② P, even Q ③ even P, to say nothing of Q
	选择	① 或者/要么 P，或者/要么 Q ② 不是 P，就是/便是 Q ③ 与其 P，不如/宁可 Q	① either P, or Q ② more Q than P / Q rather than P
转折类	转折	① P，但是/可是/不过/然而/只是 Q ② 不是 P，而是 Q	① P, but/however Q ② not P, Q
	让步	① 虽然/尽管/固然 P，但是 Q ② Q，虽然/尽管 P ③ 即使/即令/纵使 P，也 Q ④ 宁可 P，也 Q ⑤ 无论/不管/不论 P，都 Q ⑥ 任凭 P，还/仍/都 Q	① Though/Although/Despite/ Notwithstanding P, Q ② Q, though/although/in spite of(the fact that) / regardless of P ③ Even if/Even though P, Q ④ would rather Q than P ⑤ No matter P, Q ⑥ No matter how P, Q
	假转①	P，否则/不然/要不然/要不 Q	P, otherwise/if not/or else Q

从这个简单的对应表可以发现，英汉两种语言都有多个语言形式表达同一种逻辑语义关系。如汉语表达因果/推断关系的表因连词有"因为、由于、既然"等，英语有 because，for，since，as，now that 等多个形式。不过，两种语言是基于什么样的原因在不同的语境条件下选择使用不同的语言形式，这背后的理据可能并不一致。比如：

1. 在并列关系的表达中，英语会依据肯定与否定分别选择使用不同的形式：肯定形式多用 both P and Q 或者 not only P，but also Q，而否定形式则选择使用 neither P，nor Q；而

---

① 即假言否定性转折，先指明甲事，接着指出如果不这样就会成为乙事。假转不同于直转、让转句的转折，但是前后分句之间存在逆转关系。（邢福义，2001：46）

汉语则无论肯定与否定，都统一使用"既P又/也/且Q"。

2. 汉语表达选择关系的语言形式在口气上有所区别："不是P，就是/便是Q"强调二者必居其一；"或者P，或者Q"为任凭选择，口气客观平实；"要么P，要么Q"则带有夸张铺陈的情绪化特点（邢福义，2001）。英语没有这样的口气区别，只有一个对应表达式either P，or Q。

3. "所以"既可以用来连接因果关系，又可以连接推论关系；而"结果"只能连接因果关系。据姚双云（2007）统计，72.5%的"结果"句中谓语部分的词语偏向于消极含义，也就是说，连词"结果"带有消极语义韵[①]，而"所以"无此特点，如：

（1）人在梦游时，你越说他在梦游，他就会沉入越深的梦境，所以/*结果必须静悄悄地等他醒来。

（2）因为煤块砸伤了腿，好几个月不能上班，所以/结果叫路局裁下来了。

例（1）前后小句之间是推论关系，只能用"所以"，不能用"结果"。例（2）两个小句之间是因果关系，"所以、结果"都可以用，"结果"可以凸显其消极不合意的语义。

英语的so，thus，therefore，as a result之间的区分理据与汉语不同，不赘述。

总之，连词与学习者母语中的对当形式之间表面上看似乎是一一对应的，实际上却错综复杂，主要表现在内部成员彼此之间的分工理据不尽相同，当学习者进入高级阶段需要在表达的得体性、语篇的适切性上有所精进时，连词就会成为他们的学习难点。关于这一点，请参看下一节。

（三）有对应关系的连词用法有差异

以表示并列关系的"和"与and为例，来看看英汉连词在用法上的差异。

表4.4 "和"与and用法的差异

和	and
（1）我要买苹果和香蕉。	They combine attributes of their desktop and backbone counterparts.
（2）我和朋友都喜欢学习汉语。	Users and analysts involved in implementing high-speed LANs have learned the benefits of each...

[①] 具有相似语义特点的词语反复共现的话，就会形成一种特别的语义氛围，这就是语义韵（semantic prosody）。语义韵分为积极语义韵（positive prosody）、中性语义韵（neutral prosody）和消极语义韵（negative prosody）三类。"结果"在《现代汉语词典》中未标注连词词性，但实际上例子中的用法与连词很接近。

(续表)

和	and
（3）*她聪明和努力。 （4）我过于专注，所以感到疲惫和紧张。 （5）大多数士人仍认为杀婴是愚昧、自私和不道德的。	But most PCs used in business are underutilized and expensive. In fact, the effect will probably be to make you feel lonely and isolated.
（6）她忘记了自己父母家的富裕和舒适，表现得抑制、谨慎和节俭。	When you read them you will share the longing and passion a good man feels for a good woman, and you will also discover the empowering enchantment they will give you.
（7）对于您那么古老和落后的时代来说，您是不是知道得也太多了？	Data mining tools traditionally have been used in scientific and engineering settings but are becoming more common in business environments.
（8）面临这种两难选择时，只怕也不会如你这般冷静和迅速地作出结论。	Our people at home and Chinese nationals abroad all felt this change deeply and strongly.
（9）*我逛街和吃烤鸭了。	They checked the audit and found the students' IP addresses, names and location.
（10）他正在发明和设计一些小飞行器。 （11）这次小住会是一个彼此融合的机会，帮助了解和感受巴勒斯坦人的生活和想法。	The message layer is used to set up connections and exchange data and control information.
（12）他好像在什么时候、什么地方看见过一百年前拍摄和放映过的电影。	Instead they feel that those who flatter them and do favors for them are kind and warm-hearted to them.
（13）*我们聊了很多，和我们很开心。	For us, this is something new, and we have to feel our way. She was just as drained as I was, if not more so, and, not for the first time, I felt a pang of guilt.
（14）闹情绪和打小报告，都不是好习惯。	Swimming and running are my favorite sports.

从这些用例可以看到，and连接的语言单位可以是名词、动词、形容词、副词和分句，而且不管这些语言单位在句中处于什么语法位置上，都可以自由连接。而"和"只能自由连接NP（例1、2），不可以连接两个分句（例13），只有在某些限定条件下才可以连接VP（动词和形容词）。具体来说，被连接起来的动词和形容词处于被包孕的状态时可以用"和"连接，主要是在宾语位置（例4、5）、定语位置（例7、12）、状语位置（例8）、补语位置（例6）以及主语位置（例14）。在谓语位置上，被连接起来的两个动词必须共同携带某个宾语（例10、11）。如果两个动词或形容词分别单独做谓语，就不可以用"和"连接（例3、9），要用"而且、并且、以及"等连词，或者只用逗号分隔即

可。而当连接分句时，"而且、并且、以及"之间也存在着一些区别。

（四）汉语逻辑语义关系标记的多义性

汉语用来表达逻辑语义关系的标记，还有一个值得注意的特点是，同一个标记形式可能表达不同的语义关系。如：

（1）老师一走进教室，学生们就站起来齐声喊"老师好"。

（2）一见面，他就喜欢上了她。

（3）那个孩子一感冒就发烧。

（4）一想到那天的事，他就忍不住要落泪。

（5）这么一想，他的气就全消了。

例（1）（2）"一……就……"表达连贯关系，两个动作紧接发生，"一"前可加"刚"凸显这种关系；例（3）（4）是条件关系，隐含着"只要……就……"的意思，即两个行为规律性地紧接发生，"一"前可加"只要"；例（5）是因果关系，两个相继发生的行为彼此之间还存在因果关系，不过，在这种关系中，常在"一"前加"这么"。

不同的语义关系，在学习者的母语中就对应着不同的语言形式。学习者如果不能清楚地区分这三种语义关系，就很可能用错。如：

（6）*老师一看学生开小差，就走了过去。

（7）*我一看书就睡觉。

二、连词使用的语篇条件

连词使用的语篇条件所涉及的问题相当复杂而具体，我们只能在已有研究的基础上，以举例的方式列举出几个方面，以帮助读者建立起一个大致的教学内容框架。

（一）具体连词的使用限制

有一些连词在使用中对语篇上下文有特别的要求，马真（1983）将之叫作语义背景。比如，在使用"况且"时，必须具备如下的语篇条件：说话人是在申述理由或叙述原委；说话人已将主要理由摆出来；说话人为使理由更充分而需要进一步追加或补充某些理由。也就是说，"况且"只能用在追加、补充理由的分句或句子里（陆俭明、马真，1985）。例如：

（1）*今天天气很好，风不大，况且，没有霾。

（2）今天天气很好，风不大，况且，没有霾。我们出去玩儿吧。

（3）快不要这样说，我本来就希望我们的第一个孩子是个女儿。况且现在出生的孩子，属于宝瓶星座，若是女儿，必然大有成就！

例（1）不可以使用"况且"，因为这个语篇是在描述今天的天气，并非在申述理由。而例（2），说话人在申述出去玩儿的理由，"没有霾"是其追加的理由。例（3）在申述不要这样说的理由。

马真（1983）指出，连词"反而"要求如下的语篇环境：A. 甲现象或情况出现或发生了；B. 按常理或者原以为会引发乙现象或情况；C. 事实上乙现象或情况没有出现；D. 出现了与乙相悖的现象或情况。该典型语境可以公式化为：A+B，可是（不但）C，反而D。如：

（4）作为一家之长（A），你本来应该以身作则（B），但是你不但没有成为孩子的榜样（C），反而教唆孩子撒谎骗人（D），可真够可以的。

（5）而安富尊荣的皇室（A），不仅没有挡住联军的炮火（C），反而丢弃了作为皇权象征的紫禁城，仓皇出逃，西出潼关（D）。

（6）你未免太会自欺欺人了，如果我是死神，那你就是我手中的那把镰刀，在你没有一见我的面，知道我在做什么时（A）就立即杀了我（B），反而默认我的作为（D）的时候，你就已经将良心给魔鬼了。

再如，"尚且"的语篇环境是：A. 有两个事物X和Y；B. X具有某个属性或（不）做某个行为；C. Y与X相比，更应具有该属性或（不）做该行为；D. 说话人常表达一种较为强烈的不满情绪。

（7）英国的属地最多，<u>尚且</u>如此，别国更不必说了。

（8）批评对了<u>尚且</u>如此，批评错了更无论矣。

（9）我们普通市民<u>尚且</u>要感冒发烧，需要治疗，何况这些难民？

（10）就是在极廉洁极严谨的领袖之下，没有良好的制度，贪污<u>尚且</u>无法杜绝，何况李氏本人就不廉洁呢？

（11）对个人、对家庭<u>尚且</u>不负责的人如何能对社会负责呢？

对语篇环境具有特殊要求的连词，各有各的特殊性，需要逐一进行描写，限于篇幅，仅举以上三例。

（二）近义连词的区别

表达近似语义关系的连词，如表达因果/推断的"因为、既然、由于"与"所以、结果"，表达转折的"但是、可是、不过"，表达假设的"如果、假如、假使、假若"等，除了有语体上的差异，还有语篇分布环境的不同。我们基于已有研究（郭继懋，2004；李晋霞，2011；李晋霞、刘云，2004），举两个例子对此加以说明。

1. "因为"与"既然""由于"

看以下例句：

（1）是他歌唱得好，以歌为媒，还是<u>因为</u>有了专业歌手的女友，才唱得一手好歌，看来这个谜只有他自己清楚。

（2）浪漫主义观点一半<u>因为</u>是贵族观点，一半<u>因为</u>重热情、轻算计，所以万分鄙视商业和金融。

（3）承志说："我只有现在这样做才对得起他们。"总经理又说："<u>既然</u>这样，你就不要后悔。"

（4）小美愣住了，她想不到小王会如此不给面子："好，你行！<u>既然</u>你一意孤行，那么此案必须由你父亲亲自处理。"

（5）他一听，顿时脸上变了色，这简直是在羞辱他本人，但他转念一想，<u>既然</u>事已至此，还得靠德国人的力量，于是只好同意了。

（6）<u>既然</u>道德和社会有不可分离的关系，社会又是常变的，从此可知，道德也是靠不住的。

表示推断的"既然"所引出的原因或前提一定在语篇上文里已然出现：或者是某种已然发生的情况，或者是交际另一方引进的某个事态，说话人要以此为根据进行推断。而"因为"所引出的原因可能是一个全新的信息（例2），也可能是旧的信息（例1）。

"既然"句隐含着说话人的推断，即说话人认为在两个事件之间存在因果关系，但两个事件之间不一定天然存在因果关系。如例（5）和（6）中使用了凸显说话人推断的词语"转念一想"和"从此可知"。

与"因为"呼应的"所以"句多是陈说已然的性质，而与"既然"呼应的分句中多从情态上做出判断，句中往往含有情态词语，如"不要、必须、得"等。

"既然"句并非表义重心，而"因为"句却更强调原因的存在，所以，"因为"可以与"不是……而是……""是……还是……""难道是""莫非是""一半……一半……""一来……二来……"等格式共现，而"既然"不可以。李晋霞（2011）调查发现，"因为"还多与焦点标记"正"共现。

同样是用来表达因果关系的"因为"和"由于"也存在一些差异。"因为"可以后接"如果、万一、即使"等连词引导的虚拟原因；而"由于"一般不可以，它所引导的原因多是已经发生了的现实事件。如：

（7）感觉财务有问题，所以我远离。<u>因为</u>万一跌下来，就出不来了。宁愿出局。

（8）<u>由于</u>过去过惯了舒适的生活，缺乏对艰苦环境的适应力，一部分青工产生了失落感和消极情绪，有的还出了问题，学了坏。

例（7）中"因为"引导了一个虚拟原因，不能替换为"由于"。例（8）中，"由于"引导的是一个现实事件原因，可以用"因为"替换。

另外，"由于"不能引导NP，通常只能引导谓词性从句，而且只用于句内，属于复句关联词语，多用于"因+果"序列中①；而"因为"既可以引导谓词性从句，也可以引导NP，既可以用于句内，也可以用于句外，即可以用于语篇衔接，特别是当"因为"用于"果+因"序列时。如：

（9）尽管贫穷曾让我们失去很多东西，曾让我们看不到生活的希望，但我们仍要感谢贫穷，因为我们每个人都无法选择自己的出身，但可以选择自己的未来，不要因为暂时的穷，就屏蔽未来的无限可能。

在例（9）中，两个"因为"都不可以替换为"由于"。第一个"因为"位于"果+因"序列，第二个"因为"引导的是NP。

2."但是、可是、不过"与"只是、就是"

表转折关系的"但是、可是、不过"与"只是、就是"的区别主要有三个方面：

A. 它们的句法表现不同。"但是"可连接的成分最复杂，可以连接分句，也可以连接句内成分（如"漂亮但不实用的东西，你最好别买"），还可以连接段落。"只是、就是"只能连接分句。"可是、不过"除了连接分句，还可以连接段落。另外，"但是、可是"可以与"虽然、尽管"配对使用，"不过"只能与"虽然"配对且配对使用的频率不高，"只是、就是"则不可与"虽然、尽管"配对使用。

B. 从语义上来说，"但是、可是、不过"与"只是、就是"分属于两类。"只是"组所连接的前后分句之间要求具有"先褒后贬、先扬后抑"的关系，而"但是"组没有这样的限制。如：

（10）这件东西漂亮是漂亮，只是/但是不实用。

（11）我很想帮助你，只是/但是我不知道怎么做。

（12）这次考试没考好，但是他没有灰心。

C. "但是"组内部的三个转折连词，一般认为其区别在语气强弱，从"但是"到"可是"再到"不过"，转折语气依次递减。不过，张文贤（2017）认为"但是"与"可是"在转折语气上的强弱区别并不显著，二者的主要区别是分别倾向于在不同类型的语篇中使用："但是"多用于论证型语篇，说话人表达自己的观点并企图说服听话人；而"可是"多用于叙述型语篇，告诉听话人一个复杂事件。如：

---

① 除了"之所以……，是由于……"这样的框架用法外，"由于"一般只能用于"因+果"的序列。

（13）尽管我们目前并不能确定十大原则的选取依据究竟是否绝对可靠，但是将它们看作是当前学界对二语教学的"合理性感觉"共识，从而将其作为教学评估量表制定的重要参考依据，还是可行的。（论证型）

（14）原先讲好了工头每天付我们200元，可是，直到劳动结束前，还是分文没付。（叙述型）

总之，近义连词不仅在具体语句中的分布规律不完全一样，而且在不同语体中的分布频率也不一样。学习者要了解连词使用与语体间的关联，实非易事。或许因为本体研究所能提供的可参考的结论不足，教师在连词教学中也往往忽视语体限制这一点（Celce-Murcia and Larsen-Freeman，1983）。

邢福义（2001）指出，在复句研究中，辨析同义关联标志的语义语用差异是一大难题。我们需要对近义连词一一进行观察描写，学界已有一些研究，但还有很多问题尚未完全解释清楚。

（三）近义的连词与副词

教师还需要注意的一个问题是近义的连词与副词的区别。比如"反而"与"倒"，"但是"与"却"，"而且"与"还、也、又"，"所以"与"就"，"连"与"甚至"等。这些近义的连词与副词，有时候一起搭配使用，有时候只用其一。比如：

（1）6月7日，1000多万考生走进高考考场。禁鸣汽车喇叭、开辟绿色通道、医疗应急保障，甚至连考场边的公鸡也被转移了。

（2）只有像他这样的出版家才会精益求精，从书的内容到形式，甚至油墨的深浅浓淡，都有自己的要求。

（3）姑娘低头开发票的时候，他连忙摆手阻止。他不像有些出差的人，连八分钱邮票也要开张单据回去报销。

从这三个例子看，"甚至"与"连"的运用似乎是自由的。例（1）只用"甚至"或只用"连"也能成立，例（2）和例（3）分别加上"连"和"甚至"也没太大的不妥。但原文作者所选择的表达方式显然更好。这说明"甚至"与"连"在语义表达和语篇分布上还是存在一些差异的。

实际上，"甚至"表达的是递进的意义，标记的是不同项目之间在量上的递加关系，"甚至"用来引进最高量。如例（2）中的三个项目：书的内容、书的形式、油墨的深浅浓淡，存在着量级关系，其中"油墨的深浅浓淡"是最不必精益求精的一项，处于最高量级。说话人通过这种表达来说明他精益求精的程度极高。

"连"字结构自身并不表达递进意义，而是通过表达可能性最小的情况来衍推其他情况也必然存在。例（3）中，给八分钱的邮票开单据是一个极端情况，该情况得以实现的可能性最小，由此我们可以衍推出其他项目，比如食宿，也必然是要开发票的。因为该语境需要凸显的是有些人出差事事都要开发票报销的情况，选择"连"字结构更合适。

因为"甚至"与"连"都能在语篇中关联一个量级，而且所限定的部分都代表着端点，可能性小的情况得以发生常常被看作是相关事态程度高的表现，所以，二者存在着共同的表意基础，常常会连用。如例（1），既突出"禁鸣汽车喇叭、开辟绿色通道、医疗应急保障、考场边的公鸡被转移"四项之间存在的递进关系，又通过突出最小可能性事件"公鸡被转移"的发生来衍推为了保障高考而采取的一切可能的调整措施。

如果语篇中只需要单纯表达递进关系，就只能用"甚至"；如果只需要强调表达一种"X尚且如此，其他更是如此"的意义，就用"连"字句。如：

（4）慢慢地，他由讨厌变为公开的辱骂，甚至打我，他逼得我没法继续待下去。

（5）他对她关怀备至，甚至可以说是百依百顺。

（6）那几年，天府之国搞得连红薯都吃不上，饥饿的农民不得不大量外流。

（7）说好的他来接我，结果连个鬼影都没见到。

如果"连"字结构中包含多个项目的内容，且它们之间存在程度差异，"甚至"也可以被包孕在"连"字结构中。如：

（8）屋子中相当整洁，但是还可以看出工作上的繁重：不但写字台上有成堆的文件，连小桌子上，甚至椅子上都有刚拆开的或没拆开的函件。

总之，近义的连词和副词在语义上存在着一定的差异，在实际运用中是单用还是配对用，受制于语篇意义的表达需要，这是一个相当复杂的问题，需要逐一进行研究描写。关于"甚至"与"连"学界有诸多研究，以上主要引自贾泽林（2017）。其他近义的连词与副词的区别，也有多篇文献探讨过，篇幅所限，不再引述。

值得注意的一个问题是，与英语相比，汉语连词在语篇中的使用频率总体上要低得多，特别是在描写性语篇和叙述性语篇中，分句与分句之间的逻辑语义关系，往往并不通过连词进行明确标示，而要依靠读者自己去"意合"，或者仅使用关联副词"就、才、也、又、还"建立前后分句之间的衔接。如：

（9）你不去我就不去。

而且"就、才、又、还、也"这几个关联副词都可以用在不同的逻辑语义关系之中，邢福义（2001）将其总结如下：

表 4.5 "就、才、又、还、也"所表示的逻辑语义关系

逻辑语义关系		就	才	又	还	也
并列类	连贯	+	+	+		
	并列			+	+	+
因果类	因果	+	+	+	+	+
	推断	+		+	+	
	假设				+	+
	条件	+	+			
转折类	转折			+	+	+
	让步					+

例如：

（10）太太说完这个，又看了祥子一眼，不言语了。（连贯）

（11）他是学哲学的，又是教哲学的。（并列）

（12）他三天没出去买菜，可看大家没盐没菜地咽炒面，心里难受得不行，又偷偷跑开了。（因果）

（13）你知道他就是那样的人，又何必难过？（推断）

（14）他早想离开，又苦于无借口。（转折）

如果学习者的母语习惯于明确标示分句之间的逻辑语义关系，那么，他们在运用汉语连词时，就可能出现冗余使用的问题，在叙述文中表现尤为突出。如：

（15）*今年的春节，我的假期很长，不过在中国新冠病毒的情况有点儿麻烦，所以我不能旅游。第一个周我睡觉很多，然后我和朋友见面，一起玩儿、吃饭、看电影等等。春节过去了，我发现飞机票很便宜，所以我决定买票，为了去云南省，因为有很热也很好的天气；在云南去过元阳梯田、西双版纳、普洱和勐海。最后，我回来上海以后，我每天不断学习汉语，因为HSK6级是当务之急。

（16）*期末考试考完后，我常常熬夜看电视剧。看电视剧以外，我喜欢画画儿、看YouTube，另外还喜欢做蛋糕。总之，我上个假期大部分都在家里。我家有一只狗，所以有的时候带狗出去散步，有的时候和朋友们一起逛街买东西。上学期星期一到星期五都有课，因此我完全没有时间和朋友一起出去玩儿，所以这个假期我好久不见和老朋友们玩儿！

而要让学习者掌握关联副词的用法又是一大难点，他们或者不知道何时使用这些关联

副词，或者将它们的句法位置搞错。因为连词的重要语法功能是在分句与分句之间建立关系，一般要置于分句句首。学习者常常将起关联作用的副词等同于连词，而将它们置于两个分句之间，如：

（17）*在家的时候，我那么累，就我睡觉了一半天了。

（18）*一个人有98块钱，才他会吃那个自助餐。

实际上，关联副词"就、才、也、又"都只能位于主语之后。教师在遇到这些语法教学点时，一定要能预估到学习者的错误，明确将句法位置信息标记出来，以提醒学习者注意。如《博雅汉语·初级起步篇Ⅱ》对"一……就……"的语法注释如下：

> （一）S—VP_1，就VP_2
>
> VP_1和VP_2可以是同一个主语。例如：
>
> The subjects of the two verbs can be the same. For example,
>
> ① 我一出门就看见了小王。
>
> ② 我们一买到票就出发。
>
> ③ 那条小狗太可爱了，弟弟一看就喜欢。
>
> （二）S_1—VP_1，S_2就VP_2
>
> VP_1和VP_2也可以是不同的主语。例如：
>
> The subjects of the two verbs can be different. For example,
>
> ④ 他一出车站，我就看见他了。
>
> ⑤ （我打电话叫了一辆出租车。）我一出门，车就来了。
>
> ⑥ 这个问题很简单，老师一讲，学生就懂了。

（四）单用还是配对用

前文说过，汉语中的连词可以单用，也可以与配对的连词或副词呼应使用，但究竟单用还是配对使用却并非任意，而是受制于具体的语篇环境，包括句法上的限制，也包括语篇意义的表达限制。看三个例子。

1. 一边……一边……

表达并列关系的标记"一边"主要有两种形式："一边P，一边Q"（A式）、"P，一边Q"（B式）。如：

（1）<u>一边</u>吃饭<u>一边</u>看书，<u>一边</u>听音乐<u>一边</u>抽烟，或者思考、做记录，这些都可称作"一心两用"。

（2）院子里放着一辆崭新的自行车，杰米立刻欢蹦着冲上前去骑了起来，<u>一边</u>要爸爸把妈妈也叫出来看他骑车。

这两种形式在实际运用中的比例并不一致，B式一般用于书面文学语篇中，其所在的语篇上下文大概有三种。

a. V着O，一边……

（3）他手里拿着洗净的萝卜，利落地切着，<u>一边</u>笑着说："你们有福气！"

b. 位移表达，一边……

（4）老太太站起来，往厨房走，<u>一边</u>对于观说："你好长时间没来了。"

（5）"我们全家都是用这个。"说完，那学生把头低了下去，<u>一边</u>用脚尖在地上划拉。

c. "说"类动词，一边……

（6）我说："不要斗人，不吃人家的麦子和小菜，懂了没有？"<u>一边</u>还轻轻地在他头上拍了一巴掌。

（7）"这没有什么，很多孩子都会玩，你不用害怕。"爸爸说，<u>一边</u>将儿子稳稳地扶住。

如果符合这三个语篇条件，第一个分句中的"一边"就可以隐去。这既可以使叙述的文气通顺，又可以表明两个行为的同时发生。

另外，A式"一边P，一边Q"中P和Q的顺序如果颠倒过来，似乎也不影响意义的表达。但根据李晋霞、刘云（2014）的研究，在大部分具体语篇中，P与Q的顺序并不能随便置换，一般来说"一边P"表述的是背景信息，而"一边Q"表述的是前景信息，或者说是语义重心。如：

（8）我迷怔一下，想起昨晚发生的事，随即破口大骂。我<u>一边</u>起床洗漱<u>一边</u>骂着，刷完牙我又接着骂，到科里去找杜梅。

（9）她从衣袋中掏出手绢，不容我分说，就给我脸上擦抹起来，<u>一边</u>擦<u>一边</u>笑。

在这两个例子中，"起床洗漱"和"擦"都只是伴随动作，语篇的语义重心是"骂"和"笑"，在具体的语篇中只能采取这种语序，P、Q两个部分不可以互换。

2. 虽然……但是……

"虽然P，但是Q"与"P，但是Q"最主要的区别是："虽然P，但是Q"只能用于复句，连接两个分句；而"但是"还常常用来连接段落，实现全局连接（张文贤，2017）。如：

（10）慕课所能提供的交互途径主要有三个：一是教师与学习者在课程论坛里的交流；二是学习者在果壳网、YouTube等社交网站上所自发形成的"数字校园"；三是慕课教师在教学视频中插入练习或测试，吸引学生投入或加深理解、巩固记忆。

但是这三个途径所能提供的互动还是极为有限的。在前两个途径中，……；而在第三个途径中，……其实本质上是学习者与课程内容之间的交互，因为……更不能根据学生的不同表现提供及时的反馈和个性化教学。

在口语交际中，说话人则常常用"但是"来承接交际另一方的话语，既实现全局连接，又具有一定的交际功能。如：

（11）甲：那个，其他地方还没有，你要认识高能所的人，可以给我发E-mail。

乙：嗯。好好好，我E-mail，我给你发传真就行。过去是你给我这么发。

甲：对，对啊。我给你，我也可以给你发传真，就是麻烦点儿。

乙：哦，你，但是，你调高能所去，是吧？

不过，在复句层面，何时使用"虽然……但是……"，何时使用"但是"，这个问题还需要进一步追问。如：

（12）他在谈到经济形势时指出，1997年成了生产停止滑坡并出现增长的一年。虽然经济增长有限，但意义重大，它标志着俄罗斯经济终于摆脱了停滞状态，开始走向复苏。

（13）我亲眼看见有三个人坐下来抱在一起想暖和一下，但他们再也没有站起来。

这两例中，前者必须"虽然、但（是）"对举使用，后者则只用"但（是）"。原因在于例（12）先行语篇中出现了可以被让转的情况，即"经济有所增长"，说话人用"虽然"引出该情况，并进一步展开转折论述。如果语篇中没有先行出现可让转的情况，说话人就只能用"但是"进行转折，如例（13）。这只是一种情况，其他影响"虽然、但是"配对用还是单用的因素，尚待进一步研究。

3. 因为……所以……

表示因果关系的"因为、所以"，可以搭配使用，也可以只使用"因为"或者"所以"。如：

（14）另外还有一点，是驳斥应试教育公平观点的，即应试教育偏向于性子静的人。因为性子静的人不容易感到烦躁，所以努力学习对他们来说也就没有这么痛苦了。

（15）文祥虽是亲贵，但他的品格可说是中国文化的最优代表。他为人十分廉洁，最尽孝道。他可以做督抚，但因为有老母在堂，不愿远行，所以坚辞。

（16）黑田与井上在高丽的交涉成功。他们所订的条约承认高丽是独立自主的国家。这就是否认中国的宗主权，中国应该抗议，而且设法纠正。但是日本和高丽虽都把条文送给中国，北京却没有向日本提出抗议，也没有责备高丽不守本分。中国实为传统观念所误。照中国传统观念，只要高丽承认中国为宗主，那就够了，第三国的承认与否是无关宏旨的。在光绪初年，中国在高丽的威信甚高，所以政府很放心，就不注意日韩条约了。

（17）进哥大之初，他想做个能左右中国政坛的新闻界大亨，所以进了新闻学院。不久，觉得要左右政坛必须懂得政治，便进政治研究所改修政治学。最后，认为政治学科所讲的政治只是理论而非实际的，"欲想获得真正的政治知识只有从历史方面下手"，于是又转为专攻历史，主修历史学，师从著名的政治社会史教授卡尔顿·海斯。

（18）就因为一笔稿费跟她算的账不符，啊，她按一千字二十算，编辑部呢，按一千字十五给，她就说我瞒了她。

它们的区别主要有几点：

A. 单纯从语篇的长度来看，搭配使用时，"因为"所引介的原因句较短，与"所以"搭配用于复句中（例14、15）；而独用的"所以"则可以连接一个较长的原因陈述（例16）。

B. 如果"所以"独用，则其前的原因句可能是较为突兀地开启一个新信息单元，可预知度比较低，如例（17）中，上文讲述蒋廷黻的大致经历，而这个段落讲述他在哥大求学的情况，主要是转换专业的过程及原因，这些原因对于读者来说都是不可预知的。而用"因为"对原因进行引介时，该原因往往是与上文进行呼应的，如例（14）谈到一个观点"应试教育偏向于性子静的人"，其后就用"因为"对此加以说明；例（15）中，前文引出一个观点"他可以做督抚"，接着用"因为"引介原因，表明坚辞之因。

C. 在叙事语篇中，在故事进展的主线上，往往仅使用"所以"，而不用"因为"。如：

（19）"我很感谢您的这份心意……"加拉克讽刺地说着，而脸上的表情就像是已经要放弃了似的。史帕克知道她想要说什么，所以他马上说出了这句话："即使你拒绝，我也会跟你一起走的。"

D. 如果前后语句之间的因果关系比较显豁，而言者要对原因加以凸显，语篇中也可以仅使用"因为"，如例（18）。

另外，"所以"在有的语篇中似乎可以隐而不用，但在有的语篇中必须使用：

（20）现在上海市实行免费中介服务，所以，整个劳动力市场和中介行业好管理，容易推行统一的规范。

（21）我们允许一些地区、一些人先富起来，是为了最终达到共同富裕，所以要防止两极分化。

例（20）中若去除"所以"，语篇依然流畅，"所以"只是起到凸显因果逻辑的作用；而例（21）中，"所以"不可去除。董佳（2008）曾从语体角度分析过"所以"隐而不现的制约因素，而王静（2019）观察发现，除了语体因素以及语义逻辑关系明确等原因外，还有一些句法环境因素可以制约"所以"隐而不现。如：

A. 果句的话题与因句同指

（22）他可信我们了，（所以）今天一定会急着来给我们烧纸钱的。

B. 因句与果句同质

（23）小五与那些过往的行人似乎并没有什么不同，（所以）在他掏钱的时候我并没有太在意他。

（24）要实现统一，就要有个适当的方式，（所以）我们建议举行两党平等会谈，实行第三次合作。

例（23）的因句和果句都属于现实句，例（24）的因句和果句都属于非现实句，这两个例子中的因句与果句同质，"所以"均可以隐而不现。例（25）的因句是对惯常行为的表述，属于非现实句，而果句则是现实句，因句和果句不同质，"所以"不可隐。

（25）那叫声太过尖厉了，整栋男生宿舍楼都听到了。平日里，小伙子们也常有喜欢恶作剧的，所以，刚开始大家虽然一惊，却以为又是哪个人在装神弄鬼。

C. 果句有其他起连接作用的副词"就、才、也、便"等。

（26）天亮，是一天的开始，（所以）"旦"也就引申为"日"。

（27）我根本没有怀孕，（所以）你也不用牵挂我。

不过，以上这些句法制约因素还受到果句复杂度的影响，如果果句比较简单的话，"所以"也不易省略，如：

（28）雨僧先生是一个奇特的人，……他古貌古心，同其他教授不一样，所以奇特。……他反对白话文，但又十分推崇用白话写成的《红楼梦》，所以矛盾。

这一例子满足限制条件A和B，但"所以"不可隐去，原因可能是果句中"奇特、矛盾"过于简单，若隐去"所以"的话，有可能导致逻辑关系不清。

以上相关结论主要参考邢福义（2001），郭继懋（2004），史金生、孙慧妍（2010），张文贤（2017）等。限于篇幅，其他连词在实际语篇中的用法规则，不再赘述。教师在教学中会遇到学习者的各种使用偏误，有些偏误运用已有研究可以做出解释，有些偏误可能还解释不了。如果能够留心观察，积累偏误用例，或许可以从汉语二语教学的角度对连词研究提出新的观点。

三、连词的话语标记用法

在口语中，很多连词还发展出了话语标记（discourse marker）的用法，如英语的so可以用来开启一个对话，相当于汉语中的"好（，我们开始吧）"。汉语的"所以"则可以用来延续话轮和找回话题，如（方梅，2000）[①]：

（1）呃……做饭呢也有意思。城市里就生炉子了，有煤球儿炉子，也有砌的，就是拿砖砌的炉子。呃……现在用煤气的越来越多。在农村呢，它也是，有一个灶。这个灶呢和炕是一回事儿，是通着的。有的地方它是在炕前面修一个……修一个台儿，这……灶口儿和炕面儿一样高，呃……然后那个烟道呢就在这个炕里面，来回转几个弯儿，从房子后面出去。<u>所以</u>[1]，冬天农民的房子里都没有特别的取暖的，那个……专门用来取暖烧点儿火啊，他们靠做饭用的这点儿余热。<u>所以</u>[2]他这个燃料太少，每一点儿都充分利用，不能浪费。他做……做了饭以后烟在炕里绕半天，都快凉了才出屋子。

（2）甲：主食在北方花样儿就很多。有这个……可以做，你看，做面条儿，各种样子的面条。在山西是很有意思。

　　乙：猫耳朵。

　　……

　　甲：<u>所以</u>，北方的这个主食……花样很多。

这些用法中，"所以"不再表达因果逻辑关系，而用于调控和组织话语。例（1）中的"所以"用来延续话轮，而例（2）中的"所以"用来找回话题。

可以像"所以"这样成为话语标记的连词通常都是用于后一分句的，它们是"但是、可是、不过、然后、那么、可见、而且"等，主要是表示后事、推断和结果的。如：

（3）甲：农村……北方农村的那个……主食的花样儿也是很多的。

　　乙：噢。

　　甲：他们……<u>而且</u>，农村的人，很多地方他管吃饭叫"喝粥"。

（4）在中国就是讲究用黄豆，用大豆做，做各种食品。那主要有两种。一种就是粉条儿一类的，有粉条儿、粉皮儿、粉丝什么，乱七八糟都有。<u>然后</u>另外一种就是豆腐。

（5）甲：我告你，我们的，我们的那个总部啊……

　　乙：对。

　　甲：我们总部去年一年，赚了很……赚了很多钱。

　　乙：是吧。

　　甲：那可以说，哎，他……成立的时间不长，他大概……

　　乙：对。

　　甲：大半年时间，七个月时间，他很赚了一点儿钱。

[①] 下文所引用的口语语料，并未完全将其各种口语特征转写出来，仅为了方便读者理解，用……标示出一定的时间间隔。

乙：I see。

甲：他，他赚的不是一般的那个企业，

乙：我知道，我知道。

甲：能够比。

乙：对。

甲：非常多。

乙：我知道。因为这里面是用volume比较，就那个每次参加的那个，交换的像那个，数目很大嘛，所以赚的就很大了。

乙：对。

甲：对，

乙：啊啊。

甲：反正比较赚钱，但是，因为……

乙：哎，但是我就是说，像你这样的公司，就是说，呃，你可不可以完全自己开耶？

甲：私人啊？

乙：啊？不是私人呐，当然，

甲：私人，

乙：不过私人当然可能很难啦。但是我的意思就是说，现在你，你不是说，你有可能把这个公司接管过来嘛？

甲：这个是上面的安排。

以上三例中的连词"而且、然后、但是"不再表示递进、时间顺序和转折，而是用于言谈单位的衔接与连贯。日常对话中连词的这种用法，可以凸显交际双方之间的互动，姚双云（2015）指出，连词是表征口语互动性强弱的重要参数。

这些话语标记用法，究竟该不该引进汉语二语的教学课堂，以及如何引进，学界尚无明确的回答。不过，教师了解这些连词的弱化用法或者说浮现义还是有必要的。

思考题

第一节　与副词有关的教学语法知识

1. 分析下面语句歧义产生的原因。

（1）这个人连我都不认识。

（2）大学里有两种人不谈恋爱，一种人是谁也不爱，另一种人是谁也不爱。

（3）冬天，你能穿多少穿多少；夏天，你也要能穿多少穿多少。

2. 下面例子中"并、也、倒"都表示事实与预期相反，都用于否定，它们的区别是什么？

（1）为了看那晚的NBA比赛，我把晚饭都耽搁了。其实，那场比赛并/*也/*倒不值得饿肚子。

（2）最后比分是70∶65，鳄鱼队赢了，真可惜。不过，那场比赛*并/*也/倒挺精彩，值得看。

（3）甲：离开学还早着呢，再住几天吧。

乙：*并/也/*倒不早了。我想还是早点儿去报到，再说老住在你这里麻烦你们，我心里也不安。

3. 分析下面的例子，总结一下"恰恰、恰巧、恰好"的用法区别。

（1）把事情搞砸的不是别人，恰恰就是你自己。（"恰好、恰巧"不可进入）

（2）向前这样做，是要感动她。但这恰恰引起她对他更为深刻的反感。（"恰好、恰巧"不可进入）

（3）二十时零四分步兵进攻，要绝对遵守时间，至少七分钟攻上主峰！……二十时十一分，恰好七分钟攻上了主峰。（"恰恰、恰巧"不可进入）

（4）他得了夸奖，更加意气风发，把那根如意棒子猛地往高空抛去，身体随着弹起，在空中连着翻了两个跟头，稳稳地落了地，不摇不晃，无声无息，伸出只手，恰好接住了从天而降的如意棒子。（"恰恰、恰巧"不可进入）

（5）如今春耕时，需围水整田，恰巧3月20日下了一场大雨，5个承包商小组均派人在水田收口截水，仅此一项每个组就减少支出近100元。（"恰好"可进入，"恰恰"不可进入）

（6）她刚刚在北京谁的家里品完茶，聊完天，恰巧在王府井大街上遇见了万群。（"恰好"可进入，"恰恰"不可进入）

（7）采访于瑞明这天，恰恰是他上船十周年的日子。（"恰好、恰巧"也可进入）

第二节 与连词有关的教学语法知识

1. 请根据以下语料，总结归纳"而"所连接的分句之间的逻辑语义关系。

（1）活在世上，要当生活的主人，而不应该是别人的附属品。

（2）他曾经认为，这都是吹牛皮；而现在，他也相信这种吹牛皮了。

（3）一般认为，中学生谈恋爱会分心而影响学习。

（4）唯独共产主义的思想体系和社会制度，正以排山倒海之势，雷霆万钧之力，磅礴于全世界，而葆其美妙之青春。

2. 请根据如下语料归纳"所以""于是"的区别。

（1）有的地方明确规定，谁的学生平均分低谁下岗。于是/所以，教师在生存面前心理发生变态，做出许多违背正常教育秩序的事情。

（2）这些问题蒋廷黻在南开上课时就已感到困惑。于是/所以他决心根据中国的书面材料和中国社会的实际来研究近代中国外交史。

（3）英军快要攻占南京的时候，清廷知道没有办法，不能再抵抗，于是/所以接受英国要求，签订《南京条约》。

（4）同治死了以后，没有继嗣，于是西太后选了一个小孩子做皇帝，年号光绪。

（5）社会产品除了维持人们生活必需外，开始有了剩余。于是，原始社会开始解体。

（6）我知道我是一个怎么样的人，所以并不介意人家怎么看我。我觉得自己做的事情没有伤害别人，自己享受自己就好。

（7）这样的裂纹，形状既不规则，数目也不一定，所以很难用固定的公式解释它们。

（8）你现在倒霉，意味着光明就在前面啊，所以你要自得其乐。

（9）我的两只宠物分别跟我们姊妹在一起，所以你怎么会知道？或者你只是用猜的？

3. 从语料库中查找"不是……就是/便是……"的用例，归纳该句式所表达的语义关系及其使用语境。

4. 从语料库中查找"除了"的用例，归纳其用法。

第五章

与句子有关的教学语法知识

学习者接触到一定量的汉语事实之后,可能最感觉神奇的是,汉语句子里的词语似乎怎么排列都行。如:

(1)我今天吃了两碗饭。
(2)我把剩饭都吃了。
(3)他饭也不吃,觉也不睡,整个人都魔怔了。
(4)饭我就不吃了,咱们快点儿开始吧。
(5)饭都被我吃光了。
(6)这锅饭吃了十个人。

的确,根据表达需要,依靠一定的制约条件(如增加某些特定词语以及借助于一定的语境等),汉语句子中的语义成分(施事、受事等)的位置可以有相当的灵活性。不过,语序毕竟是汉语的一种重要语法手段。语序不同,意义往往也是不同的。

第一节　制约语序安排的因素

汉语句子最基本的语序是:S+状语+V+补语+宾语,动词后的位置上只可能出现补语或宾语两种句法成分。因此,汉语在某些句法特征上与SVO语序的语言是有所不同的。一般来说,SVO语序的语言中,状语无标记的位置是后置于它所修饰的谓语动词,如英语[①]:

My friend read books carefully　in the library　yesterday.
　　　动词　　方式状语　　处所状语　　时间状语

而汉语却将时间、处所、方式、频度等状语都前置于动词。汉语谓语动词前的位置似乎是一个可以容纳各种信息的收容所,动作的工具、目的、原因、协同者等也都要前置于动词。

---

① 根据石毓智、李讷(2001),古代汉语的语序跟英语更为接近,比如:处所状语后置(种瓜于长安城东)、时间状语后置(杀敌于是年春)、工具状语后置(乃说桓公以远方珍怪物)、被动句中施事后置(治人者食于人)、比较对象后置(季氏富于周公)、有后置式方式状语(谈琴书愈妙)等。

一、可别度高的成分居前

陆丙甫（2004）指出，汉语句子的基本语序特点表明汉语是一种"语序表达语用"的语言，其基本语序遵照着一个语用原则，即：可别度（identifiability）高的成分居前，自然焦点居后。

可别度，是Lambrecht（1994，转引自陆丙甫，2004）提出的一个术语，是指某指称性成分在语篇中是否容易被交际双方特别是听话人识别，从而知道其所指。越是容易确定所指的内容，可别度越高。可别度越高的内容越容易在语句中先出现[①]（陆丙甫，1998）。比如：

（1）a. 冒泡儿了。　　　　　　（2）a. 沉船了。
　　　b. ? 泡儿冒（出来）了。　　　　b. 船沉了。

对于第一组，更常见到的表达是（1a）；而第二组，两种语序皆可见。这种语序使用频率上的差异，可能正是由可别度决定的。因为"泡儿"并非现实世界中固有的事物，它的可别度低，较难出现在句首位置；只有当交际双方都在刻意地观察着某种可能出现的"泡儿"时，比如交际双方在做一个实验，而实验中的目标物就是"泡儿"，才可以使用（1b）语序，而此时，"泡儿"就具有较高的可别度了。

"下雨了、刮风了、下雪了、起雾了"等描写天气情况的语句之所以多采用无主句形式，也可用此观点解释。

（一）疑问词的前置

汉语的特殊疑问句中，疑问成分一般都保留在原来的位置上，而不必像英语等语言那样强制要求疑问词前置。如"你找谁？""你是谁的朋友？"但汉语确实也存在一些疑问词前置的句法现象，如：

（1）他什么事情做得好？
　　　什么事情他做得好？
（2）你到底什么东西要吃，什么东西不要吃？
　　　到底什么东西你要吃，什么东西你不要吃？
（3）方鸿渐和赵辛楣，哪一个苏小姐看得上？

[①] 从定义看，可别度与有定性（definiteness）、指称性（referentiality）密切相关。有定的、有指的NP可别度也高。但可别度强调了听话人的识别力，而且具有更大的适用范围。如"大型白色自动洗衣机"中，大小和颜色都是可见的，可别度高，而自动与否则不是可见的，可别度低。大小是可别度更高的属性，因为颜色的识别要受到光线等因素的影响，其可别度稍低一些。这可以解释这个NP中定语的语序。

徐烈炯、刘丹青（1998：261）总结了疑问词前移的三个限制条件：一是句子表示反问而非真性疑问，如例（1）实际上是个反问句，意思是他所有事情都做不好；二是有对比性话题存在，如例（2）；三是疑问词跟上文出现的某个成分有部分与整体的关系，如例（3）。陆丙甫、徐阳春（2003）进一步对此句法现象做出解释，指出当疑问词前移时，问话人都有一个预设的范围，是在某范围内进行询问，疑问词的所指是在预设范围内的，问话人认为听话人知道其所指。也就是说，此时疑问词自身具有了更高的指别性。如例（2），问话人可能是妈妈，她指着桌子上的饭菜问孩子，此时，孩子知道妈妈所问的"什么东西"都在"桌子上的饭菜"这个范围内；而例（3）中的"哪一个"的所指是在"方鸿渐和赵辛楣"两人中间。例（1）中的疑问词用于反问句，实际上属于周遍性表达，即"所有的事情他都做不好"。周遍性成分自身都具有高可别度，都倾向于前置于谓语动词，如：

（4）（他是谁？）<u>谁</u>都不认识他。
（5）我刚来，<u>谁</u>都不认识，给我介绍一下。
（6）<u>任何人</u>我们都不关照。
（7）<u>一个人</u>也没通知，只有咱俩知道这事。
（8）<u>村村</u>通电话，<u>寨寨</u>有网络。
（9）他<u>连林肯</u>都不知道。

"连"字引出一个极端事例（"林肯"），极端事例自然容易识别，因此也倾向于前置，例（9）隐含的意义是"他什么美国人都不知道/他不知道所有的历史名人"。所以，"连"字句中其实也包含着周遍性成分。

（二）多项定语的语序安排原则

多项定语的语序安排，丁声树1961年在《现代汉语语法讲话》中已做过清晰论述，其后学者们又做过诸多探讨。简单地讲，从充当定语的词语的语法属性来看，多项定语一般按照如下顺序组合：

代词等领属性定语 ＞ 数量词 ＞ 动词 ＞ 形容词 ＞ 名词 ＞ 中心词
　　我的　　　　　　那/一本　朋友送的　有趣的　　历史　　书

这种语序的安排究其实质，可以从两个角度加以概括：（a）越是事物的内在本质属性，离中心名词越近。在五项定语所表达的"书"的属性中，"历史"是"书"最内在的本质属性，其次是"有趣"，因此，这两项定语离"书"最近。（b）可别度高的成分，或者说对整个NP的可别度贡献大的定语，倾向于前置。（陆丙甫，1998）领属性定语"我"、数量词定语"那/一本"的可别度最高，因此，它们要占据NP最前的位置。

要注意的是数量词定语。因为数量词使得它所在的NP个体化，相应地增强了NP的可识别度，所以一般会前置。但数量词在多项定语中的语序实际上是相当灵活的。除了默认的第二位置外，还可以出现在第三、第四位置上。如：

（1）我朋友送的那/一本有趣的历史书

（2）我朋友送的有趣的那/一本历史书

那么，汉语说话人依据什么原则决定数量词定语的位置呢？

数量词后的定语成分具有描写性，数量词前的定语成分具有指别性，即不是用来描写中心词的性质，而是区别或限制中心词的外延。例（2）中数量词前的"我（的）、朋友送的、有趣的"都是用来帮助听话人确定"历史书"的所指的，帮助听话人在很多"历史书"中进行定位查找。再来看胡裕树、陆丙甫（1988）所举的例子：

（3）a. 这次火山爆发的能量相当于2500颗投在广岛的原子弹。

　　　b. 这次火山爆发的能量相当于投在广岛的2500颗原子弹。

（3a）中，"投在广岛的"除了说明广岛这个地方曾被投过原子弹外，还具有描写功能，即对原子弹的大小、规格等加以描述；而（3b）中的"投在广岛的"则具有更强的指别作用，而无描写作用。因此，在这个语境中，（3a）是更切合表达意图的。

另外，数量词做定语一般来说不带"的"，但并不必然排斥"的"。带不带"的"，整个定语性质完全不同。数量短语带"的"后就变成了描写性定语（刘丹青，2008a）。如：

（4）桥前约<u>250平方米</u>的小河口滩地，聚集着108只白鹭鸶。

（5）你买一条新鲜的<u>五斤的鱼</u>。

如果是描写性的数量词定语，其位置也可以后置，如例（5），"五斤的"后置于"新鲜的"。

二、自然焦点居后

焦点，是指说话人所要表达的信息重心，也可以理解为"说话人最想让听话人注意而强调的部分"（刘丹青、徐烈炯，1998）。Kiss（1998）区分了信息焦点（information focus）和识别性焦点（indentificational focus）。识别性焦点也可叫作对比焦点，可别度往往较高，有前置倾向。如：

（1）他连长城都没去过。

（2）我是在北京留学时认识的她。

"长城""在北京留学时"都是识别性焦点。

信息焦点也可以称为自然焦点（徐烈炯、刘丹青，1998）。语言类型学的研究表明，不同语言采取不同的语言手段来表达焦点信息。可能通过某一句法位置、某一特定句式或者通过固定的标记词来标示。而由句法位置标示的焦点多被看作是无标记的自然焦点。现代汉语的句末位置成分通常被看作是自然焦点。①

（一）"把"字句

汉语是一种SVO语序的语言，可是也存在着SOV语序，如"把"字句，其基本的形式是：S+把+O+VP。学习者在使用"把"字句时常出现的偏误主要有两种，一是回避使用（例1、2），二是泛化使用（例3、4）：

（1）*我愿意的工作就是导游，所以您公司可把我招聘的话，你们公司也是有利的，<u>我有自信做得很好这个导游的工作</u>。

（2）*如果那时候，<u>妈妈给别人自己的孩子</u>的话，可能那个孩子很伤心、痛苦。

（3）问：你昨天去哪儿了？我去找你没找到。

　　答：*<u>我把朋友送到机场了</u>。

（4）*国庆节的时候，<u>我没把火车票买到</u>，只好待在家里。

汉语究竟为什么要用"把"字句？教授"把"字句时，除了提醒学习者注意"把"字句的形式要求（如谓语动词部分应该是复杂的VP形式、"把"字宾语常为有定NP）外，还有哪些要注意的教学点呢？

实际上，"把"字句是汉语说话人调整信息结构的一种语法手段（张伯江、方梅，1996）。汉语语句默认的信息结构是"旧信息+新信息"，即新信息要占据句末位置。从焦点的角度看，句末新信息也是说话人要传达给交际另一方的焦点信息。如：

（5）我今天买了<u>一个银镯子</u>，我妈生日的时候，我准备把<u>这个银镯子</u>送给她。

在第一个小句里，"我"是交际双方都知道的一个信息，属于旧信息，而"买了一个银镯子"则是说话人传达给听话人的一个新信息，用的是SVO语序。在第二个小句里，"银镯子"变成了听话人已经知晓的信息，是旧信息，不能占据句末的位置了，所以，说话人使用了"把"字句，将句末位置留给了焦点信息"送给她"。因此，"把"字句的语序是由"自然焦点居后"这一语用原则所制约的，是汉语说话人安排语句信息结构的一种语法手段。②从语篇分布的角度看，"把"字的宾语往往与其前小句的宾语有同指关

---

① 也有学者指出句尾焦点只是一种语序倾向，难以将句尾看作是自然焦点的固定句法位置（刘丹青，2008b；李湘、端木三，2017）。

② 将"把"字句的句末VP看作自然焦点，这是学界的主流观点。也有学者持反对意见，如徐杰、李英哲（1993）。

系（金立鑫，1997），往往都是有定NP。因此，对二语学习者进行"把"字句教学时，除了要讲清楚VP必须是复杂形式、什么样的动词不能进入"把"字句、状语的位置等结构上的限制，信息安排这一点也是需要首先讲清楚的（徐晶凝，2008、2017；陆俭明，2016）。

上边所举学习者的偏误，都忽略了"把"字句的这一语用条件。例（3）（4）本该使用SVO语序，而学习者用了"把"字句，将本该置于句末的焦点信息前置了。例（1）（2）中，"这个导游的工作"和"自己的孩子"是旧信息，应该使用"把"字句将它们提前而将句末位置留给焦点信息，学习者却使用了SVO句。

当然，也存在一些"把+无定NP+VP"的情况。如：

（6）他恨不得<u>把一肚子玩意儿全都掏给孙子</u>，一口气把孙子吹成个羊把式。

（7）数学教员外号"杨半本"，他讲代数、几何，从来没有<u>把一本书讲完过</u>，大概后半本他自己也不甚了了。

（8）"这么着也行，"祥子的主意似乎都跟着车的问题而来，"<u>把一辆赁出去</u>，进个整天的份儿。那一辆，我自己拉半天，再赁出半天去……"

（9）马锐是来请求父亲批准出去玩一会儿的。但他没有直截了当地提出请求，而是在饭后主动积极地去刷碗、扫地、擦桌子，把一切归置完了，像个有事要求主人的丫环<u>把一杯新沏的茶和一把扇子递到正腆着肚子剔牙的马林生手里</u>，自己站在一边不住地拿眼去找爸爸的视线，磨磨蹭蹭地不肯走开，没话找话地问："还有什么要我干的么？"

（10）天佑太太<u>把一根镀金的簪子拔下来</u>："卖了这个，弄两斤白面来吧！"

根据陶红印、张伯江（2000），"把+无定NP+VP"的用法中，无定NP有几种情况：（a）无定NP表全称，如例（6）；（b）无定NP是表通指的成分，如例（7）；（c）无定NP着重表示数目，如例（8）；（d）无定NP引进一个偶现成分，如例（9）；（e）无定NP引进一个新信息，并且其后有该新信息被回指的话语过程，如例（10）。

前四种情况（例6—9），无定NP都不能算作是语篇中的全新信息：全称指的是一个确定的范围，属于易推信息；通指成分在表面上看是新信息，实际上并没有在话语中引进新的实体，只是激活了听话人意识里已有的一个类别，因而通指成分具有"半新半旧"或半激活的特点，也属于易推信息；着重表示数目的"数量词+N"，也没有在话语中引进新的实体，激活的也是听话人意识里已有的一个类别；偶现成分在其所处的言语片段中，既不承前，也不启后，不用于引进事件的主要参与者，不具有话题连续性。在这几种用法中，出现频率最高的是通指和偶现成分。叙述性语篇中，偶现成分倾向于出现在前景句中，而通指成分倾向于出现在背景句中。第五种情况（例10）"把"的确引进了一个新实体，但在实际语料中的出现频率不高。沈家煊（2009）还指出，"把+无定NP+VP"往往带有"出乎意料"的主观色彩，即说话人觉得出乎意料或说话人认为听话人会觉得出乎意料。

汉语中所存在的其他非SVO语序的结构，实际上也都是在具体语篇中根据需要进行新旧信息安排的语法手段，这些结构包括"对……进行/加以VP"、受事主语句（被动句）等。如：

（11）对这些特殊规律，我们将在本书有关章节中具体加以阐述。

（12）在我国，教育目的不仅要在学校中加以贯彻，而且也调节着校外教育机构、家庭等一切存在教育因素的场所的活动。

（13）作为富人，关注的不应仅是自己的孩子，同时应对贫穷孩子加以关注，对比自己更穷、更需要教育的西部及农村孩子进行帮助。

（14）王美丽是春节前后才嫁过来的媳妇，是个能说会干的人物，嫁到村里不几天，就被选为妇女主任了。

例（11）—（13）中均采用了"进行/加以VP"的句式，因为VP所涉及的受事成分在语篇上文均已提及，变成了旧信息，所以或者用介词"对"将其引进（例11、13），或者直接将其置于句首话题位置（例12）。例（14）最后一个小句采用了被动句，因为"王美丽"在前文已然提及，该句也可以改为"我们就把她选作妇女主任了"，总之，都要使用句法手段将"她"前置。

（二）形容词的句法位置

形容词的句法位置，也是让学习者感到疑惑的一个语法点。他们往往弄不清楚何时在定语、谓语、状语或补语位置上使用形容词。如：

（1）*老师问不难的问题，我们都会回答。

（2）*东方人爱喝温水或热水，他们与西方人有不一样的生活习惯。

（3）*有时候中文课有多一点的作业，我感觉没有时间玩儿。

（4）*他有很高的个子。

（5）*这样方法我觉得好像容易的方法，可是找称心如意的人找得不容易。

这些语句都在定语位置上使用了形容词，不合乎汉语的表达习惯，都应改为形容词谓语句，如"老师问的问题不难"。这是因为汉语倾向于将"新信息/焦点信息"后置，如例（1）说话人所要强调的是"不难"，而不是"问题"；例（5）前一小句要强调的是这样的方法"容易"，后一小句强调的是"不容易"，用对比谓语更好。

何时在状语位置上使用形容词，何时在补语位置上使用形容词，也是留学生的一大难点：

（6）*年轻的时候，应该看书看得很多。

（7）*你的病刚好，一定要休息得好好的。

（8）*随着经济发展得快，社会把比体力智力更重视。

形容词出现在补语位置上，它就是说话人所要强调表达的焦点信息，刘丹青（1995）曾用以下例句进行过论证：

（9）经济缓慢地增长。

（10）经济增长得缓慢。

"缓慢"在状语位置上时，说话人所表达的是"经济在增长"；而"缓慢"在补语位置上时，说话人所表达的却是"缓慢"，因此，补语位置上的形容词往往都是语义表达的重心，焦点性更强。①

在例（6）—（8）三个语境中，说话人所要表达的意义重心分别是"看书""休息"和"发展"，所以，将形容词"多"和"好好"置于状语位置、将"发展得快"改为"快速发展"才合乎汉语语句的语用规定。

也有研究者指出，与补语位置比较起来，状语位置可能与说话人的主观意愿关联更密切（王邱丕君、施建基，1992），如：

（11）我对晚会不感兴趣，所以，晚去了一会儿。

（12）路上堵车，所以，我去晚了一会儿。

总之，教师在教授形容词的用法或者是遇到学习者出现了偏误时，都要注意提醒学习者根据"焦点信息后置"这样的信息结构原则，来决定究竟将形容词置于定语、谓语、状语位置还是补语位置。

（三）定语后置

定语通常是位于中心语之前的，但也存在如下这种定语后置的现象：

（1）你们班里万一有谁<u>吸毒的</u>，谁<u>这个瞎搞的</u>，谁<u>携枪的</u>，这谁受得了啊！

（2）她有什么<u>一个人办不了的</u>，什么<u>需要男人陪伴的</u>，比如接站、去交通不便的地方取东西，也会叫上我。

例（1）（2）的中心词是由疑问代词"谁、什么"充当的，所指对象不明确，提供的信息量少，而修饰性成分"吸毒的"等则提供了更多的新信息，因而要置于中心词之后。

---

① 也有学者认为，状语作为扩展性成分，往往是句子信息表达的重心，更有资格视为焦点默认位置（徐杰、李英哲，1993），玄玥（2007）对此观点进行了批评。

这种特异语序也并非汉语所独有，如英语的形容词定语一般要置于中心语之前（a special gift），但如果中心语是something，anything，nothing等泛指代词，形容词修饰语也要后置，如：I want to buy something special for him.

三、其他

除了上两节所谈到的可别度、自然焦点对句子的语序形成制约之外，学界还谈到了其他一些制约因素，包括时间顺序原则、否定、共指限制、句法轻重等（戴浩一，1988；胡裕树、陆丙甫，1988；刘宁生，1995；吴静、石毓智，2009；等等）。我们举几个例子。

（一）时间顺序原则与概念距离原则

戴浩一（1988）、张敏（2019）对时间顺序原则（principle of temporal sequence，PTS）和概念距离原则（principle of conceptual distance，PCD）进行过深入的描写与讨论。具体来说，主要有两条原则。一是，汉语中两个句法单位的相对次序，决定于它们所表示的概念领域里的状态/事件的时间顺序。如：

（1）我吃过饭，你再打电话给我。
（2）我上图书馆借书。
（3）他骑自行车来上课。
（4）他从中国来。
（5）他用手机给我发了一个短信。
（6）她在操场上跑步。
（7）他对着我笑。
（8）你往南看。
（9）他比我高。
（10）他病了三天。

在这些例子中，前一个状态/事件在现实世界里的存在/发生时间总是要早于后一个，落实到句子中，也要遵照现实世界里的时间顺序安排句法成分。

二是，如果句法单位X表示的概念状态在句法单位Y表示的概念状态的时间范围之中，那么语序是YX。这就叫作概念距离原则。比如，汉语的时间表达要遵照从大到小的顺序（2018年3月3日星期六上午八点）。某些句法现象也受此限制，如：

（11）在中国的时候我常常去看他。
（12）三天来他一直病着。

例（11）中，"在中国的时候"所表达的时间范围大于"常常"，语序上要先行；例（12）中，"三天来"是"他一直病着"所发生时间的范围，要位于"一直"之前。

除了时间范围遵照从大到小的原则，其他方面也有此倾向。比如：

（13）墙上有/挂着一张画。

（14）那张画在墙上。

例（13）和例（14）代表了两种句式："处所+有/V（着）+存在物"和"存在物+在+处所"。虽然汉语存在这两种语序，但"处所+有/V（着）+存在物"的使用频率远远高于"存在物+在+处所"。也就是说，汉语说话人倾向于遵照参照物（墙上）先于目的物（画）的语序原则（刘宁生，1995）。看一段英汉翻译对照：

（15）正要回家吃饭，只见正东尘土飞扬，不大时间，跑来了两匹马，<u>上面骑着两个日本兵</u>。那两个鬼子<u>腰边挂着刺刀</u>，<u>胳膊弯儿挂着枪</u>，使劲打着马，像恶狼一样奔孙家屯去。

He was getting ready to go home for lunch when he saw dust rising to the east of the hill and presently two mounted Japanese soldiers with <u>sabers dangling at their sides</u> and <u>rifles slung over their shoulders</u> came speeding towards Sun family Hamlet, viciously whipping their horses as they could.

英语把NP作为句子的核心成分置于主句或从句的主语位置，而汉语则选用"处所+有/V（着）+存在物"的语序。

另外，徐毅发（2022）还将"在+处所+V"中的处所区分为"事件处所"与"动作位置"。如："在院子里洗衣服"中，"在院子里"属于事件处所，可以容纳动作的施事；而"在盆里洗衣服"中，"在盆里"则是动作位置，仅表示"洗"这个动作作用的具体位置。"事件处所"和"动作位置"与动作之间的概念距离不同：事件处所与动作之间的概念距离较远，而动作位置与动作之间的概念距离很近。因此，它们在多项状语中的位置是不同的。典型的多项状语序列为：

S＞时间＞语气＞频次＞方式_{指向主语}＞协同＞工具＞方式_{指向动作}＞VO

事件处所的典型分布范围是在频次状语和工具状语之间的区域，而动作位置的典型分布范围是在工具状语之后，在指向动作的方式状语的前后浮动。如：

（16）他在厨房里用肥皂洗了手。（事件处所"在厨房里"＞工具"用肥皂"）

（17）老李在公园里跟老王下棋。（事件处所"在公园里"＞协同"跟老王"）

（18）老李跟老王在公园里下棋。（协同"跟老王"＞事件处所"在公园里"）

（19）他用肥皂在脸盆里洗了手。（工具"用肥皂"＞动作位置"在脸盆里"）

（20）老李跟老王在白玉棋盘上下棋。（协同"跟老王"＞动作位置"在白玉棋盘上"）

（21）我们看到老师用那木板狠狠地在座椅上抽了一板。（工具"用木板">方式指向动作"狠狠地">动作位置"在座椅上"）

（22）她假装无心地用高跟鞋的后跟在我的脚上狠狠地一踩，走了出去。（方式指向主语"假装无心地">工具"用鞋后跟">动作位置"在我的脚上">方式指向动作"狠狠地"）

（二）SOV语序的限制条件

相对于SVO和OSV语序来说，SOV是汉语中受限制更多的一种语序。比如，SOV句中，O前常常需要使用介词：

（1）a. 我们要学习先进国家。

　　　b. 我们要向先进国家学习。

（2）a. 我看了他一眼。

　　　b. 我朝他看了一眼。

（3）a. 他很满意这个工作。

　　　b. 他对这个工作很满意。

（4）a. 我大他五岁。

　　　b. 我比他大五岁。

如果O前没有介词标记，O一般不可太长，或者说不可太重。比较一下：

SVO语序　　我们要讨论一下这个问题。　　我们要讨论一下语序究竟是什么。

OSV语序　　这个问题我们要讨论一下。　　语序究竟是什么我们要讨论一下。

SOV语序　　我们这个问题要讨论一下。　　*我们语序究竟是什么要讨论一下。

上述例子中，"语序究竟是什么"比较复杂，韵律上太重，进入SOV语序后，语句的可接受度大大降低。

（三）大块移位原则

如果一个句法成分结构难度大，语音形式长，韵律分量重，它倾向于出现在句子的两端，通俗地说，就是"大块置前"和"大块置后"。英语主要运用"大块置后"这个策略，而汉语两个都用。（陆丙甫，1993：199—202）如：

（1）a. ？这次集会因为气象预告说要下雨改期了。

　　　b. 因为气象预告说要下雨，这次集会改期了。

　　　c. 这次集会改期了，因为气象预告说要下雨。

（2）a. We painted the house that he bought ten years ago white.

　　　b. We painted white the house that he bought ten years ago.

例（1）中原因状语"因为气象预告说要下雨"比较长，倾向于前置（b）或者后置（c）。例（2）中the house that he bought ten years ago是一个韵律分量重的名词短语（heavy NP），倾向于采取b语序。

汉语中这种大块置后的语序规定原则，在法律文本中比较常见。如：

（3）公安机关对举报人<u>提供信息经查证属实的</u>，将给予一定数额的奖金。

"提供信息经查证属实的"作为修饰性成分，本应出现在中心语"举报人"之前，但因为序列长、结构复杂，也倾向于后置。不过，董秀芳（2003）研究发现，这种用法一般出现在具有假设蕴含的语境中，并有进一步发展为一个假设分句的倾向。当然，这种特异语序也可以从信息量的角度来做出解释，相对于"举报人"而言，在这个语境中，修饰性成分"提供信息经查证属实的"更有信息价值。

过去人们认为语言的语音、词汇、语法是彼此独立的，应该分别进行研究或教学，现在人们更倾向于采用词汇—句法、语音—句法等整合的视角来观察语言现象。知道了音节、韵律与句法现象之间存在着千丝万缕的联系，教师在回答学生提出的语法问题时，就可以多一个思考的视角。

四、小结

很多情况下，汉语句子的语序看似具有相当的灵活性。这种灵活性在古诗中有突出表现。为了满足对仗、平仄的需要，或达到一种诗句特有的格调，某些古诗会将字词的顺序打乱，最著名的例子是杜甫的一联诗：

（1a）红稻啄余鹦鹉粒，碧梧栖老凤凰枝。

这联诗原本的语序应当是：

（1b）鹦鹉啄余红稻粒，凤凰栖老碧梧枝。

上句中心语"粒"有两个定语"余、红稻"，全被离析开来，分别放置；同时"鹦鹉啄"主谓还发生了变序。对句也运用了相同的手法。这叫作斡旋句法。再如唐末诗人李洞《上崇贤曹郎中》有一联诗，斡旋得更厉害：

（2a）药杵声中捣残梦，茶铛影里煮孤灯。

按照诗句的意义来看，其语序原本应当是：

（2b）杵捣药声中梦残，孤灯影里铛煮茶。

从古诗的斡旋句法我们可以看到，汉语句法上的灵活性与汉语缺乏形态变化不无关系，汉语母语者主要依赖"意合"而非"形合"进行认知加工。

不过，汉语教师要牢记一点，现代汉语的语序虽然灵活，但语序不同是与语用相关的。如：

（3）a. 打南边来了一个喇嘛。

b. 一个喇嘛打南边来了。

（4）a. 台上坐着主席团。

b. 主席团在台上坐着。

（5）a. 王冕七岁上死了父亲。

b. 父亲（在）王冕七岁上死了。

（6）a. 你淋着雨没有？

b. 雨淋着你没有？

这些语句中的词汇几乎完全一样，仅语序不同，句子的命题意义也没有什么本质区别。但进入语篇后，它们对上下文语境的要求是有差别的。比如"打南边来了一个喇嘛"，主要用于引进一个新话题，其后续语句一般会继续讲述有关这个喇嘛的事情；而"一个喇嘛打南边来了"的后续语句，却往往是继续其前的某个话题。如：

（3a）打南边来了一个喇嘛，手里拿着一个鳎目。

（3b）我们刚从校门出来，就看见一个喇嘛打南边来了，我们马上迎上去。

下面两个看似差不多的语句，其实是分别用来回答不同问题的：

（7）问：纸哪儿去了，怎么不见了？

答：纸糊了窗户了。

（8）问：窗户怎么了，我怎么看不清外面了？

答：窗户糊了纸了。

总体上来说，句子最开始的部分，往往是语句的出发点，是即将围绕其展开谈论的话题，其可别度往往较高；而句子末尾的部分，则是说话人所传达的新信息或焦点信息。在具体语篇中，究竟采用哪一种语序，主要看说话人想要讨论的是什么。因此，不同的语序一定具有不同的表达功能。

再比如语气副词。语气副词一般位于主谓之间充当状语（例9），但在实际使用中，也可以位于句首（例10）或句末（例11）。如：

（9）我知道。可这小子并没有来。<u>他也许从来就没有到这小溪一带来过</u>。说不定我们这辈子也不会再见到他了。

（10）就是一小时前我告诉您的那些。不过，还是不去谈他吧。<u>也许，一切会顺利过去的</u>，我只是想向您证明，如果我对他的评价过于苛刻的话，那并不是因为我不了解他。

（11）你有什么问题，奥西亚太太？觉得疼，是吗？<u>着了凉吧，也许</u>。也可能是卷心菜吃得太多了，啊，卷心菜完全可以导致这样的症状。

这些不同的位置，实际上也都反映了不同的语义表达需要。这一点在英语中也是一样的。Hoye（1997：213）指出，当句子副词（sentence adverbial，disjuncts）被放在句首时，说话人的态度是最凸显的，……它立即建立起了说话人的权威，以及他希望对将要说的话所采取的立场。位于句末位置时，句子副词也标记说话人在场，……具有一个基本目的：公开向听话人指示出要他顺从句子命题的内容。

所以，我们可以将汉语语序的特点表述为：语序很重要，灵活被控制在一定的范围内，且灵活总有其原因与目的。教师教学中如果遇到一些特殊的语序，就要从语用、语篇的角度思考，这种"灵活"的语序是不是有什么语用或语篇上的限制条件。汉语语法研究的任务之一，就是找出这些"灵活"现象的制约因素，那是规定汉语造句成篇的语法。

第二节　语句与交际场景间的关联

一、时体情态范畴

如果单独看"老师讲课"这个主谓结构，我们很难说它是一个独立自足的句子，或者很难说它独立表达了现实世界中的一个事件。只有在谈论教师这个职业，进入并列对比的句式中才可以，比如"老师讲课，医生看病"。但下面这些主谓结构，皆能成为一个独立自足的句子：

（1）老师在讲课。
（2）老师讲课了。
（3）老师要讲课。
（4）老师今天不讲课。
（5）老师在教室讲课。
（6）老师讲课呢。

原因在于这些句子中增加了"在、了、要、不、呢"等语言成分，这些语言成分曾被称作"完句成分"（贺阳，1994；黄南松，1994；孔令达，1994；竟成，1996）。从语法范畴的角度来说，它们都属于时体情态范畴（tense-aspect-modality，简称TAM，Hopper，1982）。在汉语中，这些范畴的主要成员包括时体助词（了、着、过）、时体副词（已经、又、刚、在）、趋向补语"下去、起来"的引申用法、动词重叠式、情态助动词、语气副词、语气助词等。

时体情态范畴的作用在于将表述中的某个事件或事态与交际场景（时间、空间、说话人、听话人）建立起关联，从而使之变成语用层面的交际单位（张新华，2007；顾阳，2007；王洪君，2000）。语句中若没有表达这些范畴的成分，句子一般是不能自足的，也就是黏着的（沈家煊，2004），比如"老师讲课"必须与"医生看病"对举才能成立。

二、时体范畴

看以下这组例子：

（1）He is studying Chinese grammar.

（2）He was studying Chinese grammar.

（3）He will study Chinese grammar.

（4）He has studied Chinese grammar.

（5）He had studied Chinese grammar.

（6）He studies Chinese grammar.

（7）He studied Chinese grammar.

be动词、助动词have、动词study的不同形态is/was，has/had，studies/studied以及助动词will等的不同，可以传递出"学习语法"发生的时间信息：是与说话时间同时，还是先于或后于说话时间。这些语法形式的对立属于时（tense）范畴。在有时范畴的语言中，"时"属于时间参照指示框架的组成部分（part of the deictic frame of temporal reference），它语法化的是情状时间（事件时间）与指示语境中的指示原点（说话时间）的关系（Lyons，1977：678）。比如，英语中有过去时、现在时、将来时的区分。这种以说话时间作为参照的时系统，叫作绝对时系统[①]。而be+studying，have+studied的对立，则表达了"学习"这个动作的内部时间过程，属于"体（aspect）"。

汉语母语者学习英语时，要弄清楚时体范畴的意义及其使用条件，是比较困难的。比如：

[①] 除了这种基于指示（deixis-based）的"时"的区分之外，还存在一些次级的时区分（secondary tense-distinction），如先时（anteriority）、同时（simultaneity）、后时（posteriority）。英语的"过去完成时（pluperfect）"，实际上是"过去的过去时（past-in-the-past tense）"。它的功能是表达一个过去的情状先于另一个过去的情状发生，所以更准确地说，它是"过去的早些时候（earlier-in-the-past）"，是一种先时。这种不以说话时间而以某一个事件作为参照的时系统，可以叫作相对时系统。据研究，英语在主句限定动词上使用绝对时，而在从句中使用相对时。

(8) James, while John had had "had", had had "had had"; "had had" had had a better effect on the teacher.

只有明白了过去时had和过去完成时had had的形式及其意义，才可能理解这个句子。这个句子的意思是：James选择了过去完成时had had，John选择了过去时had，老师认为选择过去完成时had had更好。

对于汉语二语学习者来说，汉语的时间表达也是他们的学习难点。比如：

（9）他已经来了，你没看见在那儿坐着吗？

（10）快看快看，船来了，船来了。

（11）来了，来了，再等等，再等等。

同是"来了"，在例（9）中表示"已经在那儿了"，例（10）中表示"正在路上"，例（11）中表示"还没来"。也就是说，"了"并不必然与过去时对应。

即便学习者理解了"了"所表达的语法意义，知道它与"过去时"没有必然的关联，使用中仍然会大量出错。因为汉语的时体表达手段并不是强制性的，受句法、语义和语篇多种因素的影响（徐晶凝，2016）。如：

（12）我把车停在了旁边。

（13）我把车停在旁边，看见有个胖大叔正在树上摘梨，他好像完全没看到我。

例（12）必须有"了"句子才自足，而例（13）中，"了"却可以隐而不用。关于"了"的隐现条件，请参阅下文。

总之，汉语时间表达的概念化（conceptualization）方式与英语等其他语言存在较大的差异。简单来说，汉语没有相应的语法化手段来表示将来时或过去时等意义，而主要通过时间状语（包括时间名词、时间副词等）表达过去、现在与未来。但汉语重视对动作行为内部过程的区分，有一套语法化程度较高的手段区分动作行为的开始、进行、持续、结束等。所以，有人认为汉语不是一种时凸显的语言，而是一种体凸显的语言。学习者在学习汉语的时体表达时，需要彻底抛开母语的影响，完全用汉语来思考。

从教学的角度来看，"了、着、过"等的教学难点主要有如下几个方面：

1. 语法意义

"了$_1$"表示动作完成，"了$_2$"宣告新情况的出现，"着"强调静态的持续，"在"强调动态的进行，"过"具有过去时的意义，但强调过去事件的经验性，并且带有一定的确认事实为真的意义（陈振宇、李于虎，2013）。

2. "了"与"过"的区别

"过"将过去已然发生的事件处理为一种状态，该状态在说话时间已不存在；而

"了"所编码的事件可能延续至今。如：

（14）他当了校长，现在忙得连人影都难见。

（15）他当过校长，了解大学里的事儿。

（16）他看起来年轻了，可见，锻炼身体保持好心态还是很重要的。

（17）他也年轻过，虽然现在老态龙钟，当年可是帅小伙儿一个。

3. "了"进入语篇后的用法：用于句中（了$_1$）还是句末（了$_2$）？隐还是现？

徐晶凝（2014、2016）基于对《围城》《空中小姐》两个大型书面叙述语篇中"了"的穷尽式统计描写，指出"了"在具体的使用中有两种情况：

一是只受语义—句法双重制约，即在满足语义表达的前提下，某句式中使用"了$_1$"还是"了$_2$"，完全取决于句法因素。比如，对于过去已然事件，若用动词重叠式表达的话，就只能使用"了$_1$"；若用"动词+形容词结果补语"句式，则只能使用"了$_2$"。

二是受语义—句法—语篇因素三重制约，即句法因素并不能约束"了"在句中的位置，使用"了$_1$"还是"了$_2$"，主要是由语义—语篇因素决定的。如"动词+宾语"句式中，"了"既可位于动词后，也可位于宾语后，究竟位于何处主要取决于语篇意义的要求。如：

（18）我们现在不只两把菜刀，我们已经有了两个营的兵力，还怕干不起来吗？

（19）我们起初只有两把菜刀，后来有了一个营的兵力，现在已经有两个营的兵力了，还怕干不起来吗？

这两个例子中，带"了"的句式都是"有+数量宾语"，语义上也都表达一种变化。但例（18）中，说话人选用"了$_1$"，所表达的意思是从"没有兵力"到"有兵力"的改变；而在例（19）中，说话人选用"了$_2$"，则表达从"有一个营的兵力"到"有两个营的兵力"的进展。

不过，受语义—句法—语篇三重制约的句式中，"了$_1$"与"了$_2$"的分布也有着明显的倾向性。比如，动词带数量宾语的句子，以出现"了$_1$"为常态（赵元任，1979：127）。大致来说，"了"与句式之间的对应关系如下表所示。

表 5.1 "了$_1$""了$_2$"对句式选择的倾向性

只能使用"了$_1$"	"了$_1$""了$_2$"皆有可能	只能使用"了$_2$"
固定格式"V了又V" 动词重叠式"V了V" 动作序列"V$_1$了（O）VP$_2$"①	←动词+结果补语+宾语 ←动词+趋向补语+宾语 ←动词+在+宾语 ←动词+数量宾语 ←双宾结构 ←动词+复合趋向补语 ←形容词+复合趋向补语 ←活动动词/终结动词+宾语 ←静态动词+宾语→	各种固定格式 状态变化义句式 单个不及物动词（组） "把"字句[VP为单个动词或"动词+结果补语/简单趋向补语"] 受事主语句[VP为单个动词或"动词+结果补语/简单趋向补语"] 宾语省略的"SV"句

中间列在实际运用中都高频倾向于使用"了$_1$",故用箭头标示出倾向性。而且,这些句式中的"了$_1$"在具体语篇中的隐现规律,也主要是由句法因素制约的:终结情状（谓语动词为述补结构）中的"了$_1$"在叙事语篇中可以自由隐现,且以"隐而不现"为常;而非终结情状中的"了$_1$"则以"现而难隐"为常。（李兴亚,1989;杨素英、黄月圆,2013;朱庆祥,2014;徐晶凝,2016）

针对主观近距交互式（王洪君等,2009）书面叙事语篇中"了"的分布,徐晶凝（2014、2016）提出了几点关于"了"的教学内容,如下:

A. "了$_2$"常与位移类动词组合,交代故事时空人物指向的变化,与其他时间、空间表达式一起构建故事进展的指向框架,界定故事发展的情节。而在每个故事情节中所发生的具体事件,叙述者多使用"了$_1$"句式。如:

（20）我始终捞不到机会和王眉个别谈一会儿。白天她飞往祖国各地,……晚上,她花插着往这儿带人,……我在无人陪伴的情况下,像野地孤魂一样在这个急遽繁荣的城市乱遛。有一次乘车转了向,差点到了郊区的海军码头,我抹头就慌慌张张往回跑。我不愿再看到那些漆着蓝颜色的军舰,……

台风出其不意地登了陆,拔树倒屋,机场禁航。王眉来了,我精神为之一振——她是一个人。穿着果绿色连衣裙,干净、凉爽。可她跟我说的都是什么鬼话哟,整整讲了一天英语故事。什么格林先生和格林太太不说话。……我抗议说我根本听不懂洋文,王眉说她用汉语复述,结果把说这种废话的时间又延长了一倍。我只好反过来给她讲几个水兵中流传的粗俗故事,自己也觉着说得没精打采。

……

---

① 比如:那时候我们每个周末吃了晚饭就去看电影。

我不知道她凭什么如此断言。我好像也没对她流露什么，只是当我说起我当武警容易些，她问我是否会武，<u>我随口说了句会"六"</u>。

王眉走后，我蓦地觉得自己不像话。……

第二天，持续大雷雨。**王眉又来了**，又是一个人，……我端着的那副正人君子样儿一下瓦解。时光不会倒流，我们的关系也不会倒退。而且，天哪！我应该看出来，什么也阻止不了它迅猛发展。

……

<u>后来，这事还是成了悬案</u>。我一提这事，阿眉便大度地说："就算我追你还不成。"

从这个语篇可以看到，"了$_2$"句与故事进展的主要阶段密切相关。故事进展的主链条上有三个阶段：没机会跟王眉独处、相处不愉快、确定恋爱关系。而后两个进展分别是通过"王眉来了"和"王眉又来了"引介的。如果将"王眉来了"换成相应的"了$_1$"句，比如"王眉来了我的房间"，则语篇在连贯上会出现问题。而在故事进展的每一个阶段中，作者则使用"了$_1$"对具体的事件进行叙述。在最后的回应部分，作者也使用"了$_1$"（即"后来，这事还是成了悬案"）。

叙述者对不同句式的选用，同时也反映了叙述者将某事件引进语篇时对该事件在故事推进中的作用的不同识解。若叙述者不需要细致刻画某事件中的动作所涉及的其他具体因素，如动作的对象、动作持续的时间、动作的方向、动作的终点等，他选用的就很可能是需要强制使用"了$_2$"的句式。

B. 若动作所涉及的对象已然在语篇前文中出现或隐含，从语篇连贯、信息结构安排等角度来考虑，叙述者可以采用"把"字句、受事主语句或者省略宾语的句式。而若"把"字句和受事主语句中的VP是单个动词或"动词+结果补语/简单趋向补语"，则一般要使用"了$_2$"，其他情况下则高频倾向于使用"了$_1$"。

C. 在书面叙事语篇中，"SVO了"句式只在极少数情况下才被使用。这是与口语语篇差异较大的地方。《空中小姐》和《围城》中仅出现8例，且2/3的动词为静态动词。另外1/3的句子中，宾语皆为光杆名词。

以上几点所反映出来的是"了"的倾向性分布规律，可以解释语篇中绝大多数"了"的分布。这对于指导学习者在叙事语篇中使用"了"有较强的可操作性。但这些规律并非毫无例外。因为，"了$_1$"和"了$_2$"的隐或现不仅受到语体、情状体（situation aspect）的影响，也受到句中副词、韵律等因素的影响（杨素英、黄月圆，2013）。如：

（21）1914年，<u>斯坦因第二次又来</u>，仍用一点银元换去五大箱、六百多卷经卷。

这个语篇中单个不及物位移动词"来"后并未使用"了$_2$"，这一方面是由于这个语篇的语体属性更倾向于"主观远距单向式"（王洪君等，2009），另一方面也是由于

"来"前出现了副词"又"。不过，如果依据以上所给出的"了"的句式分布规律而使用"了₂"，这个语篇也仍然没有问题。因此，以上几点可基本满足面向汉语二语学习者的"了"的教学需求。

4. "了₂"的纯语气用法

在某些用法中，"了₂"与事件表达无关，只表达某种语气。如：

（22）可能你们听到那里摔了一架飞机，……只是嗟叹一阵，……也就罢了。可我们就不同了，别说是我们自己的飞机摔了，……就是不相干的外国摔了一架飞机，我们也要难受好久。

（23）如果把中国各类型消费者比喻成一座金字塔的话，那么这种类型的消费者就属于金字塔的塔基了，因此绝不能小视。

这些用法中的"了₂"与语气助词更为接近，意义空灵，学习者母语中几乎找不到对应表达，理解起来更加困难。

5. 近义表达式的区别及其共现规律

"在、着、正、呢"既可以单用某一个形式，也可以将它们彼此配合使用，需要依据语篇意义的表达需要进行选择：

（24）哦——原来凌云在做这个大事业，怪不得这么久不来信呢！

（25）他似乎没听见，仍旧低头写着什么。

（26）自然界总在不停地变化着，山岳变为平原，……

（27）孩子正长身体，要让他多运动。

（28）我看书呢，别烦我。

（29）外面下着雨呢，你别走了。

（30）我回家的时候，妈妈正唱着歌儿做饭。

值得注意的是，"正"强调的是两个事件之间恰巧同时发生的关系，与进行并无必然联系，它还可以与"想、要"等共现。如：

（31）我正想去找你，你就来了。

（32）我去的时候，他正要离开。

限于篇幅，我们没办法对时体范畴这个复杂问题展开充分论述；实际上，汉语语法学界也尚未完全研究清楚汉语的时体表达特点。有兴趣的读者请自行扩展阅读，最好能读一些语言类型学方面的论著，了解其他语言的时体表达特点。这样，不仅可以更深刻地了解汉语自身的特点，也可以更深刻地理解洪堡特的论断，即"每一种语言里都包含着一种独特的世界观"。

三、语气助词

语气助词是汉语里的一个非常特殊的词类，它们一般附着在句末，表达说话人的情绪或态度。因此，它与交际场景之间的关联性是很强的，在日常口语中出现频率很高。如下例中说话双方几乎每句话都使用了语气助词：

（1）甲：干嘛呢？加班儿啊？不回去，是不是家里又政变了？

乙：咳，老陈不在，我不得多盯着点儿啊。什么政变，你真会扯。

甲：诶，这是什么玩意儿啊？

乙：这个呀，看看吧，矿泉壶。

常用的语气助词是"吗、呢、啊、吧、嘛、呗"等，它们与句类之间存在着一定的对应关系：

表 5.2 语气助词与句类之间的对应

句类		语气助词
陈述句		呢、呗、啊
疑问句	是非问句	吗、吧、啊
	特指问句、反复问句、选择问句	呢、啊
	反问句	呢、啊
祈使句		吧、嘛、呗、啊
感叹句		啊

语气助词的意义相当空灵，学界有过诸多探讨。徐晶凝（2022a）指出，语气助词的意义中包含着两个方面：一是说话人对命题的态度，二是说话人对听话人的态度。总的来说：

啊：说话人以一种非常确信的态度将命题带入交际语境，并要求听话人认同接受。

吧：说话人以一种不肯定的态度将命题带入交际语境，并将决定权交由听话人。

呢：说话人基于某个预设指明某一点，提醒听话人注意。

嘛：说话人基于情理做出高确信的判断或指令，暗示听话人接受。

呗：说话人指出唯一可能的情况，而放弃对听话人是否执行与接受的责任要求。

以上是对语气助词核心意义的概括，汉语二语教学则不宜采取这种单一意义的解释，最好结合句类进行讲授，帮助学习者理解语气助词在不同交际语境中最常实现的言语行为或其隐含的情绪意义。以分布最广、使用频率最高的"啊"为例：

表 5.3 "啊"在不同句类中实现的言语行为及隐含的情绪意义

句类		语气助词"啊"与语境的结合
陈述句		表示提醒、反驳、不耐烦等,如例(2)
疑问句	是非问句	求证,如例(3);寒暄,如例(4)
	特指问句、反复问句、选择问句	要求听话人给以答复,多带有缓和语气的作用,如例(5)
	反问句	表示不满、反驳等,如例(6)
祈使句		表示督促、命令、警告等,如例(7)(8)
感叹句		强烈情感,如例(9)

(2)甲:你在干什么啊,又在偷懒,我难得过来见一次你,你就在这里偷懒,你想不想活了?与其在这里受气,还不如不来了。跟你在一起,我真的倒了八辈子的大霉。

乙:没有啊,我才休息,不信你问……

(3)甲:孩子啊!你怀孕了,都两个月了!

乙:我怀孕啦?

(4)上班去啊?

(5)诶,你是不是还得等戈玲一道走啊?

(6)凭什么不让人家看呀?懂不懂尊重别人啊?我告诉你,这些都是我的FANS。

(7)牛大姐,没什么好谈的了。我们走吧。我相信他这种无理要求任何人民法庭都不会予以主张。走啊,牛大姐!

(8)你可别耍态度啊,弄清楚再说。

(9)老陈,您可真是的。人这心里多难受啊,您还有心开玩笑哪。

除了用于句末,语气助词也可以用于句中。

用于话题停顿处:

(10)牛大姐家啊,又宣战了,我这不是劝牛大姐的吗?

用于其他停顿处:

(11)你们俩放开量喝,走不了啊,住在我们这儿。

(12)我建议啊,咱们刊物新开辟一个"法制天地"栏目。

(13)诶,你去了以后啊,一定要虚心点儿。

用于列举:

(14)您是大姐,还不会跟小朋友说话?祝小朋友们节日好啊,快快长大啊,长大了为祖国做贡献哪,这还能没词儿?

用于"V啊V啊"格式:

（15）就这么走啊走啊，也不知走了多久，才见到一户人家。

除了提供充分的上下文语境，语气助词的教学还特别要注意运用对比法。比如同样用于祈使句中，"吧、啊、嘛、呗"有什么区别，教师可以采用例（7）这样的例子，帮助学习者理解说话人为什么先说"走吧"，然后又说"走啊"。

限于篇幅，其他语气助词的用法不再一一列举，读者可以参看徐晶凝（2017、2022a）、赵春利（2019）等文献。

总之，语气助词可以说是汉语二语学习者最难习得的语法项目之一，因为学习者的母语（如英语、法语等）中往往找不到对应的表达形式，即便是日语、韩国语等母语背景的学习者，理解汉语的语气助词也有困难，因为日语、韩国语语气助词的意义和用法与汉语语气助词并没有一一对应的关系。对于学习者来说，要理解汉语母语者究竟是基于哪些交际要素的考虑而选取使用语气助词的，几乎等于重建一个人际关系识别系统，除非在汉语环境里与中国人密切接触，浸润于汉语环境，否则，实在并非易事。所以，对于语气助词的教学，教师追求理解性教学目标大概是比较现实的，这也可能是目前大部分口语教材并没有对语气助词进行系统讲授的原因。

不过，对于某些常见的用法，比如祈使句中的"吧"，是非问句中的"吗、吧、啊"，感叹句中的"啊"，固定格式"V啊V啊、管他呢、才……呢"等，以及直接影响到句子合法性的语气助词用法，教师还是可以要求学习者会用的。如：

（16）你呀，让我怎么说你好呢？

（17）何必呢，多听听情况有什么不好。这也有利于你更好地解决问题。

第三节　流水句

徐通锵（1997）指出，在英语中，句子[①]是由主谓一致性以及定式动词控制的封闭结构，句边界清晰。英语说话人在语句的推进中，可以在该主谓结构中添加诸多的语义补足成分，如：

Here, on the basis of research using audio recording of naturally occurring conversations, we attempt to characterize, in its simplest form, the organization of turn-taking for conversation, and to extract some of the interest of that organization.

尽管这个句子中存在着诸多"独立"的词、短语与小句，但它们都被收纳在主谓结构

[①] 这里的"句子"实际上指的是作为句法研究单位的句子，而非作为交际单位的句子。（徐晶凝，2022b）

we attempt to characterize... and to extract 的大框架之中，尽管很长，也仍是一个有明确形式标记的句子。

而汉语缺乏形态变化，句边界模糊。书面语中究竟是使用逗号还是句号，不同的人有不同的理解。曹逢甫（2005）曾请台湾师范大学英文高级写作班的18名学生（母语均为汉语）为下面的中文短文和英文短文加标点：

曾经是历史最光辉的拳王阿里，近年来胜利后，总是说要退休，但总未退休，结果败在初出道的史宾科斯手下，本来可以光荣退休的，却不道落成这样一个下场。

It seldom rains. The geography books credit this portion of Utah nine to ten inches of precipitation. Actual rainfall and snowfall vary widely from year to year. There are a few perennial springs hidden in secret places known only to the deer and coyotes, to myself and a few friends, but the water does not flow far before vanishing into the air and under the ground. Even the rain when it comes does not always fall to the ground, but can be seen evaporating halfway down-curtain of blue rain dangling out or reach torture by tantalizing.

结果，尽管18个被测者的母语都是汉语，他们对中文的标点与原作者却差异明显，彼此之间的差异也相当大。而他们对英文的标点却与原作者的差异很小。曹逢甫（2005）指出，这是因为，英语是"句子取向"的语言，而汉语是"语段取向"的语言，句子无法从句法上界定。但这一观点恐怕还值得商榷。（徐晶凝，2022b、2023）

不过，杜艳冰（1998）（转引自王洪君、李榕，2016：38）研究发现，在话题链与话题链之间，汉语母语者意见其实是相当一致的，一般都会使用句号、问号、感叹号等；而同一个话题链内部小句之间到底是加句号还是逗号，母语者的认识则存在差别，主要取决于说话者是否认为意义表达完毕。因此，大抵来说，汉语说话人心目中的"句子"相当于一个话题链。屈承熹（2006）则将其命名为"汉语句"。汉语教师的任务是帮助学习者建立话题链的概念，并了解话题链中的话题衔接手段，即究竟是用零形替代还是使用代词回指（参看第二章）。

不过，汉语小句之间存在着诸多嵌套、隔断现象（徐思益，2002）。比如：

（1）a她们手执松明，b跑到外头，c钻进猪圈和马圈，d用铲子掀着猪粪和马粪，e也不嫌埋汰。f小鸡叫三遍，g她们回去睡，h老也睡不着，i困劲都跑了。

a—e小句形成一个话题链，g—i小句形成一个话题链，两个话题链中间插入了一个f小句，出现了一个偶现话题"小鸡"。

而且，"西方语言里边，如果两个小句的主语不同，一个也不能省略，汉语却不是如此，后一小句的主语常常借用前一小句的某一成分，甚至无所承接也可以省略"（吕叔湘，1979）。如：

（2）他十分信服老队长，吩咐他做什么，总是话才出口，抬腿就走。

（3）杜十娘拿出一件件首饰，都是价值连城，统统投入江中。

这两个语言片段的话题虽然分别是关于"他"和"杜十娘"的，但后续小句中零形式回指的却并非都是话题"他"或"杜十娘"。而这种句法联结现象在真实语言使用中数量不少。

因此，汉语语篇中的小句似乎是基于逻辑语义关系并置在一起的，看不到明显的句法衔接机制。这就造成了汉语中所谓的"流水句"现象，即"一个小句接一个小句，很多地方可断可连"，不但"逗号一逗到底"，而且存在大量省略现象（吕叔湘，1979；胡明扬、劲松，1989）。而且小句之间在语义上可以形成时间关系、空间关系、事理关系（并列、顺承、解说、因果）等（盛丽春，2016）。

有时候，语句中究竟省略了什么，也很难判断。如：

（4）我真想不出，ø彼此不能交谈，ø怎能成为朋友。自然，也许有人说：ø不常交谈，那么ø遇到有时需要彼此的帮忙，ø便丁对丁、卯对卯地去办好了；ø彼此有了这样干脆了当的交涉与接触，ø也能成为朋友。

（5）王仁美躺在车厢里，ø身上蒙着一床被子，车厢颠簸得很厉害，ø将她的哭声颠得曲里拐弯。

因此，如果学习者的母语是通过语言形式手段来标明小句之间的语义关系，如英语中借助动词的非限定式、首字母小写、连词and、各种修饰性小句（如时间状语小句）、代词回指等，那么学习者在理解汉语的语篇句时，可能就会有困难。比如，我们曾经让学生做过一个补语填空的练习，学生做不出来的主要原因却在于读不懂题干，因为他们理解不了"好像"句和第一句之间是什么关系：

（6）杜梅坐在游泳池边看着我，好像这事是我干的，而她怎么也想（不明白）我为什么要这么干。

另外，不同语言中的代词回指优先性也存在差异。如意大利语中，句内层面的零形式主语偏向回指前句主语，而显性的代词主语则优先回指前句宾语。而这种"先行词句法位置假说"并非适用于所有语言。汉语里，零形式优先回指前句主语，但代词回指并无明确偏向，即：

（7）a. Mario$_i$给 Giovanni$_j$打电话时，ø$_i$刚吃完饭。

b. Mario$_i$给 Giovanni$_j$打电话时，他$_{i/j}$刚吃完饭。（转引自谢敏等，2020）

不同语言语篇中句与句之间这种组合机制上的差异，也会造成学习者的理解困难。

此外，语篇中的小句也并非必须是动词性结构，名词性短语也可以成为一个独立的小句，如：

（8）半月春风，草绿了，桃花打苞了。

（9）那么微薄的工资，她的孩子却总是穿得整整齐齐的。

（10）蓝蓝港湾，青青竹色，记忆里家乡犹如一首诗。

根据邢福义（1997），这样的名词性短语主要有三种情况：数量名结构（例8）、"这么（样）/那么（样）+形容词+N"（例9）以及"形名结构"（例10）。

总之，如果学习者"每个汉字都看得懂，就是不理解句义"时，教师不要感到莫名其妙，很可能是他们搞不清楚流水句内部各小句间的关系。不过，汉语流水句的构造规律究竟是什么，汉语语法学界还没有完全研究清楚，这是一个非常复杂的问题。（徐晶凝，2023）汉语二语教师除了尽量利用现有的研究成果，还要注意让学习者扩大阅读量，提升意识，培养语感。

思考题

1. 下面这两段话里有三个句子是关于"送东西"的，前两个句子用的是"（我）把+sth.+送（给）+sb."，第三个句子是"sth.+（我）+送（给）+sb."。那么，可不可以将这三个句子改成"（我）+送（给）+sb.+sth."这样的语序呢？

2006年，我决定结束在北京的婚姻生活，而且决定结束在北京的书商生活，决定离开这个城市。于是就把房子给了前妻，作为一种换取自由的条件，然后把自己的公司送给朋友，把应收的账款100多万全部撕掉不要了，把应付的账款全部一一了结。

我对自己的一些做法有时都很有些佩服，在我已经处理完全部的固定资产，房子退了，执照公章这些都送朋友了，这个公司已经不存在了的时候，有一家印名片的小老板打我的手机，告诉我，你们公司长期在我们这儿印名片，每个员工都要印名片，以前都是月结的方式。说现在你们还差我500多块钱。（野夫《90年代我的北漂岁月》）

2. 请从可别度的角度解释下列语法事实。

A. 哪本书是《儒林外史》？

B. *什么书是《儒林外史》？

C. *什么人你喜欢？

D. 什么人你最喜欢？

E. *怎么样你喜欢？

F. （只有）怎么样你才喜欢？

3. 请依据下面这些语言事实归纳出一个控制这些语序的语用规则。

（1）汉语的时间、处所表达式，都遵照从大到小的顺序，如：

1982年12月30日星期四上午八点一刻

中国山东省威海市环翠区文化西路108号

（2）在如下句子中，无论语序如何变化，加下划线的两个词语之间的顺序却总要保持不变：

现在我脑子里这事一点印象也没有了。　　老刘的父亲被打死了。

这事我现在脑子里一点印象也没有了。　　老刘被打死了父亲。

我这事现在脑子里一点印象也没有了。　　老刘死了父亲。

（3）在下面的语篇中，前一个合格，后一个不合格：

学校后面是一片草地，并且还有一片树林。

*学校后面有一片草地，并且还是一片树林。

他常常在家吃饭，偶尔去饭店吃。

*他偶尔去饭店吃饭，常常在家吃。

4. 影响下面语句合法与否的因素可能是什么？

？这个人　所有跟语法有关的书　都看过了。

所有跟语法有关的书　这个人　都看过了。

5. 汉语多项定语的组合顺序，一般遵照组合式定语在前，黏合式定语在后的原则。不过，黏合式定语也可多项连用，如：

红方手帕　大长毛巾　甜玉米饼子　银色不锈钢电视天线

新款大号红色男式三防冲锋衣

你能根据上述例子总结一下多项黏合式定语的组合顺序吗？

6. 以下语句中的"XP的是, Y"能否替换为"Y是XP的"？

（1）前几年，另一位女人，撒切尔夫人，也当上了英国首相。她上任后也喜欢下厨做羹汤，然后临时邀约几位大臣和幕僚到她的官邸，边吃东西边谈公事。

有趣的是，除了这两位女领袖之外，我们都从来没有听说过，还有哪一位男领袖带人回家边吃边谈的。

（2）一天清晨，吃过早餐，她便邀我去林中作bushwalk。bushwalk是平时坐厌了汽车的澳大利亚人假期的乐事之一。我穿好旅游鞋，一本正经地做好了去林中散步的准备。可是令我惊讶的是，她竟赤着脚！

（3）所有这些并没有难住孙悦，真正棘手的倒是另外一个不大不小的难题，剧中有一场男女主人公在草地上接吻的戏，因剧情需要还有一场床上戏。

（4）何小茗发现大伙儿差不多都愣怔了一下，倒是沈弘义和许德远似乎早已知道了似的。许德远带头拍起了巴掌。<u>出乎意料的是</u>，大家的掌声都很热烈，拍得很响，拍的时间很长，绝不是那种敷衍了事的过场。

（5）诗人在她，在小镇人的心目中如同古希腊人心目中的太阳神阿波罗。<u>而且使人惊诧的是</u>，这诗人的成就竟和她有关。

7. 请根据下面的语言事实，归纳出影响"都"与时地成分语序的主要因素。

（1）a. 他们都在1972年出生。
　　　b. *他们在1972年都出生。

（2）a. 他们都在去年去了美国。
　　　b. 他们在去年都去了美国。

（3）a. 他们都在北京工作。
　　　b. *他们在北京都工作。

（4）a. 他们都在办公室里睡着了。
　　　b. 他们在办公室里都睡着了。

（5）他们在1972年都还没有出生。

（6）他们在北京都工作了三年。

8. 看下面的英文例子，试着归纳出英语状语的语序规则。

She ate quietly in her room.

She ate in her room quietly.

He walked home quickly.

*He walked quickly home.

He ran around the track at the park.

*He ran at the park around the track.

He ran quickly around the track at the park.

He ran around the track at the park quickly.

*He ran around the track quickly at the park.

9. 你能不能从时间顺序原则、状语与补语的语义区别等角度分析下面的偏误？

（1）*你一定要工作得很努力。

（2）*希望你能接待他们得很热情。

10. 下面是一位中级汉语水平的西班牙留学生在观看完微电影《梨子的故事》后，以小男孩的身份以及第一人称的视角所叙述的故事。这个语篇所反映出来的"了"的使用问题主要有哪几类?①请说明原因。

　　昨天我去郊外玩了a。我骑着我的自行车,突然看见了两筐梨,没有人。我停了我的自行车,摘了一筐梨,把筐放在我的自行车上了b。

　　骑自行车的时候,我看见一个女孩子了c,回头看了她。突然我的帽子被吹掉了,那时候,我撞了一小石头,摔倒d。三个小孩子来了e帮助我,一个在打乒乓球。捡了梨以后,他们把那梨筐给了我。我出去了。

　　一个小孩子捡了我的帽子,吹口哨着,来了f给我的帽子,他也拿起来了三个梨,给了他的朋友。他们一边出去了,一边吃了g梨。

　　农民从树上下去了,看见了h没有一筐梨了i,突然看见了j三个孩子吃了k梨,他想一想他们可能是小偷。

11. 如果有学生问你,为什么"了"不是过去时,你怎么回答?

---

　　① 该电影短片是20世纪70年代中期研究美洲土著语言的专家Wallace Chafe教授为研究不同语言的叙事特点而特意设计拍摄的。影片长约7分钟,彩色,有声,但无对白与字幕。以下引用的留学生的语篇中,除"了"外,其他的语法错误已做过大致的改正,以方便读者理解。

参考答案

上 编

第一章

1. 语法翻译法：教师给出相应的例句，如"他走进商店（去）"，然后把它翻译成英语。再给出几个英语例子，请学习者翻译成汉语。

听说法：句型替换

他　走进商店（去）。	他　走　进商店（去）。	他　走进　商店（去）。
我	跑	教室
玛丽	跳	房间
小王	冲	图书馆

交际法：让学生两人一组，各给一张图片，如图片一"一个人走进商店"，图片二"一个人走进图书馆"，让他们分别描述自己的图片，并找出两张图片有何不同。

2. 这些偏误都与介词结构有关。例（1）是介词结构做定语，应当置于中心语之前。例（2）两处偏误，一是混用了介词"对"和"在"，二是定语语序错误，应当是"获得公费去德国留学的资格"。另外，例（3）和例（4）是遗漏了"对……很自信""为……做贡献"中的介词。例（3）介词"关于"冗余。例（5）两处偏误都与介词结构做状语有关，皆为语序错误，应该是"向客人推荐""这种颜色对你合适"。

这些错误有的是受到学习者母语语序的影响，有的是对汉语相似介词的用法掌握不准，或者说对介词与动词间的搭配规律掌握不准。

3. 可以提炼出两类教学语法点：（1）数量表达，如：A低于B，A比B增长X%；（2）信息来源，如：……最新统计结果显示，从……获悉。

4. 如果学习者是中级汉语水平，从语法结构的角度来看，第二段更合适，句子有一定的复杂度，但不过分，且同样的介词组块有复现，即"在……领域/方面的合作"。不过,这段话也存在语言表达不规范的问题。

5.(1)"以X为首":"以X为首"中,"首"实际上有两个含义:一是"领导者、头领",二是"第一",如"梅兰竹菊,以梅为首"。该注释仅涉及第一个含义。另外,"以X为首"除了用在定语位置上,还可以用于其他句法位置,如谓语("梅兰竹菊,以梅为首"),该注释仅涉及定语。用于定语位置时,"以X为首的Y"除了做主语,还可以做宾语。另外,X、Y在语义上也有特殊要求,比如Y是X所在的群体,如"以美国为首的西方国家",该注释对此未加说明,学习者仅根据"be led by X; headed by X"的英语翻译,有可能说出错误的用例,如:*玛丽以约翰为首。

(2)"非……不可"除了表示个人的强烈意愿和必需条件,还可以表示必然出现的客观推测,如"长此以往,非失败不可"。该注释所举的例子只涵盖了两种情况。另外,用于表示个人强烈意愿时,"非……不可"的使用还需要一定的语境条件,如他人不允许,或者客观情况不利,该注释对此未加明确说明,学习者对此语境条件不了解的话,有可能出错,比如:*谢谢邀请,我非去你家不可。

第二章

1. 日本学生"比"字句的偏误主要有如下几种:

"比"字偏误的类型		例子
比较项错误	A比B+主谓结构	(1)*我们不是那个战争的当事者,比长辈们问题不大。 (我们不是那个战争的当事者,问题比长辈们小。)
	A比B+VP	(2)*二十年前比现在还有很多田地。 (二十年前田地比现在还多。)
误用程度副词	A比B+程度副词+adj	(3)*经验方面,比其他设计师较差。 (经验方面,比其他设计师差一些。) (4)*我个子比朋友们很矮。 (我个子比朋友们矮多了/矮得多。)
误用否定副词"不"		(5)*我一天比一天心里不舒服。 (我心里一天比一天难受。)
遗漏介词"比"		(6)*严重的病不仅给病人很大的痛苦,而且给周围的人痛苦,心里面的痛苦说不定病本身痛。 (……说不定比病本身还痛。)

283

（续表）

"比"字句偏误的类型		例子
遗漏介词"比"		（7）*我觉得吃汉堡包等这种东西的话，吃使用化肥和农药的食品好多了。 （……吃汉堡包等这种东西比吃……好多了。） （8）*我的脑海中都是美好的记忆，到现在没有那次好的假期，可能以后也没有。 （……没有比那次好的假期，……）
句式的混用	否定句式间的混用	（9）*现在的父母亲比以前没有那么严格的。 （现在的父母亲没有以前那么严格。）
	与其他差比句（与B相比/比起来，……）的混用	（10）*现在比过去，我们之间发生的矛盾多一点儿。 （与过去相比，现在我们……） （11）*我们消费者比价格重视质量。 （与价格相比，我们消费者更重视质量。） （12）*克服困难以后的自己比以前的喜欢多了。 （与以前相比，更喜欢克服困难以后的自己。）

这些偏误，基本上都是受到了母语负迁移的影响。如例（1）（9）（11）的日语表达对应式分别为：

私たちは　　　　その戦争の当事者ではない　　問題は　　　　目上の人より　　　　大きくない。
我们–话题标记　　那个战争的当事者+不是　　　问题–话题标记　长辈们–比较标记　　不大

今の両親は　　　　　　以前より　　　　　　そんなに　　　　厳しくありません。
现在的父母–话题标记　　以前–比较标记　　　那么　　　　　　严格　　没有

私たちの消費者は　　　　価格より　　　　　　品質を　　　　　重視しています。
我们消费者–话题标记　　　价格–比较标记　　　　质量–宾格标记　　重视

例（1）和例（5）问题是一样的，都存在两种错误。例（12）还存在SVO语序的错误。例（6）—（8）遗漏介词"比"，也许与句式过于复杂有关。

2. 定语教学的侧重点在形式，尤其是小句定语。要设计足够丰富的练习让学习者注意"定语+中心语"的语序规定以及"的"的隐现规律。这样的教学重点基于如下两个语言事实。

（1）不同语言的定语与中心语之间的语序是不同的

英语形容词定语一般位于中心语之前，有时候位于中心语之后。比如anything/

something/nothing important，the people guilty（表示某次行为或事件引起的暂时性属性，而非恒久属性）。定语小句与介词短语定语则位于中心语之后。名词定语一般前置。

阿拉伯语的修饰性形容词和定语小句（关系从句）都位于中心名词之后。

法语中，指年龄、大小和评价的修饰性形容词定语前置于中心语，而指颜色或国别的修饰性形容词定语则后置于中心语。定语小句后置。

（2）不同语言的定语表达手段不同

英语定语小句与中心语之间要用关系代词来连接，而其他定语与中心语之间不需要任何标记。汉语定语小句和中心语之间用"的"，其他定语与中心语之间是否用"的"则有复杂的句法、语义限制。

因此，对于很多学习者来说，"定语+中心语"语序是他们需要重建的语法规律。"的"的用法也是学习难点。此外，多项定语的语序，汉语与学习者母语也可能不同。总之，这些难点主要都与语法的形式有关。

请参看：徐晶凝（2017）《汉语语法教程：从知识到能力》，北京大学出版社。

3. 形式：V得+adj　V得+ VP　S_1+V得+S_2+V　adj得+ VP

意义：评价、描写某个动作或动作者/受影响者

使用语境：（1）状态补语所要评价或描写的是已经发生或正在发生的动作或事件，以及与此事件有关的人或物；（2）状态补语要与某个叙述前提条件的句子相呼应。

另外，孙德金（2002）通过中介语语料库的调查发现，学习者对"得"字状态补语的使用正确率相当高，但这并不能说明该语法项目对学习者来说不难，因为孙文并没有对留学生所产出的"得"字状态补语的语义类型进行分类，学习者所产出的状态补语，很可能大多是作为一个语块（预制结构）被整体记忆的，如"简直好得不能再好了"，而根据状态补语的形式、意义规则类推产出的状态补语错误可能还比较严重。

请参看：

鲁健骥（1992）状态补语的语境背景及其他，《语言教学与研究》第1期。

贺晓萍（1999）关于状态补语的几个问题，《语文研究》第1期。

孙德金（2002）外国留学生汉语"得"字补语句习得情况考察，《语言教学与研究》第6期。

张旺熹（1999）《汉语特殊句法的语义研究》，北京语言文化大学出版社。

4. "V_1着V_1着+V_2"的用法规律：

形式	V_1必须是自主动词，并且必须是能保持持续状态或能够反复进行的动词，多为单音节动词，主要包括： A.表示人自身行为动作的动词，如"走、跑、跳、吃、喝、睡、站、坐、蹲、躺"等； B.表示思维、言语行为的动词，如"说、唱、叫、念、吵、喊、播（音）、传（话）、想"等； C.表示人的五官感觉的动词，如"听、闻、看、望、尝"等； D.表示劳动或其他物体活动的动词，如"摇、干、写、画、织、抄、捡、翻、揉、拿、摸、飘、流、漂"等； E.表示人的喜怒哀乐面部表情的动词，如"笑、哭、愣"等。 V_2不是简单的光杆动词，而是由复杂的短语充当的，且常常与"就、便、突然、不觉、不由得、不知不觉"等词语共现。V_2主要包括： A.表示人自身的具体行为的动词，如"跪、唱、哭、流（泪）、低（头）、睡、捏、放、去、跑"等； B.表抽象情感或感知的动词，如"激动、从容、醉、消（气）"等； C.表心理活动的动词，如"怀疑、觉得、想、怕、忘、放心"等。
意义	动作主体在进行某种活动的过程中，情不自禁或不由自主地发出另外一种动作，或者发现一种新的情况，如： （1）有时等着等着她就靠着床头睡着了，文华觉得很抱歉，只好改了夜猫子的习惯，每天十点不到就回家了。 （2）哭着哭着，漫天的大雪突然停住了，远远近近的雪山雪原，又出现了那永远令人惊叹的黄昏景色。
使用语境	V_1必须在前文已经出现，如： （3）两人躲到一个屋檐下互相拍打身上的雪，忽然相视着就哈哈大笑起来，笑着笑着又带了一点哭声。 （4）梁奶奶一阵难过，心说：差老了去啦，我要有这么个儿媳妇，儿子也不至于栽这么大的跟头了！想着想着，眼圈红红的，泪珠儿说话就要出来。

请参看：侯友兰、徐阳春（2002）"V_1着V_1着……V_2……"句式语法语义分析，《语言教学与研究》第5期。

5. 这段论述有一定的道理，从初级到高级，循序渐进是有必要的。不过，每个语法项目都有形式、意义和使用环境三个侧面。如果初级和中级阶段所涉及的语法项目，只有了解其使用环境才能准确地加以利用的话，初中级阶段的语法教学也需要包括语境。具体到量词重叠来说，其形式、意义及使用环境是不可分割的，在初级阶段，教师教授给学习者的就必须是用于主语和定语位置的用法，假如学习者将其置于宾语位置，教师也有必要指出来，并顺带提及其话题性。

6. 这段论述区分了母语说话人大脑中具备的语法知识与语法学知识，准确地道明了二语语法教学的目标是帮助学习者掌握汉语语法的用法，而不是语法理论知识。但是，汉语教师不但要有语法学的知识，而且在教学中，还要根据语法学知识是否有利于学习者语言能力的发展来决定是否教授语法学知识。因为母语说话人大脑中具备的语法知识，通俗地讲就是语感，而学习者并不具有母语说话人的语感，他们需要通过掌握"能力相关语法知识"来判断对错。

7. 这一关于复句的系统化集中式教学处理，试图"站在学习者的立场选取教学内容"，忽略单复句的划界问题，不纠结于某些句子［如"（快说，）不说不给你看""为了她，我也是拼了"］究竟是单句还是复句，而重在论述清楚连接词所连接成分的类型及限制条件，比较清楚地坚持了从能力相关语法知识的角度进行系统化的原则。不过，这种原则贯彻得还不彻底，因为对于学习者来说，句子是并列关系还是主从关系，并不影响他们对语言的使用。这种不彻底性恐怕还是受到了"语法理论知识系统性"的影响。

8. 该研究的设计者没有明确区分两类语法知识，所测试的元语言学知识包括一些"能力无关语法知识"。因为从学习者语言学习的角度来看，即便学习者能准确判断出主语、话题，掌握了判定主语和话题的各种办法，也不能保证他们说出语法准确的句子；知道"了"是一个助词，也无助于他们准确地对"了"加以运用。因此，研究的结论很可能尚需进一步验证。

9. 略。

10. 略。

第三章

1. 略。

2. 略。

3. 这些语法教学方法的目标都是聚焦于语法的形式，教师明确将语法形式的讲解放在首要位置，基本上主张先关注形式再关注意义。

4. 这些语法教学方法都主张从意义到形式。先让学习者理解意义，然后聚焦于语法形式，并且力求将对语法形式的关注与有意义的交际活动相结合。

5. 教学设计一定要注意语境充分，让学习者根据上下文语境便可以推论出变化义。另外，可以利用图片，通过对比的办法。

6. "有点儿"的主要用法有三种：有点儿+形容词，有点儿+可能补语结构，有点儿+动词（组）。要在呈现给学习者的语料中将这三类用法都包括在内，且最好分类排列，每种用法至少包括5个例句，让学习者充分体会到【+贬义/消极】这一语义限制。同时，也要考虑到"有点儿+X"的句法位置，主要是做谓语。比如：

我原来是开车，后来耳朵	有点儿	聋啦，岁数也大啦，现在就看大门呢。
这事看上去似乎	有点儿	怪，让人不知道是怎么回事。
他感到这件事实在	有点儿	不妙、不对，马上打电话给警察了。
他多少	有点儿	诧异地望着我。
他个子不高，皮肤	有点儿	黑，不那么帅。
虽然这个结果	有点儿	让我感到意外，但我觉得自己还是有心理准备的。
突然被问到这个问题，她	有点儿	不知怎么回答。
在一家小公司工作的孙小姐看到同事辞职，自己心里也	有点儿	"发痒"。
那个菜的味道不是十分特别，	有点儿	像煮过火的豆子，但咬起来非常脆。
这件事情太复杂了，我们都	有点儿	看不懂。

当然，也要根据学习者的汉语水平来做决定。如果是初级阶段，只呈现"有点儿+形容词"的用法就可以，上述例句中的词语也要继续进行难度调整；如果是中级阶段，与"比较"进行辨析，则可全面呈现三种用法。

7. 能进入"连……也"结构的焦点信息主要有如下几类，教学中要有层次地、清楚地分步骤加以呈现：

连S[施事]也+VP

连O[受事]S也+VP／S+连O也+VP

S连+时点状语+也+VP

S连V+也不/没+V

8. 略。

9. （1）"变、变成、改变、变化"与英语become，change之间存在错综复杂的对应关系，学习者很容易混淆它们的用法。简单来说，变+adj，变成+NP（相当于change into，NP是最终的结果），改变+NP（NP是被改变的对象），"变化"多用作名词。

（2）"扔在"是一个述补结构，不可分离使用，学习者容易将时体助词置于动词之后而将它们分开。"扔在"用于"把"字句或受事主语句中，学习者容易将"在+处所+V"与"V+在+处所"混淆。"在"与"下、掉"皆为补语，而汉语中同一个动词后不可以同时带两个补语。

10. 略。

11. 略。关于小句定语，请参看寇鑫、袁毓林（2017）汉语定语小句的类型及其句法表现，《语言教学与研究》第4期。

12. 略。

第四章

1. "V到+程度/结果"总是用于动态的进展语篇，与"V到+时间/地点"的用法存在着清晰的引申关系，强调动作从某种状态一直发展到该状态；而"V得+程度/结果"用于静态的状况描述。

2. "A比B更X"句式中，度量衡数量短语不可以进入，因为表示精确测量；只有表达模糊性测量的数量短语才可进入。在"他的思想比我的更深一层中"，"一层"表达模糊测量；而在"这座楼比那座楼更高一层"中，"一层"是精确测量，所以不成立。

请参看：刘凡（2022）"更"字比较句真的排斥数量成分吗——兼论自然语言测量模式的分立，《世界汉语教学》第1期。

3. "一向"句总是静态的，多用于表达事物的恒常性、一贯性；而"一直"可以是静态的，也可以是动态的，但用于静态时只能表示动作行为或状态长久持续，而非恒常的属性。

动作动词和变化动词一般不可以与"一向"共现，但可以与"一直"共现，短时持续动词如"眨眼、跳、敲"等，表示的动作行为多次重复时，也可以与"一直"共现，如"一直眨眼"。

请参看：周小兵、赵新等（2002）《对外汉语教学中的副词研究》，中国社会科学出版社。

4. 从语言演变与规范语法的关系进行解答。

5. 告诉学生汉语被动句的使用限制，受事主语句与"把"字句作为两种将旧信息提前的句法手段更为常用。

下　编

第一章

1. 第一组句子中，"情有可原、合情合理"具有[+述事]特征，用于描述动作行为或事件，可以接受程度副词修饰，如"很情有可原"，所以是形容词性的，不需要系动词"是"就可以进入判断句，因此a成立。如果主谓之间出现了"是"，那就变成了强调句式，必须后加"的"才可以，所以c成立。否则就变成了让步确认，如：他这样做是合情合理，但是，我就是接受不了。所以，b句单独说是不成立的。

第二组句子中，"为富不仁、偏听偏信"具有[+述人]特征，只能用来表述人的行为，它们不能受程度副词修饰，是动词性的，不能直接进入判断句，所以a不成立。"动词+的"用来转指动作行为的施动者或受动者，而在c中显然转指的是动作行为，所以c不成立。主谓之间出现"是"，语句表达一种评价，同时说明原因，符合"是"的用法，如：他没来是家里临时有事儿。

请参看：周国光（2002）释"合情合理"与"偏听偏信"的对立，《语言教学与研究》第1期。

2. 介词短语补语（如：我毕业于1996年）具有较强的语体限制，且可使用的动词也相当受限，将"来自、冲向、生于"等作为单独的词语学习更好。

"看了一个小时、看了两遍"等"V+数量短语"究竟是述补结构还是述宾结构，学界有两种意见。从用法上来说，它们与"V+名量短语"（如：看了两本书）高度一致，将其处理为述宾结构更方便掌握。

一般所谓的程度补语（如：好极了、冷死了）、省略形式的状态补语（如：看把你adj得），可以作为固定格式处理，不必放进补语系统。

参看上编第四章第三节。

第二章

第一节

1. 第一个句子用"S+把NP+V+趋向补语"，因为"the money"是有定NP，表示旧信息。第二句用"S+V+趋向补语+NP+（来/去）"，因为"a small child"是无定NP，表示新信息。

2. 前三组中的"NP们"和第四组中的"鸡"都具有定指特征，要置于谓语动词前。

3. A. 现实性无定NP主语句偏重描述事件，而"有"字句偏重确认人或事物的存在性。当句中有描写性状语时，无定NP主语句描写性较强，不宜加"有"。例（1）（2）都是对动作进行具体描写，如果句中没有"娉娉婷婷""迷迷糊糊"这些描写人物性状的词语出现，是有可能前加"有"字的。

B. 当无定NP所属的范围或性状已经确定时（即存在性已被确认），前边一般也不能加"有"字。例（3）的"商人""教书先生""牧童"都属于"围观的人"，以有指/无定的方式充当主语，前边不能用"有"。例（4）是打电话的情境，已经听出接电话的人是女的，自然就包含了"接电话的人已经存在"的意义，无须用"有"确认。

请参看：魏红、储泽祥（2007）"有定居后"与现实性的无定NP主语句，《世界汉语教学》第3期。

4. 与句中NP的信息性有关。"客人走了"中，"客人"一定是听说双方皆知的人，是旧信息，只能前置。而"下雨了"中，"雨"则一定是听话人不知道的，是新信息，要后置。其余例分析同此。

5. "既……又……"结构一般不能连接两个主谓结构，所以，实习教师将它改成"这家咖啡厅既有好喝的咖啡，又有很好的气氛"，是合乎句法规定的。不过，从意义表达的角度来看，这样的改正还是有问题的，违背了"旧信息—新信息"的顺序原则，因为"咖啡、气氛"是依据"咖啡厅"可推知的信息，可以算是一个旧信息，句子要传达的语义重心是"好喝、很好"，所以最合乎语义表达需要的是"咖啡好喝，气氛很好"。如果意义表达中涉及一个事物的两个方面（味道、气氛），一般不用"既……又……"结构，而用"不但……而且……"结构。所以，最合乎汉语表达习惯的改法是："这家咖啡厅不但咖啡好喝，而且气氛也很好。"

6. "番"与"通"都表示费时费力做某件事情，都可以对言说动词进行计量，如"议论、汇报、批评、介绍、报告"等。也可以与跟言说有关的动词共现，如"调查、研究、表演、重复"等。不过，"番"有褒义倾向，而"通"带有贬义倾向，含有动作凌乱随便之义，如"深入细致地调查一番/马马虎虎调查一通"。若动词自身含有贬义色彩，多使用"通"，如"嘲弄一通、嘀咕一通"。带有褒义色彩的动词与"通"共现的话，也会贬义化，如"表扬一通、赞美一通"可能就没那么真心实意。

另外，"番"与"通"还可以与非言说动词共现。与"通"共现的动词多为可以连续进行的具体动作，如"打、写、吃、咳嗽、折腾"等。而与"番"共现的则为比较复杂、费时费力的行为，如"测量、参考、筹备、整顿"等。

请参看：邵敬敏（1996）动量词的语义分析及其与动词的选择关系，《中国语文》第2期。

7. 对于形-名（X-N）来说，如果中心语和结构整体都是名词性的，且形-名在所指上是N的一个次集，它就是好的定中结构。组合模式中，1+2式最多见，2+1式相当少见，1+1式、2+2式较多见。

2+1形-名组合中，后面的单音"名"多半需要是自由语素（类后缀"处""人"等例外），如"干净鞋"也许有时还可以说，但"干净裤"绝对不说。

对于名-名定中组合来说，只有1+2式不能说。虽然也有例外，如"草房子"。所以，"子"尾双音词（如"房子、鸭子"）和单双音上下位词（如"草"和"茅草"）的音节搭配可能还有另外的规律。

请参看：王洪君（2001）音节单双、音域展敛（重音）与语法结构类型和成分次序，《当代语言学》第4期。

第二节

1.（1）我现在在中国，非常遗憾不能看见你们的孩子，我可以想象孩子一定非常可爱，回国的时候，我一定到你的家里去看孩子。

（2）弘法是一个人的名字，是九世纪中叶日本的一个僧侣，到过唐代的中国来学习佛教。他在日本也是很著名的大书法家，书法写得好极了。

2. 请参看：完权（2019）人称代词移指的互动与语用机制，《世界汉语教学》第4期。

第三章

第一节

1. 略。

2. "看了三天了"中"三天"是动作"看"持续的时间，"死了三天了"中"三天"是动作"死"完成后的状态持续的时间。因为"看"是活动动词，而"死"是终结动词。

3. 这些副词都要修饰自主动词。

4. 这些词语多用于或只用于否定结构，肯定、否定的用法在陈述句和疑问句中是互补的：在陈述句中一般只用否定式，而往往没有相应的肯定式；在疑问句中则相反，一般只有肯定式，而没有相应的否定式。从语义上来说，这些词语的词义中，肯定程度都比较低。

请参看：石毓智（1990）"V得C"和"V不C"使用频率差别的解释，《语言研究》第2期。

5. 决定这些语句成立与否的因素主要是词语的音节。单音节的必须与另一个单音节配双后才可以说，双音节词语则可以单独回答问题。

6. 汉语的自然音步是双音节音步。

第二节

1. 这些偏误都与形容词做定语有关。单音节形容词做定语一般不用"的",形容词词组做定语要带"的",双音节形容词做定语倾向于带"的",若不带"的"时多用于分类。可以设计一些对比性教学活动。例如:步骤一,教师左手拿一张小苹果的图片,右手拿一张大苹果的图片,问"你要哪个苹果?";步骤二,教师左手拿一张漂亮的风景照,右手拿一张不那么漂亮的风景照,问"你想去哪个地方玩儿?";步骤三,换用其他图片,重复以上两个步骤;步骤四,提示学生"大苹果、漂亮的地方"等有"的"和无"的"的区别。

2. 第一类形容词能够受程度副词序列"有点儿、很、最"修饰,也都可以被"不"否定,是非定量形容词,大致相当于性质形容词,它们也都可以自由进入"形容词+了/变得+形容词+了"以及"S+比+NP+形容词/S+跟+NP+一样+形容词"句式,而其他两类形容词不可以。

请参看:石毓智(2003)形容词的数量特征及其对句法行为的影响,《世界汉语教学》第3期。

3. 这些词语介于形容词与动词之间,其特点是不能受程度副词修饰,但可以受"完全、全、全部、几乎"等修饰。有一些动词也可以受这些副词修饰,如"支持、反对、符合"。但将它们看作形容词可能更好,有两个原因:一是它们都不能带宾语,而动词可以;二是有一部分形容词,既可以受程度副词修饰,也可以受"完全、全、全部、几乎"等副词修饰,例如"正常、正规、可靠、正确、够格、准确、合格、逼真、合理、合法、平等、自由、放心、失望、自然、合适、真实、安静、道地、牢靠、平静、清白、清净、踏实、太平、正当、虚假"。

请参看:石毓智(2003)形容词的数量特征及其对句法行为的影响,《世界汉语教学》第3期。

4. "薄、红、香"是性质形容词,做定语起区别作用,光杆名词一般是类名,"薄纸"可以区别纸的不同种类;"数量+NP"表示的是个体事物,无法进行类的区别。"薄薄的"是状态形容词,做定语用于描写,故可以修饰个体事物。同样的道理,用性状来称代事物时,该性状应该是事物的恒久属性,而不是暂时的状态,性质形容词表达恒久属性,所以"白/长/脏+的"都可以称代事物,而状态形容词不可以。

请参看:沈家煊(1997)形容词句法功能的标记模式,《中国语文》第4期。

第四章

第一节

1.（1）因"都"的语义指向不同而造成歧义。

  a. 这个人认识的人不多，甚至不认识我。（"都"指向"我"）

  b. 这个人不那么有名气，认识他的人不多，甚至我也不认识他。（"都"指向"这个人"）

（2）因"爱"与"谁"的施受关系不同而造成歧义。

  a. 第一个"谁也不爱"，是没有人爱他。

  b. 第二个"谁也不爱"，是他不爱任何人。

（3）因"多少"的意义不同而造成歧义。

  a. 冬天尽量多穿，"多少"是一个词。

  b. 夏天尽量少穿，"多"是一个副词，修饰形容词"少"。

2. "并"，客观观察得出结论"假设与事实相反"；"倒"，认为"假设与事实相反"，但该事实是合意的；"也"，以主观意见表达"假设与事实相反"，含有"恕我持不同意见"的语气。

请参看：屈承熹（2006）《汉语篇章语法》（潘文国等译），北京语言大学出版社。

3. 这三个副词都用于低概率事件，很多情况下可以互换使用。不过，在某些语境中，它们表现出一些倾向性差异。

恰好	可出现在各种预期环境	±管控	例（3）（4）管控性事件，例（5）（6）非管控性事件
恰恰	大多数情况下出现在反预期环境	−管控	例（1）（2）
恰巧	一般出现在无预期环境	−管控	例（5）（6）

管控性事件的含义是：某事件经过有意识的计划、训练、论证等，由人力或外力施加影响，最终完成或实现（例3、4）。"恰巧"所修饰的事件对说话人来说一般是如意的事件（例5、6）。

请参看：周韧（2022）概率、预期和管控三项特征下的"恰好、恰恰、恰巧"辨析，《世界汉语教学》第2期。

第二节

1. 分别是并列、转折、因果和连贯关系。

2. "于是"主要用于叙事（例4、5），且突出某事件是从某一时间点开始的，不能用于祈使句、问句；"所以"主要用于说明或论证事物的性状或成因（例6、7）。在时间序列上发生的事件之间恰巧又存在因果关系时，"于是、所以"才可以互换（例1—3）。

请参看：郭继懋（2006）"于是"和"所以"的异同，《汉语学报》第4期。

3. 表示选择关系（两者只居其一）、并列关系（两者皆是）。

请参看：陈振宇、刘承峰（2006）"不是……就/便是"与"语用数"，《世界汉语教学》第4期。

4. "除了……也/还……"表示合取关系，"除了……都……"表示析取关系。

第五章

1. 不可以改，新旧信息的安排需要。

2. "哪"是指别性的疑问词，隐含着一个听说双方都知道的有定集合，"哪"只是询问这个有定集合中的一个不定成员，所以"哪本书"可做判断句的主语。而"什么"则不是。在D中，最高级形式标记"最"带有唯一性，它可以预示其前的疑问词"什么人"具有较高的可别度。"怎么样"是一种状态，一般认为状态并不具备指别性。F中，"才"表示它所指向的成分有唯一性，因为"才"前可以添加"只有"；而唯一性就增强了"怎么样"的可别度。

3. 汉语中，"大单位"倾向于位于"小单位"之前。"我"与"脑子"有整体和部分的关系，相对而言，"我"是大单位，"脑子"是小单位。"老刘"和"父亲"有领属关系，领属关系可以看作是广义的"整体—部分"关系。"处所+是+NP"隐含着唯一性或全部性，即NP占据整个空间，而"处所+有+NP"中，NP只占据部分空间。"常常"所表达的时间频率高于"偶尔"，它们形成"大量—小量"的关系。这些语序的实质可以从可别度的角度来解释，即大单位的可别度高。也可以说，汉语的语序倾向于遵照从"背景"到"目标"的顺序。

4. 全量成分可别度高，要居前。再如：

全部学生都来了。

*来了全部学生。

*一部分学生都来了。

来了一部分学生。

他每三天看一部小说。

*他看一部小说每三天。

5. 定语的对立项越少，离中心语名词越远。或者说，越是事物自身固有的内在属性，离中心语名词越近。多项黏合式定语的排列顺序大致是：主观评价属性>新旧>大小>颜色>味道>形状>格式>质料>用途+中心语。

请参看：袁毓林（2004）《汉语语法研究的认知视野》，商务印书馆。

6. "XP的是，Y"是一个典型的话题—述题结构，它所表达的语义重心在"Y"上，即"Y"是说话人所要传达的新信息，在实际语篇中不可以换成"Y是XP的"。

"XP的是，Y"主要用于连接转折关系的句群，前面可以加"可是、但是、倒、可、然而"等表转折关系的词语，如例（1）（2）；也可以用于连接递进关系的句群，可以前加"而且、而、更、尤其、最"等词语，如例（4）（5）。

7. Kuno（1976）把表示时间和地点的副词性成分分为两类：一类是主题性副词性成分（thematic adverbs）；一类是非主题性副词性成分（nonthematic adverbs）。主题性的时地成分表示的是背景性信息，含有这一类时地成分的陈述句可以用来回答"在什么时间/什么地点发生了什么"。非主题性副词性成分则是指出事情发生的时间和地点，是作为新信息出现的，含有这一类时地成分的陈述句可以用来回答"某事件是在什么时候/什么地点发生的"。

（1）和（3）中的时地成分可以理解为非主题性副词性成分，是以焦点信息的面目出现的；（2）和（4）中的时地成分则是主题性副词性成分，是以非焦点信息的面目出现的。所以，在"都"和它的指向目标"他们"之间，只能出现表达非焦点信息的成分。在例（5）和例（6）中，"1972年"和"在北京"能够很自然地被理解为背景信息，即作为主题性时地成分，所以"都"位于时地成分之后句子也成立。

请参看：董秀芳（2003）"都"与其他成分的语序及相关问题，《世界汉语教学》第1期。

8. 这些例子中的状语可以分为三类：方式状语（quickly，quietly）、位置状语（in her room，at the park）、方向状语（home，around the track）。它们连用的顺序是：

双项连用时："方式状语—位置状语"或"位置状语—方式状语"皆可

方向状语—位置状语

方向状语—方式状语

三项连用时：【方向状语—位置状语】—方式状语

方式状语—【方向状语—位置状语】

可进一步联系汉语多项状语的连用顺序思考这一问题。

9. "努力、热情"是说话人希望的态度，先于"工作、接待"行为发生。这两句都表达了说话人的主观意愿。

10. 这个语篇所反映出来的"了"的使用问题，主要有两类。

第一类：从句子层面看，"了"的使用问题不大；但在语篇的层面，"了"的使用不当。分两种情况：一是"了"多余，如"了a"；二是"了"的句法位置有误，如"了bci"三处都应改为"了$_1$"。

第二类：从句子层面看就有问题，如"d"处缺失"了"，"了gk"与"着"混淆，"了efhj"多余。这些错误主要源于学习者对制约"了"使用的某些句法条件不了解，如谓语动词若带小句宾语，则谓语动词后一般不用"了"；在连动句中，若不需要强调两个动作之间的时间先后关系，第一个动词后不能带"了"。

11. 略。

参考文献

上　编

第一章　语法教学是否有必要?

崔希亮（1996）"在"字结构解析——从动词的语义、配价及论元之关系考察，《世界汉语教学》第3期。

邓立立、李戎真、王郁林（2008）《中国面面谈》，San Bernardino，CA：MyChineseClass LLC.

方梅（2006）北京话里"说"的语法化——从言说动词到从句标记，《中国方言学报》第1期，商务印书馆，北京。

冯胜利（2003）书面语语法及教学的相对独立性，《语言教学与研究》第2期。

靳洪刚（2011）现代语言教学的十大原则，《世界汉语教学》第1期。

李泉（2003a）基于语体的对外汉语教学语法体系构建，《汉语学习》第3期。

李泉（2003b）语法在对外汉语教学中的地位和作用及相关问题，《对外汉语教学语法探索》（国家汉办教学处编），中国社会科学出版社，北京。

陆俭明（1998）对外汉语教学中经常要思考的问题，《语言文字应用》第4期。

陆俭明（2000）"对外汉语教学"中的语法教学，《语言教学与研究》第3期。

吕叔湘（1962）《中国人学英语》（修订本），商务印书馆，北京。

Schmitt, N.（2010）《应用语言学入门》（徐晶凝译），世界图书出版公司，北京。

孙德金（2006）语法不教什么——对外汉语语法教学的两个原则问题，《语言教学与研究》第1期。

徐晶凝（2011）基于语言教学的报刊教材编写问题探析，《华文教学与研究》第4期。

徐晶凝（2016）对外汉语口语教学语法大纲的构建，《语言教学与研究》第4期。

俞咏梅（1999）论"在+处所"的语义功能和语序制约原则，《中国语文》第1期。

袁毓林（2002）汉语话题的语法地位和语法化程度——基于真实自然口语的共时和历时考量，《语言学论丛》第25辑，商务印书馆，北京。

张国宪（2009）"在+处所"构式的动词标量取值及其意义浮现，《中国语文》第4期。

张军（2014）现代汉语动词作状语的主要形式及动因分析，《华中师范大学学报（人文社会科学版）》第5期。

赵元任（1979）《汉语口语语法》（吕叔湘译），商务印书馆，北京。

周祖谟（1953）教非汉族学生学习汉语的一些问题，《中国语文》第7期。

朱德熙（1981）"在黑板上写字"及相关句式，《语言教学与研究》第1期。

Biber, D. et al. (1999) *Longman Grammar of Spoken and Written English*（《朗文英语口语和笔语语法》），北京：外语教学与研究出版社。

Cameron, L. (2001) *Teaching Languages to Young Learners*. Cambridge: Cambridge University Press.

Carroll, J. B. and Sapon, S. (2002) *Modern Language Aptitude Test: MLAT*. N. Bethesda, MD: Second Language Testing Inc.

Carter, R. and McCarthy, M. (1995) Grammar and the spoken language. *Applied Linguistics,* 16 (2): 141-158.

Chafe, W. (1982) Integration and involvement in speaking, writing and oral literature. In Tannen. D. (ed.) *Spoken and Written Language: Exploring Orality and Literacy*. Norwood, N. J.: Ablex.

Doughty, C. and Long, M. H. (eds.) (2003) *The Handbook of Second Language Acquisition*. Malden, MA: Basil Blackwell.

Ellis, R. (1990) *Instructed Second Language Acquisition: Learning in the Classroom*. Oxford: Basil Blackwell.

Ellis, R. (2001) Introduction: Investigating form-focused instruction. *Language Learning,* 51, supplement 1: 1-46.

Halliday, M. A. K., McIntosh, Angus and Strevens, P. D. (1964) *The Linguistic Sciences and Language Teaching*. London: Longmans.

Harley, B. and Swain, M. (1984) The interlanguage of immersion students and its implications for second language teaching. In Davies, A., Criper, C. and Howatt, A. P. R. (eds.) *Interlanguage*. Edinburgh: Edinburgh University Press.

Hunt, K. W. (1966) *Sentence Structures Used by Superior Students in Grades Four and Twelve, and by Superior Adults*. Tallahassee: Florida State University.

Krashen, S. (1981) *Second Language Acquisition and Second Language Learning*. Oxford: Pergamon Press.

Kumaravadivelu, B. (1994) The postmethod condition: (E) merging strategies for second/foreign language teaching. *TESOL Quarterly,* 28 (1): 27-48.

Kuo, I. C. (2006) Addressing the issue of teaching English as a lingua franca. *ELT Journal,* 60 (3): 213-221.

Lado, R. (1957) *Linguistics across Cultures*. Ann Arbor: University of Michigan Press.

Leech, G. (2000) Grammars of spoken English: New outcomes of corpus-oriented research. *Language Learning,* 50 (4): 675-724.

Lightbown, P. M. and Spada, N. (1990) Focus-on-form and corrective feedback in communicative language teaching: Effects on second language learning. *Studies in Second Language Acquisition,* 12: 429-448.

Littlewood, W. (1981) *Communicative Language Teaching: An Introduction.* Cambridge: Cambridge University Press.

Long, M. and Robinson, P. (1998) Focus on form: Theory, research, and practice. In Doughty, C. and Williams, J. (eds.) *Focus on Form in Classroom Second Language Acquisition.* Cambridge: Cambridge University Press.

McCarthy, M. and Carter, R. (2001) Ten criteria for a spoken grammar. In Hinkel, E. and Fotos, S. (eds.) *New Perspectives on Grammar Teaching in Second Language Classrooms.* Mahwah, N.J.: Lawrence Erlbaum Associates.

Miller, J. and Weinert, R. (1998) *Spontaneous Spoken Language: Syntax and Discourse.* Oxford: Clarendon Press.

Norris, J. and Ortega, L. (2000) Effectiveness of L2 instruction: A research synthesis and quantitative meta-analysis. *Language Learning,* 50 (3) : 417-528.

Polat, N. (2009) Matches in beliefs between teachers and students, and success in L2 attainment: The Georgian example. *Foreign Language Annals,* 42 (2):229-249.

Prabhu, N. S. (1990) There is no best method—why? *TESOL Quarterly,* 24 (2) : 161-176.

Singleton, D. (2001) Age and second language acquisition. *Annual Review of Applied Linguistics,* 21: 77-89.

Skehan, P. (1989) *Individual Differences in Second-Language Learning.* London: Arnold.

Spada, N. (1997) Form-focussed instruction and second language acquisition: A review of classroom and laboratory research. *Language Teaching,* 30(2):73-87.

Timmis, I. (2002) Native-speaker norms and international English: A classroom view. *ELT Journal,* 56 (3) : 240-249.

Ikpia, V. I. (2001) *The Attitudes and Perceptions of Adult English as a Second Language Students Towards Explicit Grammar Instruction.* Ph. D. dissertation., New Mexico State University.

Wilkins, D. A. (1976) *Notional Syllabuses.* London: Oxford University Press.

第二章　语法教学教什么？

陈国亭（1994）俄语实践语法系统化教学原则与教材内容设计，《中国俄语教学》第1期。

陈珺、周小兵（2005）比较句语法项目的选取和排序，《语言教学与研究》第2期。

崔希亮（2002）试论理论语法与教学语法的接口，《中国对外汉语教学学会第七次学术讨论会论文选》（中国对外汉语教学学会编），人民教育出版社，北京。

戴燃（2017）汉语语域式话题汉英翻译策略的库藏类型学研究，《语言研究集刊》第18辑，上海辞书出版社，上海。

杜轶（2019）短时副词"顿时"与"一下子"的事件类型特征与主观情态差异，《世界汉语教学》第1期。

方梅（2006）北京话里"说"的语法化——从言说动词到从句标记，《中国方言学报》第1期，商务印书馆，北京。

国家对外汉语教学领导小组办公室汉语水平考试部（1996）《汉语水平等级标准与语法等级大纲》，高等教育出版社，北京。

国家对外汉语教学领导小组办公室（2002）《高等学校外国留学生汉语言专业教学大纲》，北京语言文化大学出版社，北京。

国家对外汉语教学领导小组办公室（2002）《高等学校外国留学生汉语教学大纲（长期进修）》，北京语言文化大学出版社，北京。

贺阳（1996）性质形容词句法成分功能统计分析，《词类问题考察》（胡明扬主编），北京语言学院出版社，北京。

黄伯荣、李炜主编（2012）《现代汉语》，北京大学出版社，北京。

黄源深（1998）思辨缺席，《外语与外语教学》第7期。

黄源深（2010）英语专业课程必须彻底改革——再谈"思辨缺席"，《外语界》第1期。

竟成（1999）我们究竟需要什么样的语法大纲，《世界汉语教学》第3期。

柯彼德（1991）汉语作为外语教学的语法体系急需修改的要点，《第三届国际汉语教学讨论会论文选》（第三届国际汉语教学讨论会会务工作委员会编），北京语言学院出版社，北京。

孔子学院总部/国家汉办（2014）《国际汉语教学通用课程大纲》（修订版），北京语言大学出版社，北京。

李泉（1991）试谈中高级阶段对外汉语教学的性质和任务，《中高级对外汉语教学论文选》（国家对外汉语教学领导小组办公室教学业务部编），北京语言学院出版社，北京。

李泉（1996）"形+动态助词"考察，《词类问题考察》（胡明扬主编），北京语言文化大学出版社，北京。

李泉（2003）基于语体的对外汉语教学语法体系构建，《汉语学习》第3期。

李泉、金允贞（2008）对外汉语教学语法体系研究纵览，《海外华文教育》第4期。

李蕊、周小兵（2005）对外汉语教学助词"着"的选项与排序，《世界汉语教学》第1期。

刘月华（2003）谈对外汉语教学语法，《对外汉语教学语法探索》（国家汉办教学处编），中国社会科学出版社，北京。

卢福波（2003）对外汉语教学语法的层级划分与项目排序问题，《汉语学习》第2期。

卢福波（2011）《对外汉语教学实用语法》（修订本），北京语言大学出版社，北京。

陆丙甫（2004）作为一条语言共性的"距离–标记对应律"，《中国语文》第1期。

陆俭明（2000a）关于加强对外汉语教学基础理论研究之管见，《第六届国际汉语教学讨论会论文选》（《第六届国际汉语教学讨论会论文选》编辑委员会编），北京大学出版社，北京。

陆俭明（2000b）"对外汉语教学"中的语法教学，《语言教学与研究》第3期。

吕必松（1995）对外汉语教学概论（讲义）（续十一），《世界汉语教学》第1期。

吕叔湘（1977）通过对比研究语法，《语言教学与研究》试刊第2集。

吕文华（1994）《对外汉语教学语法探索》，语文出版社，北京。

马国彦（2017）句首时间词语的加"每"量化与允准：从句子到语篇，《当代修辞学》第4期。

马真、陆俭明（1997）形容词作结果补语情况考察（一），《汉语学习》第1期。

马振民（1998）谈交际法在大学英语语法教学中的体现，《外语界》第1期。

盛炎（1990）《语言教学原理》，重庆出版社，重庆。

施家炜（1998）外国留学生22类现代汉语句式的习得顺序研究，《世界汉语教学》第4期。

孙瑞珍主编（1995）《中高级对外汉语教学等级大纲（词汇·语法）》，北京大学出版社，北京。

陶红印（1999）试论语体分类的语法学意义，《当代语言学》第3期。

王洪君（2008）语言的层面与"字本位"的不同层面，《语言教学与研究》第3期。

王还主编（1995）《对外汉语教学语法大纲》，北京语言学院出版社，北京。

肖敏（2012）英语专业独立语法课程教学：问题与对策，《外国语言文学》第1期。

肖奚强等（2009）《外国学生汉语句式学习难度及分级排序研究》，高等教育出版社，北京。

徐晶凝（2009）中级语法选修课"学习档案"测量法之试验与思考，《汉语教学学刊》第5辑，北京大学出版社，北京。

徐晶凝（2016）对外汉语口语教学语法大纲的构建，《语言教学与研究》第4期。

徐晶凝（2017a）汉语作为二语教学中的语法知识，《汉语国际教育学报》第2辑，科学出版社，北京。

徐晶凝（2017b）《汉语语法教程：从知识到能力》，北京大学出版社，北京。

徐晶凝（2021）助词"了"的对外汉语教学分级方案，《对外汉语研究》第24期，商务印书馆，北京。

杨德峰（2009）《对外汉语教学核心语法》，北京大学出版社，北京。

杨寄洲主编（1999）《对外汉语教学初级阶段教学大纲》，北京语言文化大学出版社，北京。

张宝林（2008）对外汉语语法知识课教学的新模式，《语言教学与研究》第3期。

张伯江（2012）以语法解释为目的的语体研究，《当代修辞学》第6期。

张旺熹（1999）《汉语特殊句法的语义研究》，北京语言文化大学出版社，北京。

张颖（2007）《对外汉语知识型语法课教学策略研究》，北京语言大学硕士论文。

赵金铭（1994）教外国人汉语语法的一些原则问题，《语言教学与研究》第2期。

郑懿德（1995）外国留学生汉语专业高年级语法教学的实践与思考，《语言教学与研究》第4期。

郑懿德、陈亚川（1991）注重语义讲求实用的语法新著——《实用汉语参考语法》读后，《中国语文》第4期。

朱德熙（1982）《语法讲义》，商务印书馆，北京。

Bybee, J. (2006) From usage to grammar: The mind's response to repetition. *Language*, 82(4): 711-733.

Ellis, R. (2013) *The Study of Second Language Acquisition* (Second Edition). 上海外语教育出版社，上海。

Kleinmann, H. (1977) Avoidance behavior in adult second language acquisition. *Language Learning*, 27(1), 93-107.

Pienemann, M. (1998) *Language Processing and Second Language Development: Processability Theory*. Amsterdam: John Benjamins.

Schwartz, B. D. and Sprouse, R. A. (1996) L2 cognitive states and the Full Transfer/ Full Access model. *Second Language Research*, 12(1): 40-72.

Yuan, B. (2004) Negation in French-Chinese, German-Chinese and English-Chinese interlanguages. *Transactions of the Philological Society*,102(2):169-197.

第三章　语法教学怎么教？

邓恩明（1998）编写对外汉语教材的心理学思考，《语言文字应用》第2期。

高强、张洁（2010）大学英语教师语法教学信念研究，《中国外语》第5期。

胡承佼（2019）因果关系的意外性与意外因果句，《汉语学报》第3期。

胡明扬（1993）语言和语言学习，《世界汉语教学》第1期。

胡明扬（2007）语言知识和语言能力，《语言文字应用》第3期。

靳洪刚（2006）分组活动的互动性及教学形式探讨，《中文教材与教学研究——刘月华教授荣退纪念论文集》（姚道中等编），北京语言大学出版社，北京。

靳洪刚（2011）现代语言教学的十大原则，《世界汉语教学》第1期。

靳洪刚、侯晓明（2016）汉语作为第二语言实证研究纵观：显性与隐性学习、知识、教学，《世界汉语教学》第3期。

Larsen-Freeman, D.（2007）《语言教学：从语法到语法技能》（北京师范大学"认知神经科学与学习"国家重点实验室脑与第二语言学习研究中心译），北京师范大学出版社,北京。

李泉（2002）论对外汉语教材的趣味性，《中国对外汉语教学学会第七次学术讨论会论文选》（中国对外汉语教学学会编），人民教育出版社，北京。

李晓琪（2004）关于建立词汇—语法教学模式的思考，《语言教学与研究》第1期。

刘月华（2003）谈对外汉语教学语法，《对外汉语教学语法探索》（国家汉办教学处编），中国社会科学出版社，北京。

卢福波（2002）对外汉语教学语法的体系与方法问题，《汉语学习》第2期。

吕文华（1994）《对外汉语教学语法探索》，语文出版社，北京。

Schmitt, N.（2010）《应用语言学入门》（徐晶凝译），世界图书出版公司，北京。

苏建红（2014）Bruton与Truscott二语写作语法纠错之争，《现代外语》第6期。

VanPatten, B., Keating, G. D. and Wulff, S.（2021）《第二语言习得理论导论》（鹿士义、蒋思艺主译），商务印书馆，北京。

温晓虹（2012）《汉语作为第二语言的习得与教学》，北京大学出版社，北京。

吴勇毅（2004）汉语作为第二语言（CSL）语法教学的"语法词汇化"问题，《第七届国际汉语教学讨论会论文选》（《第七届国际汉语教学讨论会论文选》编辑委员会编），北京大学出版社，北京。

吴中伟（2012）语法教学的理解性目标和生成性目标——兼谈语块教学的意义和内涵，《第十届国际汉语教学研讨会论文选》（《第十届国际汉语教学研讨会论文选》编辑委员会编），万卷出版公司，沈阳。

徐晶凝（2009）中级语法选修课"学习档案"测量法之试验与思考，《汉语教学学刊》第5辑，北京大学出版社，北京。

徐晶凝（2016）主观近距交互式书面叙事语篇中"了"的分布，《汉语学习》第3期。

徐晶凝（2017a）汉语作为二语教学中的语法知识，《汉语国际教育学报》第2辑，科学出版社，北京。

徐晶凝（2017b）《汉语语法教程：从知识到能力》，北京大学出版社，北京。

徐晶凝、崔言（2021）中级汉语学习者的元语言学知识与语言能力相关性研究，《国际汉语教学研究》第3期。

袁毓林（1992）现代汉语名词的配价研究，《中国社会科学》第3期。

周祖谟（1953）教非汉族学生学习汉语的一些问题，《中国语文》第7期。

Adair-Hauck, B., Donato, R. and Cumo-Johanssen, P. (2000) Using a story-based approach to teach grammar. In Shrum, J. and Glisan, E. (eds.) *Teacher's Handbook: Contextualized Language Instruction*. Boston: Heinle.

Alderson, J. C., Clapham, C. and Steel, D. (1997) Metalinguistic knowledge, language aptitude and language proficiency. *Language Teaching Research*, 1(2): 93-121.

Ammar, A. and Spada, N. (2006) One size fits all?: Recasts, prompts, and L2 learning. *Studies in Second Language Acquisition*, 28: 543-574.

Anderson, J. R. (1976) *Language, Memory and Thought*. Psychology Press.

Batterink, L. and Neville, H. (2013) Implicit and explicit second language training recruit common neural mechanisms for syntactic processing. *Journal of Cognitive Neuroscience*, 25(6): 936-951.

Berry, R. (1997) Teachers' awareness of learners' knowledge: The case of metalinguistic terminology. *Language Awareness*, 6 (2-3): 136-146.

Borg, S. (1999) The use of grammatical terminology in the second language classroom: A qualitative study of teachers' practices and cognitions. *Applied Linguistics*, 20 (1): 95-126.

Brown, H. (2001) *Teaching by Principles: An Interactive Approach to Language Pedagogy* (2nd edition). White Plains, NY: Pearson Education.

Candlin, C. (1987) Towards task-based learning. In Candlin. C. and Murphy, D. (1987) *Language Learning Tasks*. Englewood Cliffs, N. J.: Prentice Hall.

Clayson, D. E. (1999) Students' evaluation of teaching effectiveness: Some implications of stability. *Journal of Marketing Education,* 21(1): 68-75.

Clifton, A. (2013) *The Role of Metalinguistic Terminology in Second Language Teaching and Learning*. Ph.D. dissertation, University of Illinois at Urbana-Champaign.

Cook, G. (1998) The uses of reality: A reply to Ronald Carter. *English Language Teaching Journal,* 52(1): 57-63.

Corder, S. (1973) *Introducing Applied Linguistics*. Hammondsworth: Penguin.

Culman, H., Henry, N. and VanPatten, B. (2009) The role of explicit information in instructed SLA: An on-line study with processing instruction and German accusative case inflections. *Die Unterrichtspraxis / Teaching German*, 42 (1): 19-31.

DeKeyser, R. (1998) Beyond focus on form: Cognitive perspectives on learning and practicing second language grammar. In Doughty. C. and Williams, J. (eds.) *Focus on Form in Classroom Second Language Acquisition*. Cambridge: Cambridge University Press.

Dekeyser, R. (2005) What makes learning second language grammar difficult? A review of issues. *Language Learning*, 55(Suppl 1): 1-25.

Doughty, C. and Varela, E. (1998) Communicative focus on forms. In Doughty, C. and Williams, J.(eds.) *Focus on Form in Classroom Second Language Acquisition*. Cambridge: Cambridge University Press.

Ebsworth, M. E. and Schweers, C. W. (1997) What researchers say and practitioners do: Perspectives on conscious grammar instruction in the ESL classroom. *Applied Language Learning*, 8: 237-260.

Elder, C. and Manwaring, D. (2004) The relationship between metalinguistic knowledge and learning outcomes among undergraduate students of Chinese. *Language Awareness*, 13(3) : 145-162.

Ellis, N. (2002) Frequency effects in language processing: A review with implications for theories of implicit and explicit language acquisition. *Studies in Second Language Acquisition*, 24 (2) : 143-188.

Ellis, N. and Larsen-Freeman, D. (2006) Language emergence: Implications for applied linguistics—Introduction to the special issue. *Applied Linguistics*, 27 (4) : 558-589.

Ellis, R. (1990) *Instructed Second Language Acquisition.* Cambridge, MA: Basil Blackwell.

Ellis, R. (2002) Does form-focused instruction affect the acquisition of implicit knowledge?: A review of the research. *Studies in Second Language Acquisition*, 24: 223-236.

Ellis, R. (2004) The definition and measurement of L2 explicit knowledge. *Language Learning*, 54 (2) : 227-275.

Ellis, R. (2010) Epilogue: A framework for investigating oral and written corrective feedback. *Studies in Second Language Acquisition*, 32 (2): 335-349.

Ellis, R., Loewen, S. and Erlam, R. (2006) Implicit and explicit corrective feedback and the acquisition of L2 grammar. *Studies in Second Language Acquisition*, 28: 339-368.

Ferris, D. (1999) The case for grammar correction in L2 writing classes: A response to Truscott (1996). *Journal of Second Language Writing*, 8 (1) : 1-11.

Ferris, D., Liu, H., Sinha, A. and Senna, M. (2013) Written corrective feedback for individual L2 writers. *Journal of Second Language Writing*, 22 (3) : 307-329.

Fotos, S. S. (1993) Consciousness raising and noticing through focus on form: Grammar task performance versus formal instruction. *Applied Linguistics*, 14 (4): 385-407.

Gass, S. (1988) Integrating research areas: A framework for second language studies. *Applied Linguistics*, 9(2): 198-217.

Gass, S. and Selinker, L. (2008) *Second Language Acquisition: An Introductory Course*. New York: Routledge.

Gutiérrez, X. (2013) Metalinguistic knowledge, metalingual knowledge, and proficiency in L2 Spanish. *Language Awareness*, 22(2): 176-191.

Hyland, F. (2010) Future directions in feedback on second language writing: Overview and research agenda. *International Journal of English Studies*, 10 (2): 171-182.

Izumi, S. and Bigelow, M. (2000) Does output promote noticing and second language acquisition? *TESOL Quarterly*, 34(2): 239-278.

Klapper, J. and Rees, J. (2003) Reviewing the case for explicit grammar instruction in the university foreign language learning context. *Language Teaching Research*, 7 (3) : 285-314.

Krashen, S. (1981) *Second Language Acquisition and Second Language Learning.* Oxford: Oxford University Press.

Krashen, S. (1982) *Principles and Practice in Second Language Acquisition*. Oxford: Pergamon.

Lewis, M. (1993) *The Lexical Approach*. England, Hove: Language Teaching Publications.

Long, M. (1983) Native speaker/non-native speaker conversation in the second language classroom. In Clarke and Handscombe (eds.) *On TESOL'82*. Washington D. C.: TESOL.

Long, M. (1985) Input and second language acquisition theory. In Gass, S. and Madden, C. (eds.) *Input in Second Language Acquisition*. Rowley, MA: Newbury House.

Long, M. (1989) Task, group and task-group interactions. *University of Hawaii Working Papers in ESL*, 8:1-26.

Lyster, R. and Izquierdo, J. (2009) Prompts versus recasts in dyadic interaction. *Language Learning*, 59(2): 453-498.

Lyster, R., Saito, K. and Sato, M. (2013) Oral corrective feedback in second language classrooms. *Language Teaching*, 46(1): 1-40.

Mahmoud, A. (1996) Informal pedagogical grammar. *International Review of Applied Linguistics in Language Teaching*, 34(4): 283-291.

Mitchell, R., Brumfit, C. and Hooper, J. (1994) 'Knowledge about language': Policy, rationales and practices. *Research Papers in Education*, 9(2): 183-205.

Morgan-Short, K. (2014) Electrophysiological approaches to understanding second language acquisition: A field reaching its potential. *Annual Review of Applied Linguistics,* 34: 15-36.

Morgan-Short, K., Steinhauer, K., Sanz, C. and Ullman, M. T. (2012) Explicit and implicit second language training differentially affect the achievement of native-like brain activation patterns. *Journal of Cognitive Neuroscience,* 24 (4): 933-947.

Norris, J. and Ortega, L. (2000) Effectiveness of L2 instruction: A research synthesis and quantitative meta-analysis. *Language Learning*, 50(3): 417-528.

Penny Ur (1988) *Grammar Practice Activities: A Practical Guide for Teachers*. Cambridge: Cambridge University Press.

Pica, T. and Doughty, C. (1985) Input and interaction in the communicative classroom: A comparison of teacher-fronted and group activities. In Gass, S. and Madden, C. (eds.) *Input in Second Language Acquisition*. Rowley, MA: Newbury House.

Pienemann, M. (1989) Is language teachable? *Applied Linguistics*, 10(1): 52-79.

Prawat, R. S. (1999) Social constructivism and the process-content distinction as viewed by Vygotsky and the pragmatists. *Mind, Culture, and Activity,* 6(4): 255-273.

Rutherford, W. and Sharwood, S. M. (1988) *Grammar and Second Language Teaching*. New York: Newbury

House.

Schmidt, R. W. (1990) The role of consciousness in second language learning. *Applied Linguistics*, 11 (2): 129-158.

Schulz, R. A. (1996) Focus on form in the foreign language classroom: Students' and teachers' views on error correction and the role of grammar. *Foreign Language Annals*, 29(3): 343-364.

Spada, N. and Tomita, Y. (2010) Interactions between type of instruction and type of language feature: a meta-analysis. *Language Learning,* 60 (2): 263-308.

Swain, M. (1985) Communicative competence: Some roles of comprehensible input and comprehensible output in its development. In Gass, S. and Madden, C. (eds.) *Input in Second Language Acquisition.* Rowley, MA: Newbury House.

Terrell, T. (1991) The role of grammar instruction in a communicative approach. *The Modern Language Journal,* 75(1): 52-63.

Tsui, A. (2003) *Understanding Expertise in Teaching: Case Studies of Second Language Teachers.* Cambridge: Cambridge University Press.

VanPatten, B. (1988) How juries get hung: Problems with the evidence for a focus on form in teaching. *Language Learning,* 38(2): 243-260.

VanPatten, B. (2007) Input processing in adult second language acquisition. In VanPatten, B. and Williams, J. (eds.) *Theories in Second Language Acquisition: An Introduction.* Mahwah, NJ: Lawrence Erlbaum Associates.

VanPatten, B. and Cadierno, T. (1993) Explicit instruction and input processing. *Studies in Second Language Acquisition,* 15(2): 225-243.

VanPatten, B. and Oikennon, S. (1996) Explanation vs. structured input in processing instruction. *Studies in Second Language Acquisition,* 18: 495-510.

White, L. (1991) Adverb placement in second language acquisition: Some effects of positive and negative evidence in the classroom. *Second Language Research,* 7(2): 133-161.

Yang, Y. and Lyster, R. (2010) Effects of form-focused practice and feedback on Chinese EFL learners' acquisition of regular and irregular past tense forms. *Studies in Second Language Acquisition*, 32(2): 235-263.

第四章 做一名有效教师

安然（2015）《对外汉语教师语法教学信念初探》，北京外国语大学硕士论文。

北京大学中文系现代汉语教研室（2005）《现代汉语》，商务印书馆，北京。

Celce-Murcia, M. and Larsen-Freeman, D.（2002）《英语教学语法》（第二版）（马晓蕾、熊金霞、刘晖、孙玲译），北京大学出版社，北京。

陈珺、周小兵（2005）比较句语法项目的选取和排序，《语言教学与研究》第2期。

陈琼瓒（1955）修饰语和名词之间的"的"字的研究，《中国语文》第10期。

邓守信（2003）对外汉语语法点难易度的评定，《对外汉语教学语法探索》（国家汉办教学处编），中国社会科学出版社，北京。

刁晏斌（2012）两岸四地的"遭"字句及其与"被"字句的差异，《语言教学与研究》第5期。

刁晏斌（2018）当代汉语"遭"字句的特点及其与"被"字句的差异，《语义功能语法研究》（史金生、刁晏斌主编），首都师范大学出版社，北京。

董秀芳（2006）宾语提前的话题结构的语义限制，《汉语学报》第1期。

高强（2007）《教师认知视角下的语法教学——一项对中国大学英语教师的调查》，山东大学博士论文。

胡明扬（2005）第二语言的学习和教学，《对外汉语研究》第1期，商务印书馆，北京。

黄伯荣、廖序东（1997）《现代汉语》（增订二版），高等教育出版社，北京。

加里·D.鲍里奇（2002）《有效教学方法》（第四版）（易东平译），江苏教育出版社，南京。

金立鑫（2009）"教师、教材、教法"内涵和处延的逻辑分析，《语言教学与研究》第5期。

李宝贵（2004）汉语语法的理据性与对外汉语教学，《汉语学习》第5期。

李泉（2003）对外汉语教学理论和实践的若干问题，《对外汉语研究的跨学科探索》（赵金铭主编），北京语言大学出版社，北京。

刘丹青（2008）汉语名词性短语的句法类型特征，《中国语文》第1期。

刘月华、潘文娱、故韡（2001）《实用现代汉语语法》（增订本），商务印书馆，北京。

陆丙甫（2001）从宾语标记的分布看语言类型学的功能分析，《当代语言学》第4期。

陆丙甫（2003）"的"的基本功能和派生功能——从描写性到区别性再到指称性，《世界汉语教学》第1期。

陆俭明（1990）90年代现代汉语语法研究的发展趋势，《语文研究》第4期。

吕叔湘（1979）《汉语语法分析问题》，商务印书馆，北京。

杉村博文（2003）从日语的角度看汉语被动句的特点，《对外汉语教学语法探索》（国家汉办教学处编），中国社会科学出版社，北京。

邵敬敏、罗晓英（2005）语法本体研究与对外汉语语法教学，《暨南大学华文学院学报》第3期。

王光全、柳英绿（2006）定中结构中"的"字的隐现规律，《吉林大学社会科学学报》第2期。

徐晶凝（2013）基于学科特点的二语教学评估量表研究，《汉语教学学刊》第9辑，北京大学出版社，北京。

徐晶凝、王芳、雷友芳（2015）《博雅汉语》初中级教材多项定语的呈现考察——兼谈教材科学性的定量判断，《国际汉语学报》第6卷第2辑，学林出版社，上海。

徐阳春（2003）"的"字隐现的制约因素，《修辞学习》第2期。

张敏（1998）《认知语言学与汉语名词短语》，中国社会科学出版社，北京。

张旺熹（2001）"把"字句的位移图式，《语言教学与研究》第3期。

赵元任（1979）《汉语口语语法》（吕叔湘译），商务印书馆，北京。

朱德熙（1982）《语法讲义》，商务印书馆，北京。

朱德熙（1989）纪念《语言教学与研究》创刊10周年座谈会发言（摘登），《语言教学与研究》第3期。

Borg, S. (2003) Teacher cognition in language teaching: A review of research on what language teachers think, know, believe, and do. *Language Teaching,* 36(2): 81-109.

Bybee, J. (2006) From usage to grammar: The mind's response to repetition. *Language*, 82(4): 711-733.

DeKeyser, R. (2005) *Grammatical Development in Language Learning*. Malden, MA: Blackwell.

Ellis, R. (2006) Modelling learning difficulty and second language proficiency: The differential contributions of implicit and explicit knowledge. *Applied Linguistics,* 27 (3): 431-463.

Goldschneider, J. and DeKeyser, R. (2001) Explaining the "natural order of L2 morpheme acquisition" in English: A meta-analysis of multiple determinants. *Language Learning,* 51(1): 1-50.

Hulstijn, J. H. and De Graaff, R. (1994) Under what conditions does explicit knowledge of a second language facilitate the acquisition of implicit knowledge? A research proposal. *AILA Review,* 11: 97-112.

Kern, R. G. (1995) Students' and teachers' beliefs about language learning. *Foreign Language Annals*, 28(1): 71-92.

Polat, N. (2009) Matches in beliefs between teachers and students, and success in L2 attainment: The Georgian example. *Foreign Language Annals*, 42(2): 229-249.

Schulz, R. A. (1996) Focus on form in the foreign language classroom: Students' and teachers' views on error correction and the role of grammar. *Foreign Language Annals*, 29(3): 343-364.

Schulz, R. A. (2001) Cultural differences in student and teacher perceptions concerning the role of grammar instruction and corrective feedback: USA-Colombia. *Modern Language Journal,* 85 (2): 244-258.

Shulman, L. S. (1987) Knowledge and teaching: Foundations of the new reform. *Harvard Educational Review*, 57 (1): 1-22.

Spada, N. and Tomita, Y. (2010) Interactions between type of instruction and type of language feature: A meta-analysis. *Language Learning*, 60 (2): 263-308.

Tsui, A. (2003) *Understanding Expertise in Teaching: Case Studies of Second Language Teachers.* Cambridge: Cambridge University Press.

下　编

第一章　理论语法与教学语法的接口

崔希亮（2002）试论理论语法与教学语法的接口，《中国对外汉语教学学会第七次学术讨论会论文选》（中国对外汉语教学学会编），人民教育出版社，北京。

崔希亮（2003）试论教学语法的基础兼及与理论语法的关系，《对外汉语教学语法探索》（国家汉办教学处编），中国社会科学出版社，北京。

刘月华（1987）中美常用教材语法比较——兼论初级汉语教材的语法编写原则，《对外汉语教学研究会第二次学术讨论会论文选》（中国高等教育学会对外汉语教学研究会编），北京语言学院出版社，北京。

陆俭明（1997）配价语法理论和对外汉语教学，《第五届国际汉语教学讨论会论文选》（《第五届国际汉语教学讨论会论文选》编辑委员会编），北京大学出版社，北京。

完权（2017）"领格表受事"的认知动因，《中国语文》第3期。

苏丹洁（2010）试析"构式–语块"教学法——以存现句教学实验为例，《汉语学习》第2期。

王洪君（2000）汉语的韵律词与韵律短语，《中国语文》第6期。

许国璋（1988）语法学，《中国大百科全书（语言文字学卷）》，中国大百科全书出版社，北京。

赵金铭（1996）教外国人汉语语法的一些原则问题，《中国对外汉语教学学会成立十周年纪念论文选》（中国对外汉语教学学会秘书处编），北京语言学院出版社，北京。

赵元任（1979）《汉语口语语法》（吕叔湘译），商务印书馆，北京。

朱德熙（1982）《语法讲义》，商务印书馆，北京。

Shulman, L. S. (1986) Those who understand: Knowledge growth in teaching. *Educational Researcher*, 15(2): 4-14.

第二章　与体词有关的教学语法知识

陈平（1987a）释汉语中与名词性成分相关的四组概念，《中国语文》第2期。

陈平（1987b）汉语零形回指的话语分析，《中国语文》第5期。

陈平（1991）《现代语言学研究——理论、方法与事实》，重庆出版社，重庆。

陈平（2016）汉语定指范畴和语法化问题，《当代修辞学》第4期。

陈妍妍、徐晶凝（2016）"主聊"式闲谈语体中话语标记"那—"的功能分析，《现代汉语语篇的结构和范畴研究》（王洪君、李娟编），商务印书馆，北京。

储泽祥（2000）数词与复数标记不能同现的原因，《民族语文》第5期。

储泽祥、魏红（2005）汉语量词"片"及其自相似性表现，《语言科学》第2期。

大河内康宪（1993）量词的个体化功能，《日本近、现代汉语研究论文选》（大河内康宪主编），北京语言学院出版社，北京。

范继淹（1985）无定NP主语句，《中国语文》第5期。

方经民（2004）现代汉语第三人称代词指称及其语境制约——兼与日语第三人称代词比较，《当代语言学》第3期。

方梅（2002）指示词"这"和"那"在北京话中的语法化，《中国语文》第4期。

方梅（2008）由背景化触发的两种句法结构——主语零形反指和描写性关系从句，《中国语文》第4期。

方梅（2016）单音指示词与双音指示词的功能差异——"这"与"这个"、"那"与"那个"，《世界汉语教学》第2期。

方梅（2019）从话语功能看所谓"无定NP主语句"，《世界汉语教学》第2期。

高宁慧（1996）留学生的代词偏误与代词在篇章中的使用原则，《世界汉语教学》第2期。

古川裕（2001）外界事物的"显著性"与句中名词的"有标性"——"出现、存在、消失"与"有界、无界"，《当代语言学》第4期。

郭继懋、沈红丹（2004）"外人"模式与"人家"的语义特点，《世界汉语教学》第1期。

韩蕾（2016）汉语事件名词的界定与系统构建，《华东师范大学学报（哲学社会科学版）》第5期。

黄伯荣、李炜主编（2012）《现代汉语》，北京大学出版社，北京。

李临定（2011）《现代汉语句型》（增订本），商务印书馆，北京。

李讷、石毓智（1998）句子中心动词及其宾语之后谓词性成分的变迁与量词语法化的动因，《语言研究》第1期。

李榕（2020）《现代汉语语篇主题性第三人称回指的多学科研究》，中西书局，上海。

李艳惠、石毓智（2000）汉语量词系统的建立与复数标记"们"的发展，《当代语言学》第1期。

廖秋忠（1986）现代汉语篇章中指同的表达，《中国语文》第2期。

刘文秀（2017）现代汉语"有+N"结构的构式分析，《语言教学与研究》第3期。

刘月华、潘文娱、故铧（2001）《实用现代汉语语法》（增订本），商务印书馆，北京。

陆丙甫（2012）汉、英主要"事件名词"语义特征，《当代语言学》第1期。

陆俭明（1986）周遍性主语句及其他，《中国语文》第3期。

陆俭明（1988）现代汉语中数量词的作用，《语法研究和探索（四）》，北京大学出版社，北京。

吕叔湘（1984a）"个"字的应用范围，附论单位词前"一"字的脱落，《汉语语法论文集》（增订本），商务印书馆，北京。

吕叔湘（1984b）语言里的不对称现象，《语文杂记》，上海教育出版社，上海。

吕叔湘（1985）《近代汉语指代词》（江蓝生补），学林出版社，上海。

马庆株（1991）顺序义对体词语法功能的影响，《中国语言学报》第4期，商务印书馆，北京。

倪兰（2005）现代汉语疑问代词的基本语义分析，《北方论丛》第4期。

屈承熹（2006）《汉语篇章语法》（潘文国等译），北京语言大学出版社，北京。

邵敬敏（1996）《现代汉语疑问句研究》，华东师范大学出版社，上海。

施春宏（2001）名词的描述性语义特征与副名组合的可能性，《中国语文》第3期。

石毓智（2001）表物体形状的量词的认知基础，《语言教学与研究》第1期。

石毓智（2002）论汉语的结构意义和词汇标记之关系——有定和无定范畴对汉语句法结构的影响，《当代语言学》第1期。

石毓智（2003）汉语的"数"范畴与"有定"范畴之关系，《语言研究》第2期。

石毓智（2015）《汉语春秋——中国人的思维软件》，江西教育出版社，南昌。

石毓智、李讷（2001）《汉语语法化的历程——形态句法发展的动因和机制》，北京大学出版社，北京。

宋玉柱（1981）关于量词重叠的语法意义，《现代汉语语法论集》，天津人民出版社，天津。

唐翠菊（2005）从及物性角度看汉语无定主语句，《语言教学与研究》第3期。

唐正大（2019）社会性直指与人称范畴的同盟性和威权性——以关中方言为例，《当代语言学》第2期。

完权（2019）人称代词移指的互动与语用机制，《世界汉语教学》第4期。

王灿龙（2000）人称代词"他"的照应功能研究，《中国语文》第3期。

王力（1984）《王力文集（第一卷）·中国语法理论》，山东教育出版社，济南。

王义娜（2008）人称代词移指：主体与客体意识表达，《外语研究》第2期。

魏红、储泽祥（2007）"有定居后"与现实性的无定NP主语句，《世界汉语教学》第3期。

肖奚强等（2008）《汉语中介语语法问题研究》，商务印书馆，北京。

邢福义（1965）再谈"们"和表数词语并用的现象，《中国语文》第5期。

邢福义（1984）说"NP了"句式，《语文研究》第3期。

邢福义（1997）"很淑女"之类说法语言文化背景的思考，《语言研究》第2期。

徐杰、李英哲（1993）焦点和两个非线性语法范畴："否定""疑问"，《中国语文》第2期。

徐赳赳（1990）叙述文中"他"的话语分析，《中国语文》第5期。

徐赳赳（2003）《现代汉语篇章回指研究》，中国社会科学出版社，北京。

徐赳赳（2010）《现代汉语篇章语言学》，商务印书馆，北京。

许余龙（2004）《篇章回指的功能语用探索——一项基于汉语民间故事和报刊语料的研究》，上海外语教育出版社，上海。

张斌（1998）《汉语语法学》，上海教育出版社，上海。

张伯江、方梅（1996）《汉语功能语法研究》，江西教育出版社，南昌。

张旺熹、韩超（2011）人称代词"人家"的劝解场景与移情功能——基于三部电视剧台词的话语分析，《语言教学与研究》第6期。

赵元任（1979）《汉语口语语法》（吕叔湘译），商务印书馆，北京。

周韧（2020）什么样的"客人"来了？《语言教学与研究》第2期。

周芍、邵敬敏（2014）近义量词"条、根、道"的三维解释与组合机制，《语言教学与研究》第1期。

朱德熙（1982）《语法讲义》，商务印书馆，北京。

Brown, G. and Yule, G.(1983) *Discourse Analysis*. Cambridge: Cambridge University Press.

Himmelmann, N. P. (1996) Demonstratives in narrative discourse: A taxonomy of universal uses. In Barbara A. Fox (ed.) *Study in Anaphora*. Amsterdam: John Benjamins.

Li, C. H. and Thompson, S. A. (1979) Third-person pronouns and zero-anaphora in Chinese discourse. In Givón (ed.) *Syntax and Semantics 12: Discourse and Syntax.* New York: Academic Press.

Li, C. H. and Thompson, S. A. (1981) *Mandarin Chinese: A Functional Reference Grammar.* Berkeley: University of California Press.

Lyons, C. (1999) *Definiteness.* Cambridge: Cambridge University Press.

第三章　与谓词有关的教学语法知识

北京大学中文系1955、1957级语言班（1982）《现代汉语虚词例释》，商务印书馆，北京。

邓盾（2022）论现代汉语的AABB片段为复合词而非重叠式，《世界汉语教学》第1期。

邓守信（1985）汉语动词的时间结构，《语言教学与研究》第4期。

董秀芳（2007）动词直接作定语功能的历时考察，《燕赵学术》（2007年秋之卷）（河北师范大学文学院编），四川辞书出版社，成都。

董秀芳（2013）词汇双音化对动词论元结构的影响，《汉语史学报》第13辑，上海教育出版社，上海。

方梅（2000）从"V着"看汉语不完全体的功能特征，《语法研究和探索（九）》，商务印书馆，北京。

冯胜利（2005）《汉语韵律语法研究》，北京大学出版社，北京。

高再兰、郭锐（2015）形容词及其复杂式的音节组配与词义褒贬的对应，《语言学论丛》第52辑，商务印书馆，北京。

郭继懋（2000）副词"怪"的意义、用法，《汉语句法论集》，天津人民出版社，天津。

郭锐（1993）汉语动词的过程结构，《中国语文》第6期。

郭锐（1997）过程和非过程——汉语谓词性成分的两种外在时间类型，《中国语文》第3期。

郭锐（2002）《现代汉语词类研究》，商务印书馆，北京。

侯学超（1998）《现代汉语虚词词典》，北京大学出版社，北京。

李大忠（1984）不能重叠的双音节形容词，《语法研究和探索（二）》，北京大学出版社，北京。

李劲荣、陆丙甫（2016）论形容词重叠式的语法意义，《语言研究》第4期。

李泉（1994）现代汉语"形+宾"现象考察，《中国人民大学学报》第4期。

李泉（2001）同义单双音节形容词对比研究，《世界汉语教学》第4期。

李兴亚（1989）试说动态助词"了"的自由隐现，《中国语文》第5期。

李宇明（1996）双音节性质形容词的ABAB式重叠，《汉语学习》第4期。

李宇明（1998）动词重叠的若干句法问题，《中国语文》第2期。

刘丹青（2005）形容词和形容词短语的研究框架，《民族语文》第5期。

吕叔湘主编（1980）《现代汉语八百词》，商务印书馆，北京。

马庆株（1992）《汉语动词和动词性结构》，北京语言学院出版社，北京。

马真（1991）普通话里的程度副词"很、挺、怪、老"，《汉语学习》第2期。

山田留里子（1995）双音节形容词作状语情况考察，《世界汉语教学》第3期。

沈家煊（1995）"有界"与"无界"，《中国语文》第5期。

沈家煊（1997）形容词句法功能的标记模式，《中国语文》第4期。

石毓智（2003a）古今汉语动词概念化方式的变化及其对语法的影响，《汉语学习》第4期。

石毓智（2003b）形容词的数量特征及其对句法行为的影响，《世界汉语教学》第2期。

王力（1984）《王力文集（第一卷）·中国语法理论》，山东教育出版社，济南。

王媛（2018）《事件分解和持续性语义研究》，中西书局，上海。

吴福祥（2005）汉语体标记"了、着"为什么不能强制性使用，《当代语言学》第3期。

邢福义（1996）《汉语语法学》，东北师范大学出版社，长春。

徐晶凝（2007）"在verb着"构式研究，《中文计算技术与语言问题研究——第七届中文信息处理国际会议论文集》（萧国政、何炎祥、孙茂松主编），电子工业出版社，北京。

徐晶凝（2008）《现代汉语话语情态研究》，昆仑出版社，北京。

徐晶凝（2009）《时体研究的语篇、情态整合视角——以"在""着"为例》，《语言学论丛》第40

辑，商务印书馆，北京。

徐晶凝（2012a）过去已然事件句对"了₁""了₂"的选择，《语言学论丛》第45辑，商务印书馆，北京。

徐晶凝（2012b）认识立场标记"我觉得"初探，《世界汉语教学》第2期。

徐晶凝（2015）程度副词"挺"的教学对策，《对外汉语研究》第13期，商务印书馆，北京。

徐晶凝（2022）书面叙述语篇中"了₁"隐现的语篇架构动因——从述补式VP中"了₁"的分布说起，《当代语言学》第1期。

玄玥（2016）保留宾语类把字句与完结短语理论，《语言教学与研究》第3期。

杨素英（2000）当代动貌理论与汉语，《语法研究和探索（九）》，商务印书馆，北京。

杨素英、黄月圆（2013）体标记在不同语体中的分布情况考察，《当代语言学》第3期。

张国宪（2000）现代汉语形容词的典型特征，《中国语文》第5期。

赵世开、沈家煊（1984）汉语"了"字跟英语相应的说法，《语言研究》第1期。

朱德熙（1956）现代汉语形容词研究，《语言研究》第1期。

朱德熙（1982）《语法讲义》，商务印书馆，北京。

朱旻文（2017）基于构式的第二语言学习者汉语动结式习得研究，《语言教学与研究》第4期。

Bybee, J., Perkins, R. and Pagliuca, W. (1994) *The Evolution of Grammar.* Chicago: The University of Chicago Press.

Kuno, S. (1987) *Functional Syntax: Anaphora, Discourse and Empathy*. Chicago: The University of Chicago Press.

Li, C. H. and Thompson, S. A. (1981) *Mandarin Chinese*: *A Functional Reference Grammar.* Berkeley: University of California Press.

Rappaport, M. (2008) Lexicalized meaning and the internal temporal structure of events. In Rothstein, S. (ed.) *Theoretical and Crosslinguistic Approaches to the Semantics of Aspect.* Amsterdam: John Benjamins.

Schmitt, N. (2002) *An Introduction to Applied Linguistics.* London: Arnold.

Smith, C. S. (1991) *The Parameter of Aspect.* Dordrecht: Kluwer Academic Publishers.

Vendler, Z. (1967) *Linguistics in Philosophy.* New York: Cornell University Press.

第四章　与虚词有关的教学语法知识

董佳（2008）现代汉语政论文体中因果复句的使用情况研究，《海外华文教育》第3、4期。

方梅（2000）自然口语中弱化连词的话语标记功能，《中国语文》第5期。

方梅（2012）会话结构与连词的浮现义，《中国语文》第6期。

郭继懋（2004）从光杆P与"因为P"的区别看"因为"的作用，《南开语言学刊》第2期，南开大学出版社，天津。

郭继懋（2008）"因为所以"句和"既然那么"句的差异，《汉语学习》第3期。

贾泽林（2017）量级关联语"甚至"与"连"字结构的关系，《语言研究集刊》第18辑，上海辞书出版社，上海。

李晋霞（2011）论"由于"与"因为"的差异，《世界汉语教学》第4期。

李晋霞、刘云（2004）"由于"与"既然"的主观性差异，《中国语文》第2期。

李晋霞、刘云（2014）语篇构式对"一边P，一边Q"语序及其句法特征的制约，《语文研究》第1期。

李晋霞、王忠玲（2013）论"因为""所以"单用时的选择倾向与使用差异，《语言研究》第1期。

陆俭明（1994）《八十年代中国语法研究》（韩文译本）序，《汉语学习》第6期。

陆俭明、马真（1985）《现代汉语虚词散论》，北京大学出版社，北京。

吕叔湘（1979）《汉语语法分析问题》，商务印书馆，北京。

马真（1983）说"反而"，《中国语文》第3期。

马真（2001）表加强否定语气的副词"并"和"又"——兼谈词语使用的语义背景，《世界汉语教学》第3期。

马真（2004）《现代汉语虚词研究方法论》，商务印书馆，北京。

史金生、孙慧妍（2010）"但（是）"类转折连词的内部差异及其形成机制，《语文研究》第4期。

宋作艳、陶红印（2008）汉英因果复句顺序的话语分析与比较，《汉语学报》第4期。

王静（2019）因果复句中单用果标"所以"的省略环境，《汉语学习》第4期。

王力（1984）《王力文集（第一卷）·中国语法理论》，山东教育出版社，济南。

邢福义（2001）《汉语复句研究》，商务印书馆，北京。

徐晶凝（2022）《现代汉语话语情态研究》（修订本），上海教育出版社，上海。

杨德峰（2002）试论副词作状语带"地"的问题——兼论重叠式副词作状语多带"地"的动因，《暨南大学华文学院学报》第3期。

姚双云（2007）连词"结果"与"所以"使用差异的计量分析，《宁夏大学学报（人文社会科学版）》第6期。

姚双云（2015）连词与口语语篇的互动性，《中国语文》第4期。

张文贤（2017）《现代汉语连词的语篇连接功能研究》，北京大学出版社，北京。

Celce-Murcia, M. and Larsen-Freeman, D. (1983) *The Grammar Book: An ESL/EFL Teacher's Course.* Rowley, MA: Newbury House.

Granger, S. and Tyson, S. (1996) Connector usage in the English essay writing of native and non-native EFL speakers of English. *World Englishes,* 15(1): 17-27.

Hoye, L. (1997) *Adverbs and Modality in English.* London: Longman.

Milton, J. and Tsang, E. S. C. (1993) A corpus-based study of logical connectors in EFL students' writing: Directions for future research. In Pemberton, R. and Tsang, E. S. C. (eds.) *Studies in Lexis*. Hong Kong: The Hong Kong University of Science and Technology Language Centre.

第五章　与句子有关的教学语法知识

曹逢甫（2005）《汉语的句子与子句结构》（王静译），北京语言大学出版社，北京。

陈振宇、李于虎（2013）经历"过2"与可重复性，《世界汉语教学》第3期。

戴浩一（1988）时间顺序和汉语的语序（黄河译），《国外语言学》第1期。

董秀芳（2003）"的"字短语做后置关系小句的用法——兼评法律文献中"的"字短语的用法，《语言文字应用》第4期。

顾阳（2007）时态、时制理论与汉语时间参照，《语言科学》第4期。

贺阳（1994）汉语完句成分试探，《语言教学与研究》第4期。

胡明扬、劲松（1989）流水句初探，《语言教学与研究》第4期。

胡裕树、陆丙甫（1988）关于制约汉语语序的一些因素，《烟台大学学报（哲学社会科学版）》第1期。

黄南松（1994）试论短语自主成句所应具备的若干语法范畴，《中国语文》第6期。

金立鑫（1997）"把"字句的句法、语义、语境特征，《中国语文》第6期。

竟成（1996）汉语的成句过程和时间概念的表述，《语文研究》第1期。

孔令达（1994）影响汉语句子自足的语言形式，《中国语文》第6期。

李湘、端木三（2017）"自然焦点"有多"自然"？——从汉语方式状语的焦点结构地位说起，《世界汉语教学》第4期。

李兴亚（1989）试说动态助词"了"的自由隐现，《中国语文》第5期。

刘丹青（1995）语义优先还是语用优先——汉语语法学体系建设断想，《语文研究》第2期。

刘丹青（2008a）汉语名词性短语的句法类型特征，《中国语文》第1期。

刘丹青（2008b）《语法调查研究手册》，上海教育出版社，上海。

刘丹青、徐烈炯（1998）焦点与背景、话题及汉语"连"字句，《中国语文》第4期。

刘宁生（1995）汉语偏正结构的认知基础及其在语序类型学上的意义，《中国语文》第2期。

陆丙甫（1993）《核心推导语法》，上海教育出版社，上海。

陆丙甫（1998）从语义、语用看语法形式的实质，《中国语文》第5期。

陆丙甫（2004）汉语语序的总体特点及其功能解释——从话题突出到焦点突出，《庆祝〈中国语文〉创刊50周年学术论文集》（中国社会科学院语言研究所、《中国语文》编辑部编），商务印书馆，北京。

陆丙甫、徐阳春（2003）汉语疑问词前移的语用限制——从"疑问焦点"谈起，《语言科学》第6期。

陆俭明（2016）从语言信息结构视角重新认识"把"字句，《语言教学与研究》第1期。

吕叔湘（1979）《汉语语法分析问题》，商务印书馆，北京。

屈承熹（2006）《汉语篇章语法》（潘文国等译），北京语言大学出版社，北京。

沈家煊（2004）再谈"有界"与"无界"，《语言学论丛》第30辑，商务印书馆，北京。

沈家煊（2009）汉语的主观性和汉语语法教学，《汉语学习》第1期。

盛丽春（2016）《现代汉语流水句研究》，吉林大学博士论文。

石毓智、李讷（2001）《汉语语法化的历程——形态句法发展的动因和机制》，北京大学出版社，北京。

陶红印、张伯江（2000）无定式把字句在近、现代汉语中的地位问题及其理论意义，《中国语文》第5期。

王洪君（2000）汉语语法的基本单位与研究策略，《语言教学与研究》第2期。

王洪君、李榕（2016）汉语最小和次小语篇单位的特点和流水句的成因，《互动语言学与汉语研究》第1辑，世界图书出版公司，北京。

王洪君、李榕、乐耀（2009）"了$_2$"与话主显身的主观近距交互式语体，《语言学论丛》第40辑，商务印书馆，北京。

王邱丕君、施建基（1992）补语与状语的比较——从《实用汉语课本》说起，《语言教学与研究》第4期。

吴静、石毓智（2009）制约语法结构选择的因素——以表达物体传递的结构为例，《语言教学与研究》第6期。

谢敏、常辉、王丽（2020）汉语隐性和显性主语代词的回指偏向研究——对"先行词句法位置假说"的验证，《世界汉语教学》第1期。

邢福义（1997）《汉语语法学》，东北师范大学出版社，长春。

徐杰、李英哲（1993）焦点和两个非线性语法范畴："否定""疑问"，《中国语文》第2期。

徐晶凝（2008）《现代汉语话语情态研究》，昆仑出版社，北京。

徐晶凝（2014）叙事语句中"了"的语篇功能初探，《汉语学习》第1期。

徐晶凝（2016）主观近距交互式书面叙事语篇中"了"的分布，《汉语学习》第3期。

徐晶凝（2017）《汉语语法教程：从知识到能力》，北京大学出版社，北京。

徐晶凝（2022a）《现代汉语话语情态研究》（修订本），上海教育出版社，上海。

徐晶凝（2022b）"句子"的含义及其界定，《语法研究和探索》（二十一），商务印书馆，北京。

徐晶凝（2023）如何在流水句中划定句子的边界——兼谈单句、复句、句群的划分问题，《语言教学与研究》第4期。

徐烈炯、刘丹青（1998）《话题的结构与功能》，上海教育出版社，上海。

徐思益（2002）关于汉语流水句的语义表达问题，《语言与翻译》第1期。

徐通锵（1997）有定性范畴和语言的语法研究——语义句法再议，《语言研究》第1期。

徐毅发（2022）"在L"处所状语的两个次类：事件处所与动作位置，《语言教学与研究》第1期。

玄玥（2007）描述性状中结构作谓语的自然焦点，《世界汉语教学》第3期。

杨素英、黄月圆（2013）体标记在不同语体中的分布情况考察，《当代语言学》第3期。

张伯江、方梅（1996）《汉语功能语法研究》，江西教育出版社，南昌。

张敏（2019）时间顺序原则与像似性的"所指困境"，《世界汉语教学》第2期。

张新华（2007）《汉语语篇句的指示结构研究》，学林出版社，上海。

赵春利（2019）《现代汉语句末助词研究》，商务印书馆，北京。

赵元任（1979）《汉语口语语法》（吕叔湘译），商务印书馆，北京。

朱庆祥（2014）从序列事件语篇看"了$_1$"的隐现规律，《中国语文》第2期。

Chu, C. C. (屈承熹) and Chang, W. V. (张武昌) (1987) The discourse function of the verbal suffix -le in Mandarin. *Journal of Chinese Linguistics*, 15(2): 309-334.

Hopper, P. J. (1982) *Tense-Aspect: Between Semantics and Pragmatics.* Amsterdam: John Benjamins.

Hoye, L. (1997) Adverbs and Modality in English. London: Longman.

Kiss, K. É. (1998) Identificational focus versus information focus. *Language*, 74(2): 245-273.

Lyons, C. (1977) *Semantics*. Cambridge: Cambridge University Press.